作曲家◎人と作品シリーズ

The Great Composers : Life and Works

シベリウス

Jean Sibelius

神部 智
Satoru Kambe

音楽之友社

目次

■ 生涯篇 ■■

■作品篇■■

■資料篇■■

【凡例】

・《　》は音楽作品名、〈　〉は音楽作品中の各曲名。
・『　』は文学や絵画などの作品名、新聞、雑誌名。「　」内の強調など。
・「　」は引用や強調、論文名など。
・（　）は著者による注記、補足。
・〔　〕は、「　」や（　）内における著者の注記、補足。
・『カレワラ』、詩、手紙、日記などの訳文は著者訳による。
・一九八二年、シベリウスの親族はアイノラに保存されていたシベリウスの膨大な自筆譜（楽想のスケッチや未出版の草稿など）を、フィンランド国立図書館（旧ヘルシンキ大学附属図書館）に寄贈している。HUL（Helsinki University Library）番号は、それらを調査・整理し、カタログ化したフィンランドの音楽学者カリ・キルペライネンが付した分類番号である。
・JS番号は、フィンランドの音楽学者ファビアン・ダールシュトロームによるシベリウス作品の分類番号である。作品番号が付されていない曲をアルファベット順に並べ、一〜二二五の番号を与えている。その多くは、現在フィンランド国立図書館に保存されている自筆譜コレクションに由来するものである。
・ヘルシンキ・フィルハーモニー管弦楽団の前身は、ロベルト・カヤヌスが一八八二年に設立したヘルシンキ管弦楽協会である。その後、一九一四年にヘルシンキ交響楽団と合併し、現在の名称へと変更された。本書ではヘルシンキ・フィルと表記する。
・ヘルシンキ音楽院は、シベリウスの作曲の師マルティン・ヴェゲリウスらにより一八八二年に設立された音楽学校である。一九三九年、シベリウス・アカデミーと改称され現在に至る。本書ではヘルシンキ音楽院と表記する。
・ヘルシンキ大学の前身は、一六四〇年に設立された王立オーボ・アカデミーである。一八二七年のトゥルク大火後、ヘルシンキに移設される。一八二八〜一九一九年の間はアレクサンドル帝国大学と呼ばれていた。本書ではヘルシンキ大学と表記する。
・サンクトペテルブルクは、一九一四年にペトログラード、一九二四年にレニングラードと変更された後、一九九一年に現在の名称へと戻った。本書ではペテルブルクと表記する。

生涯篇

ハメーンリンナ時代（一八六五〜一八八五）

背景

私にとって、自分の正確な姿、客観的な自画像を描き出すことは不可能に近い。スウェーデンとフィンランドという、私の混濁した出自がその妨げになっているからだ！

ジャン・シベリウスが一九一一年九月十一日の日記にしたためた右の言葉に注目しよう。この言葉の背後には、彼の奥底にうずまいている謎めいたパーソナリティの一端が透けて見えるようで、とても興味深い。シベリウスは一八六五年に生まれ、一九五七年に没したフィンランドの作曲家である。作曲家としては珍しくも九十一歳という長寿をまっとうした彼の人生は、きわめて波乱に富んだものだった。その折々に形成されたシベリウスの複雑な性向については後で触れることにしよう。まずは先の言葉を手掛かりに、彼が登場するまでの十九世紀フィンランドの社会状況、その独特な「空気感」を簡潔に振り返っておきたい。

シベリウスが生まれる半世紀以上前の一八〇九年、フィンランドはフレデリクスハムン講和条約により、六〇〇年ほど続いたスウェーデンの支配下から帝政ロシアに割譲された。以後フィンランドは大公国として新たに歩み始めるのだが、この手強い隣国ロシアによる単独支配が後のフィンランドの命運を左右する決定的要因になった、といっても過言ではない。

当初、ロシア皇帝アレクサンドル一世（在位一八〇一〜一八二五）は、フィンランドに対してスウェーデン統治時代からの社会制度をそのまま受け継ぐことを承認し、大幅な自治権も保証する優遇政策を取った。そのためロシア支配下のフィンランドは、言語や文化の側面でスウェーデンの影響を色濃く残すことになる。たとえば政治エリートや知識人、芸術家、医師など、一部の有力な少数者がフィンランド語ではなくスウェーデン語を使用する慣習は、長年にわたり根強く残るのである。だが、続く強権的なニコライ一世（在位一八二五〜一八五五）の時代になると、状況が少しずつ変わり始める。中央ヨーロッパの自由主義思想がフィンランドに広がるのを恐れて、ロシア側が官僚支配の強化や言論の取り締まりを行うようになったからである。

ロシアの姿勢は、逆にフィンランド人のナショナリズムを刺激する結果となった。民族固有の言語や精神、伝統の重要性を説いたドイツの哲学者ヨハン・ゴットフリート・ヘルダー（一七四四〜一八〇三）らの思想的影響を受けたフィンランド人は、自らのアイデンティティを自国の文化の内に追い求めるようになるのである。それはまず、文学の領域で起こった。一八三一年に設立されたフィンランド文学協会（現在でもヘルシンキに本部をおいて積極的に活動している）がフィンランド独自の文化を探究するため、自国に伝わる民話や詩を収集・編纂し始めたのは、その一例だろう。なかでも大きな注目を集めたのはエリアス・リョンロート（一八〇二〜一八八四）の仕事であり、彼は同協会から助成金を得て、フィンランド東部のカレリア地方およびロシア・カレリアに伝わるフィンランド語の口承詩の採集旅行を行う。そして数々の歌い手たちから採集した伝承資料にもとづいて、ユニークな民族叙事詩の編纂、創作を試みるのである。

その集大成が『カレワラ』である（初版は一八三五年に五〇〇部刊行。ただし私たちが一般に親しんでいるのは一八四九年に刊行された増補版）。全五〇章、二万二七九五行という膨大なスケールの増補版『カレワラ』では、宇宙の創成や火の起源、ヴァイナモイネン、レンミンカイネン、イルマリネン、クレルヴォら英雄たちの恋や冒険、さまざまな呪術、トゥオネラと呼ばれる黄泉（よみ）の国、神器サンポの争奪戦、不思議な力をもつ楽器カンテレなどの話が精妙なリズムで語られる。しかもそれぞれの物語には、古代フィンランド人の知恵や心意が純粋な形で反映していると考えられた。そのため『カレワラ』は単なる民族叙事詩という文学的な存在を越え、十九世紀後半にはフィンランド人の民族アイデンティティの象徴としての社会的役割を担うようになる。

リョンロートの仕事と歩調を合わせるように、一八四〇年代にはフィンランド語の授業が学校教育に取り入れられ、簡略版の『カレワラ』もさっそく教科書に採用された。また、ヨハン・スネルマン（一八〇六〜一八八一）率いる「フェンノマン」（フィンランド語および文化の地位向上を目指した人たち）らによってフィンランド初の政党が結成されたほか、一八六三年にはスウェーデン語と並んでフィンランド語も公用語とする言語令が発布される。さらに一八七〇年代に入ると、もっぱらフィンランド語で授業を行う学校教育機関の整備も進む。ちなみに少年時代のシベリウスが通ったのもそのような学校だったが、こうしてフィンランドは法的制度を着実に整えながら、フィンランド語の普及と啓蒙活動に取り組むのだった。

では上記に伴い、フィンランドにおけるスウェーデン語の影響力は徐々に衰退の一途をたどっていったのだろうか。実はそうではない。後世の私たちからすると『カレワラ』の強烈なインパクトについ目を奪われがちだが、スウェーデン語の伝統はフィンランド文学の世界でも脈々と受け継がれていく。なかでも注目される作家は、ヨハン・ルートヴィグ・ルネベルィ（一八〇四〜一八七七）とザクリス・トペリウス（一八一八〜一八九八）の二人だろう。特に前者の有名な物語詩『旗手ストールの物語』（第一部一八四八・第二部一八六〇）は、第一部冒頭の詩「われらの国」が後にフィンランド国歌に制定されるなど（付曲はフレドリック・パシウス）、その愛国的な世界観がフィンランド社会に与えた影響は大きい。このようなルネベルィの立場、すなわちスウェーデン語でフィンランド人のアイデンティティを表現する姿勢には、同国におけるバイリンガル社会の複雑な有り様が映し出されている。

とはいえ十九世紀後半のフィンランドでは、スウェーデン語系フィンランド人（スウェーデン語を使用するフィンランド人）の割合は全体のわずか一四パーセントほどに過ぎなかった。それでも彼らエリートの発言力と社会に与える影響力は大きく、やがて「スヴェコマン」（スウェーデン語および文化の推進者）と呼ばれる一部の人びとが、フェンノマンに対抗する形で自分たちの考え方をはっきり主張するようになる。このように言語の主導権をめぐって明確化した両陣営のせめぎ合いは、フィンランド社会を大きく二分してしまう（この構図は、多かれ少なかれ今でもなお存在する）。とりわけ近代国家の形成を目指していた同時代フィンランドにあっては、前述のどちらの文化に帰属するか、という問題はある種のイデオロギー的意味合いを含んでいた。

典型的なスウェーデン語系フィンランド人のシベリウスにとっても、それは非常に厄介な問題だったに違いない。『カレワラ』を題材とした叙事的な交響詩と、ルネベルィらの詩に付曲した叙情的なスウェーデン語歌曲の両ジャンルにおいて、ともに個性的な作品を残したシベリウスのパーソナリティは、いったいどのように形成されたのだろう。そもそも彼はフェンノマンだったのか、それともスヴェコマンだったのか。冒頭に引用したシベリウスの言葉には、複雑な出自をめぐる作曲家の内的葛藤だけでなく、彼を取り巻くフィンランド社会全体のジレンマも示されているように思われる。

誕生

作曲家シベリウスのルーツは、もともと農夫だったという。しかし都会の生活に憧れ、商売で身を立てようとする先祖が現れた。それが父方の祖父、ヨハン・シッベ（一七八五〜一八四四）である。ヨハンは十六歳のとき、フィンランド南東部の港町ロヴィィサにやってくる。彼は当初、商人ペール・ウノニウスのもとで帳簿係を務めたが、やがて穀物の小売業者として独立し、成功を収めるのだった。興味深いことに、ビジネスの繁盛を願ったヨハンは、商人ウノニウスにあやかって「シッベ」（Sibbe）の姓をラテン語風に「シベリウス」（Sibelius）と改めている。それゆえ作曲家シベリウスの姓は、祖父ヨハンのエスプリに由来するものである。こうした祖父のエスプリは、シベリウスの作風にしばしば見出される古典的な明澄性、あるいは洗練されたダンディズムと意外に深い部分で関わっているかもしれない。

祖父ヨハンには五人の子どもがいた。息子のヨハン、ペール、クリスティアン、エドヴァルド、そして娘のエヴェリーナである。彼らはいずれも個性豊かで、長男ヨハンは「ウッコ号」（ウッコというのは、『カレワラ』に登場する至高の神の名前）と呼ばれる外国貨物船の船長、トゥルクに移った次男ペールは種子の小売業でそれぞれ財を築くことに成功し、父親譲りの商才を発揮している。一方、二人の兄とは対照的に、三男クリスティアンは医師、四男エドヴァルドは測量士として堅実な道を歩むのだった。またピアノに打ち込んでいた一人娘のエヴェリーナは、作曲やヴァイオリンに興味を示したペール、合唱やギターをたしなんだクリスティアンとともに、音楽的才能の片鱗を垣間見せたという。五人の子どもの内、結婚して家庭を持ったのは唯一クリスティアンだけだったが、彼が後に作曲家ジャン・シベリウスの父親となる人物である。

そのクリスティアン・グスタフ・シベリウス（一八二一〜一八六八）が南フィンランド内陸部の小都市ハメーンリンナにやってきたのは、一八五九年のことだった。ヘルシンキ大学に学び（一八六〇年に博士号取得）、ヘルシンキのほかトゥルクやタンペレでも医師として働いた経験のあるクリスティアンが、ここハメーンリンナで職を得たのはまったくの偶然ではない。それはクリミア戦争（一八五三〜一八五六）の勃発に伴い、ロシア軍の大規模な駐屯地があったハメーンリンナに、ニコライ一世が狙撃大隊を設置したことと関係している。増え続けるロシア兵の衛生管理のため優秀な専属医師が求められ、クリスティアンに白羽の矢が立ったというわけである。ただ

ジャン・シベリウスの父クリスティアンと母マリア

し彼が同地に赴いたとき、すでに狙撃大隊は解散しており、実際はハメーンリンナ第六大隊の主任医師という形で任を負っている。またそれと時を同じくして、同地にいたもう一人の医師が町を去ってしまったため、クリスティアンはハメーンリンナ唯一の町医者として膨大な仕事を一挙にこなすことになった。

仕事は多忙をきわめたが、それでも生来の社交的な性格が幸いし、クリスティアンはハメーンリンナの生活環境に少しずつ溶け込んでいく。そして三年後の一八六二年三月には、同地で偶然知り合ったボルィ家の三姉妹の真ん中で、二十歳年下の敬虔な女性マリア・シャルロッタ・ボルィ（一八四一～一八九七）と結ばれるのである。

マリアの父ガブリエル・ボルィはハメーンリンナで学校長や牧師の要職に就いていたが、一八五五年に亡くなっている。もともと現実主義者だった母カタリーナ（一八一二～一八九二）が子どもたちを厳しく育て上げた背景には、そうした家庭的事情もあったろう。思春期を迎えたマリアは母カタリーナや姉テクラ、妹ユリアたちと一緒に暮らしていた。三姉妹にはいずれも過敏な傾向がみられたらしく、そんな彼女たちの慰めが音楽だった。マリアはピアノをたしなみ、ユリアに至っては後にピアノを教えるほどまで腕を上げている。クリスティアンが三姉妹のなかでマリアを選んだ理由は分からないが、シビアなカタリーナが二十歳も年上の男との結婚に同意したこと、しかも――当時の保守的な社会では見逃せない点だが――姉テクラをさしおいてマリアを先に嫁がせたことも謎である。後年、作曲家シベリウスをして「何と恐ろしい人たち」（婚約者アイノ・ヤーネフェルト宛の手紙、一八九〇年十二月十三日付）といわしめたテクラとユリアは結局、生涯独身を貫いている。

一八六三年十一月、クリスティアンとマリアは待望の第一子リンダ（一八六三～一九三二）を授かった。それは夫妻にとってどれほど喜ばしいことだったろう。しかし数多いシベリウス文献において、この二歳年上の姉リンダに触れられることはほとんどない。信心深く、祖母カタリーナ譲りの厳格な性格だったリンダは後に精神的問題を抱えてしまい、長い後半生を心療病院で過ごしている。その悲劇的な生涯が、彼女への言及をタブー視する空気を生んでしまったのだろう。実際、シベリウス自身もリンダに関する言及をできるだけ避けようとする傾向があり、そうした振る舞いがかえって彼女の深刻な心の闇を暗示しているように思えてならない。

そして二年後の一八六五年十二月八日、クリスティアンとマリアに第二子が誕生する。その男の子こそ、後にフィンランドを代表する作曲家になるジャン・シベリウスであった。彼が生まれた日、地元の週刊紙『ハマライネン』は、例年になく厳しいハメーンリンナの天候を主要記事に取り上げている。同記事によると、気温がマイナス一七度まで下がって、ついに近辺の湖が完全に凍結したという。それは人や馬車が湖上を安全に通行できるようになったことを意味しているが、異常な寒波と大雪は、やがて訪れる未曾有の大飢饉（ききん）の前兆でもあった。なお、男の子の誕生を心から喜んだクリスティアンは、兄ペールに宛てて次の手紙を書き送っている。「この子の洗礼名はヨハン・クリスティアン・ユリウスだ。私たちは彼のことを亡き兄（一八六四年、黄熱のためハバナで亡くなったとされる兄ヨハン）にちなんで、ヤンネ〔Janne〕と呼ぶことにしよう」（一八六六年一月四日付）。

ハメーンリンナでの生活

作曲家シベリウスが人生の最初の二十年間を過ごしたハメーンリンナは当時、人口三七〇〇人ほどの小都市であった。だが、その内の一二〇〇人あまりは屈強なロシア兵であり、荒々しい彼らの存在は多くの住民にとってさぞかし脅威だったろう。もっとも、小都市とはいえハメーンリンナはタンペレと並んで、歴史的にも文化的にも南フィンランド内陸部における重要な拠点の一つだった。一八六二年にはフィンランドで最初の鉄道がヘルシンキとハメーンリンナの間に敷かれ（ちなみに日本初の鉄道が新橋と横浜の間に通ったのは一八七二年）、蒸気機関車その名も「レンミンカイネン号」が両都市の間を行き来するようになる。それによりロシア兵だけでなく、有名な音楽家もヘルシンキから一〇〇キロほど離れたこの町に時折やって来るようになったのである。

ただしハメーンリンナでの生活は、少年シベリウスにとってあまり楽しいものではなかったようだ。シベリウス家を大きく揺るがした出来事は、まず一八六八年七月に起こる。父クリスティアンがチフスにかかり、四十七歳という若さで突然この世を去ってしまったのである。一八六八年といえばフィンランド史に残る大飢饉の年であり、記録によると同年四月と五月だけで優に四万人を越える死者が出たという。犠牲者のほとんどは栄養失調に伴う感染症が原因で、彼らの治療に当たったった多くの医師も一緒に命を落としている。その一人がクリスティアンだった。

第三子（弟クリスティアン）を身ごもっていたマリアと二人の幼子は、いきなり一家の大黒柱を失ってしまう。それだけではない。衣食にも事欠くようになった彼らは、屈辱的な破産へと追い込まれてしまうのである。その原因は父クリスティアンが残した四五〇〇マルッカもの莫大な借金にあった。クリスティアンは社交的でお人好しな反面、金遣いの荒さやアルコール依存など、その品行にかなり問題を抱える人物でもあったらしい。おそらくシベリウスには、わずか二歳半の時に他界した父クリスティアンの面影はなかったろう。しかし後年、彼は亡き父親に対して次のような厳しい見方をしている。「人はつねに父のもっとも悪いところを受け継ぐものだ。君も知っているように、父は飲んだくれで遊び人だった。以前は裕福だったシベリウス家が没落してしまったのは、そのためさ」（アイノ宛の手紙、一八九一年二月十日付）。後にシベリウス自身もしばしば垣間見せることになる破滅的な側面（借金や浪費癖、アルコール問題）は、本人も述べるように、父クリスティアンから受け継いだものだろう。

ところで、ほとんど面影のない父親の存在、または彼の早過ぎる死という要因は、息子の心理や潜在意識に何か特別な影響を与えるものだろうか。その点に注目してシベリウスのメンタリティを紐解こうとしたのが、臨床心理学者のエイブラム・チップマンだ。チップマンによると、シベリウスのケースは亡き父親の代理を求める結果生じた心因性うつ病、つまり一種の「燃え尽き症候群」であるという。初期のクレルヴォから晩年のタピオ（森の神）に至るまで、シベリウスがひたすら英雄や神々に眼差しを向けたのは、いわば永遠に失われてしまった父性への欲求に他ならない。晩年の交響詩《タピオラ》（一九二六）において、恐ろしい森の嵐の後に訪れる清らかな気分、力強い大地に包まれるような安息した終結は、したがってシベリウスが長年抱え続けてきた心理的抑圧からの解放であるとチップマンは述べる。そして《タピオラ》で究極的なカタルシスを得てしまったことが、逆に未完のまま筆を折らざるをえなかった交響曲第八番の混迷の理由でもあると指摘する。

それはともかく、父クリスティアンの死によって、シベリウス家はすぐに現実的な問題を抱えてしまう。母マリアの寡婦年金およそ一二〇〇マルッカと、共同所有していた「ウッコ号」のわずかな収入だけではとても生活がままならず、母方の祖母カタリーナ・ボルィのところへ引っ越すことになったのである（以後、ハメーンリンナを転々とする）。こうしてシベリウス家は、融通のきかない祖母とヒステリー気味の叔母らのもとで、窮屈な生活を強いられるようになる。それでも物心がついたシベリウスはおもちゃの兵隊や切手アルバムで遊んだり、森を探検したり湖で泳いだりするなど、ごくありふれた素朴な少年時代を過ごしている。

一八七二年秋、シベリウスはエヴァ・サヴォニウスの経営するスウェーデン語系学校に入学する。だが一八七四年には、ハメーンリンナに前年設立されたばかりのフィンランド語系学校に移るのだった。その後もシベリウスは同語系の学校に籍をおき続け、たとえばカール・コッラン翻訳のスウェーデン語版しか知らなかった『カレワラ』を初めて原語で学ぶなど、貴重な経験を積んでいる。学校の授業はすべてフィンランド語で行われ、地域文化として『カレワラ』や『カンテレタル』（リョンロートにより編纂され、一八四〇年に出版された叙情詩集。『カレワラ』とともにフィンランド口承詩の双璧をなしている）も学べるよう工夫されていたのである。またカリキュラムには一般科目の他に伝統的なギリシャ語とラテン語、さらには現代語としてフランス語、ドイツ語、ロシア語も取り入れられていた。これは、当時としてはきわめて先進的な教育方針といえよう。フィンランド的なものとグローバルなもの、それらに等しく目を向けようとするシベリウスの姿勢は、すでにハメーンリンナの修学時代にそのきっかけの一つを見出すことができるのである。

とはいえシベリウスは別に模範生というわけではなかった。おそらく母方より受け継がれたと思われる夢想的な性格が、しばしば授業への集中を妨げたのだろう。成績は中の下くらいで、数学や植物学などの成績はよかったものの、興味がない科目の成績は目も当てられなかった（大学進学に向けた卒業試験では、二十八人のクラス中一九位の成績）。だがシベリウスの成績が振るわなかった最大の理由は、何といっても神秘的な音楽の存在が彼の心を徐々に占めるようになったからであろう。音楽の魅力に取りつかれてからのシベリウスは、授業中であってもノートの余白に音符を書き記すほどの熱中ぶりを示している。

なお、子どもたちが学校から解放される夏の束の間、シベリウス家は父方の伯母エヴェリーナがいる港町ロヴィィサで過ごすのが習慣だった。後にシベリウスは、「ロヴィサは私の太陽であり喜びだった。ハメーンリンナはただ学校に通うための場所で、ロヴィサには自由があった」と回想している。堅苦しいハメーンリンナとは対照的に、海風とゼラニウムの香りが漂う美しいロヴィサでの休暇は、まるで夢のような一時だったようだ。

音楽への興味

およそシベリウスほど音楽の英才教育と無縁な環境で育った作曲家はいまい。幼少時よりピアノやヴァイオリンが手に届くところにあったとはいえ、誰も彼にそれを強要しなかったし、ましてや彼を職業音楽家に育てようなどと考える奇特な人物も身近にいなかった。もっとも、シベリウスの類まれな才能にいち早く気付き、それを喜んで温かく見守る親族はいた。アマチュア・ピアニストの叔母、エヴェリーナである。もちろん彼女の実力は素人の域を超えるものではなかったが、エヴェリーナは夏になるとロヴィサへやってくるシベリウス家の子どもたち（姉リンダと弟クリスティアンは、それぞれピアノ、チェロをたしなむようになる）に音楽の魅力を伝え、彼らの才能を引き出すべく情熱を傾けるのだった。

音楽に対するシベリウスの関心はまったく自発的なものだった。したがってピアノの音色に興味を示したシベリウスが一八七二年頃、ボルィ家の叔母ユリアからピアノの手ほどきを受け始めたのは、どの中流家庭でも見受けられる自然な成り行きだったといえよう。ところがシベリウスいわく「とても間抜けな」ユリアのレッスンは、ミスタッチするたびに指の関節を編み針でとんとん叩くというものだった。そうした無味乾燥なスパルタ教育がシベリウスの性分に合うはずもなく、まもなくすると彼はレッスンにうんざりしてしまう。そして自己流の即興演奏を楽しむようになるのである。一方ユリアとは対照的に、エヴェリーナの洞察力は本物だった。四手連弾用に編曲されたベートーヴェンの交響曲を友人と弾きこなすエヴェリーナの姿は、少年時代のシベリウスに大きな感銘を与えたに違いない。伝えられるところによると、少年シベリウスは《叔母エヴェリーナの音楽人生》という壮大なタイトルのピアノ曲を即興的に弾いて、彼女を大いに喜ばせたという。

しかしながら、やがてシベリウスの興味はピアノからヴァイオリンへと移っていく。一八八一年秋からは、ハメーンリンナの軍楽隊長をしていたグスタフ・レヴァンデル（一八二四〜一八九五）の下で、正式にヴァイオリンのレッスンを受けるようになる。ただし、その頃シベリウスは自分のヴァイオリンをクラスメイトに貸してしまい手元になかったので、父方の伯父ペールより新しく楽器を借り受けている。そうした経緯もあって、ペールはその後もシベリウスをいろいろな形で支援し、いわば亡き父クリスティアンに代わる役目を果たすようになるのである。当時の心境について、後年シベリウスが伝記作家のカール・エクマンに語った言葉を聞いてみよう（エクマンの伝記は一九三五年、シベリウス生誕七十年に合わせて出版）。「ヴァイオリンを真面目に習い始めると、他の興味が急に色あせて見えるほど、私の心は音楽に囚われてしまった。以後、十年間にわたり、偉大なヴァイオリニストになるのが私の夢だった」。この時シベリウス十五歳。音楽の世界と真剣に向き合うことを決意した瞬間であった。

ヴァイオリンのレッスンを受け始めたシベリウスは、それと並行してさまざまな編成のアンサンブルを経験するようになる。たとえば姉リンダのピアノ、弟クリスティアンのチェロと一緒に

姉リンダ（ピアノ）、弟クリスティアン（チェロ）と室内楽を楽しむシベリウス

三重奏を楽しんだり、友人とヴァイオリンの二重奏を奏でたり、町のアマチュア弦楽四重奏団に進んで加わったりした。彼らのレパートリーはウィーン古典派やシューベルト、メンデルスゾーンらの室内楽曲が中心で、特にシベリウスは「深みのある真摯な音が清らかで聖なる響きを奏でる」ハイドンのソナタが何よりのお気に入りだったらしい。十代半ばのシベリウスはハイドンのアポロン的世界に強烈な憧れを抱いたのであり、ロマン主義のデュオニソス的世界に魅了されるのはもう少し後のことだ。また、彼は学校で結成されたばかりの小さなオーケストラに第二ヴァイオリン奏者として加わり、軽快なマーチや舞曲などを集会で演奏してもいる。

　シベリウスが作曲に関心を持ち始めたのも、この頃である。当時の習作の多くがヴァイオリンを中心とした室内楽曲なのは、前述のアンサンブルを具体的にイメージして作られたからであろう。その多くは断片的な情報しか残されていないが、なかにはピアノ三重奏曲JS二〇五（一八八三）、ヴァイオリン・ソナタJS一七七（一八八四）、ピアノ四重奏曲JS一五七（一八八四）などのように、作曲時期が特定されている作品もある。それらに耳を傾けると、ウィーン古典派の論理を身につけるため当時のシベリウスがどれほど試行錯誤したか、理解されるに違いない。作曲理論の習得に関して、彼はほとんど独学だったのである。

そうしたシベリウスの苦しい独学を支えたのは、一八八二年夏にエヴェリーナから贈られた一冊の理論書である。それは彼の回想で、アドルフ・ベルンハルト・マルクスの記念碑的な『作曲法』（一八三七〜一八四七）だったことが後に判明する。さらに一八八四年初頭、シベリウスはヨハン・ローベの『作曲法』（一八五〇〜一八六七）も手に入れ、熱心に勉強するのだった。その成果は先の習作に間違いなく反映しているが、それに加えて一八七九年から学校で習い始めたドイツ語――上記の著作はすべてドイツ語で書かれている――もかなり上達していたことが分かる。

《水滴》JS二一六について

ここで、若き日のシベリウスが作曲した《水滴》という作品にも触れておくことにしよう。ヴァイオリンとチェロの素朴なピツィカートが印象的な《水滴》は、わずか二四小節ほどの愛らしい小品である。このささやかな二重奏が広く知られている理由は、フィンランドの音楽学者エリック・タヴァッシェルナをはじめ、これまで多くの伝記作家がそれを「一八七五年頃に作曲されたシベリウス最初の作品」とみなしてきたからである。ところが近年、その作曲時期はもっと後の一八八〇年代初頭である可能性が指摘されるようになった。研究者たちは、その頃チェロに取り組み始めた弟クリスティアンと作曲者自身のピツィカートの練習という、プラクティカルな用途を創作のきっかけに挙げている。したがって《水滴》は、一八八一年以降に作られたとみるのが妥当であるという。

いずれにせよ、現在残されている資料では《水滴》の作曲時期を正確に特定することができず、その点に関しては判断を保留せざるをえない。むしろ重要な問題は、《水滴》が長い間「一八七五年頃に作曲されたシベリウス最初の作品」とみなされてきたことの方である。伝記作家のそうした見方に、いわゆる「大作曲家のエピソード」に対する心理的な偏向が働いたと考えられるからだ。早期の作曲に伴う神童のイメージ、ピアノを排した弦楽器だけの音楽的発想、フィンランドの美しい自然を思わせる素朴なタイトルなど、《水滴》という作品には作曲家シベリウスの原点ともいえる、あるいは原点と考えれば都合のよい要素が散りばめられている。前述の見方が定着したのは、そうした事情と無関係ではないだろう。

とはいえ事態はもう少し複雑で、出版社との契約や経済事情などから、他ならぬシベリウス自身が実際より若書きの曲にみえるよう、作品番号を意図的に操作している場合もある。シベリウスの作品リストにおいて、作曲時期と作品番号の整合性が取れないケースがしばしば見受けられるのはそのためである（たとえば一九〇四年に初演された《カッサシオン》作品六が一八九二年作の《クレルヴォ》作品七より前の作品番号、一九〇九年作の《とかげ》が作品八に振り分けられている、など）。

ヘルシンキ音楽院時代と留学（一八八五〜一八九一）

ヘルシンキ音楽院での修業

一八八五年、十九歳になったシベリウスは大きな転機を迎える。同年夏、母マリアや姉リンダとヘルシンキに移り、大学生として新たな生活を送ることになったのである。「音楽家など放浪する手回しオルガン弾きと同じで、まともな職業ではない」と決め込む祖母カタリーナや、親族らの強力な説得もあって、シベリウスはまずヘルシンキ大学の理学部に入学する。その後すぐに法学部へと変更するが、それでカタリーナらへの義理を果たしたと考えたようだ。同時にシベリウスはヴァイオリンの勉強を続けるため、三年前に設立されたばかりのヘルシンキ音楽院にも通うようになり、二足のわらじをはく夢追人となるのだった。

当時のヘルシンキは人口六万人ほどであり、ロンドンやパリに比ぶべくもないが、ハメーンリンナとはまるで違う都会らしい雰囲気にあふれていた。シベリウス一家が借りたアパートは街の南端部、閑静なカイヴォ公園の隣に位置し、海風がそよぐ窓辺から港が一望できた。ただしピアノがなく、また高い家賃が難点で、マリアは年金のおよそ半分をその費用に充てなければならなかった。そうした状況を案じたエヴェリーナは針仕事の内職でシベリウス一家を支え、ボルィ家もリンダの就学費を工面するなど、何かと面倒をみてくれた。それでもプライドの高いマリアが他人から借金することは、いっさいなかったといわれている。

秋の訪れとともに、名目上は法律とヴァイオリンを並行して学ぶシベリウスの大学生活が始まった。しかし予想通り、年が明ける頃には法律の勉強を放り出し、もっぱら音楽に打ち込むようになってしまう。ちょうどその頃、外国貨物船の船長だった伯父ヨハンの名刺を偶然見つけたシベリウスは、自分と同名の伯父が軽やかなフランス風に「ジャン」(Jean)と名乗っていたことを知る。以後、世界を股にかけて仕事した伯父にあやかり、彼は「ジャン・シベリウス」を自らの音楽家名とするが(「シッベ」を「シベリウス」に改めた祖父ヨハンを連想させる)、それは将来のキャリアに対するシベリウス流の決意表明と受け止めてよい。その証左に、ヴァイオリンの腕をめきめき上げてきた彼は、ジャン・シベリウスの名前で一八八六年五月に公式デビューを飾り、それ以降ヘルシンキ音楽院のコンサートに率先して出演するようになる。そしてフィンランド音楽界の若き評論家カール・フロディン(一八五八〜一九二五)からも、高い評価を受けるようになるのである。

シベリウスが四年間通ったヘルシンキ音楽院は、作曲家、ピアニスト、指揮者、評論家として精力的に活動していたマルティン・ヴェゲリウス(一八四六〜一九〇六)が中心となり、一八八二年に設立されたフィンランド随一の音楽教育機関である。ヴェゲリウスは当初、エドヴァルド・グリーグを院長に迎えようとしたが辞退されたため、創立者の彼自身がその座に就き、たくさんの後進を育てている。ただし開学したばかりのヘルシンキ音楽院の状況は、本当に惨憺たるもののだった。授業で使用する音楽理論や音楽史の教科書はヴェゲリウスが急いで執筆しなければならなかったし、カリキュラムも系統性に欠け、ライプツィヒ音楽院で成果を上げた指導法の断片が不器用な形で模倣されるようなありさまだった。また学生オーケストラはおろか、プロフェッショナルなレヴェルの弦楽四重奏団もなく、ヴェゲリウス院長の時代には木管楽器のクラスさえ存在しなかった。

そうした状況だったから、シベリウスがすぐに音楽院の「期待の星」になり、周りの注目を集めたとしてもまったく不思議はない。音楽院に入ったシベリウスは、まずヴァイオリニストのミトロファン・ヴァシリエフから指導を受ける。完璧なテクニックの持ち主で、しかも情熱を込めて演奏するヴァシリエフは、シベリウスにとって憧れの的だった。この有能な指導者から、彼はヴァイオリン奏法に関するいろいろなヒントを得ている。たとえば軽やかな演奏。伯父ペールに伝えられたところによると、シベリウスはこれまで重厚に、そして正確に弾くことを何よりも心掛けていた。だがヴァシリエフの方針により、「軽やかで輝かしく、テンポも自由自在に変えて即興演奏のように」（シベリウスからペール宛の手紙、一八八六年十一月七日付）奏でるようになる。それに合わせて、重過ぎた弓を少し軽いものに買い替えているが、その入手に際してもヴァシリエフは細心の注意を払うほど、この才能ある若者のレッスンに傾注している。

マルティン・ヴェゲリウス（1900年）

ところが一八八七年春、ヴァシリエフが音楽院を突然辞めてしまったため、シベリウスは同年秋から後任のヘルマン・ジラグに師事することになる。ジラグとシベリウスのもっとも重要な接点は、音楽院の教師と学生により結成された弦楽四重奏団で何度も共演したことだろう（シベリウスの担当は第二ヴァイオリン）。しかしこの頃から、ヴァイオリニストを目指していたシベリウスに深刻な問題が立ちはだかるようになる。まったく直る気配のない極度のあがり症である。特にシベリウスはソリストで舞台に立つと、緊張のあまり実力が十分発揮できないメンタルな症状に悩まされていた。そして音楽院のあるコンサートでメンデルスゾーンのヴァイオリン協奏曲（第二・第三楽章）を弾き、大失敗したことが決定的な引き金になって、ヴァイオリニストとしての自信を失ってしまうのである。シベリウスの並はずれて繊細な神経を案じたヴェゲリウスは、彼に心療病院へ行くよう勧めたが、それでも悪夢のような状況が改善されることはなかった。

ヴェゲリウスによる作曲指導

そうした状況下の一八八七年春学期、シベリウスはヴェゲリウスから作曲のレッスンを本格的に受け始める。作曲活動にも従事することで、ヴァイオリンへの精神的ストレスを少しでも和らげようと考えたのだろう。彼の最初の師ヴェゲリウスは、ワーグナーの大部な伝記を執筆したり、フィンランド・ワーグナー協会を設立したりするほどの熱烈なワグネリアンだった。しかし作曲を志す学生には流行の新ドイツ派ではなく、あくまでもウィーン古典派（とりわけモーツァルト）

を手本にするよう求める厳格な側面も持ち合わせていた。その厳しいレッスンは徹底しており、結局シベリウスは和声法や対位法など、いわゆる作曲の基礎訓練をヴェゲリウスから嫌というほどたたき込まれることになる。

興味深いことに、作曲のレッスンに際してヴェゲリウスはドイツの理論家ルートヴィヒ・ブスラー（一八三八〜一九〇〇）の方法論を応用している。これは彼の指導者としての一面を端的に表していよう。たとえばヴェゲリウスは、まず学生に二小節ほどの短い楽想を発案させる。そして四小節、八小節という風に少しずつ構成単位を拡大させながら、その楽想の潜在的な可能性についてあらゆるアングルから模索するよう求めるのである。シベリウスも彼の下でそうした地道な訓練を積んだ形跡がみられるが（ピアノのための「主題カタログ、五〇の短い断片」〔HUL0796〕など）、その経験は後年、大いに役立つことになる。

もっとも、シベリウスはヴェゲリウスの指導に対して、ただ素直にしたがうばかりの優等生ではなかった。アカデミックな作曲レッスンの傍らで、彼は内面にあふれるファンタジーを自由気ままに、ヴァシリエフ流にいうなら「軽やかで輝かしく、まるで即興演奏のように」書き綴ってもいる。師の目に触れることがなかったそれらの作品を含め、一八八七年から八九年にかけて創作された膨大な数の習作に関しては、その作曲時期を正確に特定することが難しい。そうしたなか、一八八八年一月にはヴェゲリウスが準備していた歌曲集《歌うフィンランド》第二巻に載せるため、あの清冽な歌曲《セレナード》ＪＳ一六七（ルネベルィ詩）が誕生。これはシベリウス最初の出版作品となっている。

やがて音楽院の卒業時期が近づいてくると、シベリウスは大規模な形式にも果敢に取り組むようになる。こうしてヴァイオリンより作曲の方に力を注ぎ始めた彼だが、その習作を耳にした多くの人びとは、シベリウスの抜群な感性に驚嘆するばかりだったという。なかでも特に目を引いたのは、それらに見出される「堅固な論理」と「みずみずしい即興性」の融合であった。両者の絶妙なバランスはシベリウスの持ち味の一つであり、同特徴がすでに当時の習作にも垣間見える点は興味深い。ピアノ三重奏曲《ロヴィサ》JS二〇八や、弦楽三重奏のための組曲JS一八六などがその好例だ。だがもっとも注目された曲は、ヘルシンキ音楽院の卒業作品として一八八九年五月に発表された弦楽四重奏曲JS一八三である。習作のレヴェルを遥かに超えた同作品の成功を確信したヴェゲリウスは、それが初演される三ヵ月前、有望な作曲家シベリウスのためにフィンランド政府奨学金の推薦状をしたためている。その甲斐あって、若きシベリウスは二〇〇〇マルッカの資金と外国留学の機会を見事、物にすることができたのだった。

数々の出会い

この四年間におよぶヘルシンキ音楽院時代に、シベリウスはたくさんの人物と出会っている。そのなかで、後年のシベリウスに多大な影響を与えることになる重要な人たちを、何人か紹介しておこう。

まずはフェルッチョ・ブゾーニ（一八六六〜一九二四）。イタリア人クラリネット奏者の父とドイツ系ピアニストの母の間に生まれたブゾーニは、十代で国際的ピアニストとしての評価を確立した神童である。当時ライプツィヒで学んでいた二十二歳のブゾーニが、ドイツの音楽理論家フーゴー・リーマンの仲介でヘルシンキ音楽院のピアノ教師になったのは、一八八八年秋のことだった。それから二年間にわたり彼はヘルシンキに滞在し、シベリウスをはじめフィンランドの若い芸術家たちと交流を深めたほか、後に夫人となるイェルダ・ショストランド（有名なスウェーデン人彫刻家カール・ショストランドの娘）とも知り合っている。

フェルッチョ・ブゾーニ（1895年頃）

ヘルシンキ音楽院でのレッスン時、ブゾーニは「レスコ」という名のニューファンドランド犬をいつも一緒に連れてきた。だが、大きな黒い愛犬とともにやって来るこの風変わりなピアノ教師は、すぐに音楽院が抱える難題に直面することになる。担当するピアノの学生たちはほとんどが若い「箱入り娘」たちばかりで、一日四時間も彼女たちの弾くクラマー練習曲やクレメンティのソナチネに付き合わなければならなかった。しかもピアノ指導法に関する方針をヴェゲリウスに尋ねると、「決まった方法やプログラムはないので、バッハの《インヴェンション》あたりから始めたらどうでしょう」という、素気ない返事が返ってくるありさまだった。後にブゾーニがバッハの

《インヴェンション》と《シンフォニア》を校訂し（出版は一八九〇年。いわゆる「ブゾーニ版」で有名）、ヘルシンキ音楽院に献呈しているのは、そうした教育上の現実的な必要性があったからである。

シベリウスはブゾーニより数ヵ月年長だったが、両者は最初に出会った瞬間から学生と教師の立場を超えた友情で結ばれるのだった。ヘルシンキ音楽院での最初の一年間にブゾーニはリサイタルを五回ほど開き、バッハからショパンまで幅広いレパートリーを披露している。その演奏は驚嘆すべきものであり、名立たる国際的ヴィルトゥオーゾを目の前にしたシベリウスは、自分のヴァイオリンの未熟さをとことん思い知らされたことだろう。彼らはたった一度だけだがシューマンのピアノ五重奏曲（一八四二）を共演しており、シベリウスにはその経験も貴重だった。なお、音楽院を辞任した後もブゾーニはシベリウスを精神的に支え続け、ベルリン・フィルのコンサートに招聘したり、自らシベリウスの交響曲第四番を指揮したりするなど、両者の友情が途絶えることは生涯なかった。

続いてロベルト・カヤヌス（一八五六～一九三三）。フィンランドの作曲家、指揮者で知られるカヤヌスは、ヘルシンキ音楽院の設立と同じ一八八二年、わずか二十代の若さでヘルシンキ・フィルを創設した剛腕である。ヴェゲリウスとそりが合わなかったカヤヌスは、音楽院との関わりを拒絶される。それに業を煮やしたカヤヌスが、より実践的な分野でフィンランド音楽界の将来を担うべく、ヘルシンキ・フィルを立ち上げたといわれている。この北欧最古のオーケストラとシベリウスの関係はとても深く、彼の交響曲や交響詩はそのほとんどが同楽団によって初演されたといっても過言ではない。音楽院での修学時代、シベリウスがオーケストラに触れる機会は、リヒャルト・ファルティン（一八三五〜一九一八）率いるヘルシンキ大学オーケストラへの参加と、ヘルシンキ・フィルのコンサートの二つであった（ただし、他にもヘルシンキ市内で室内オーケストラのような小楽団に加わっていた記録が残されている）。これまでの通説によると、ヴェゲリウスは音楽院の学生たちがカヤヌスのコンサートに行くことを厳しく禁じたらしいが、もしそれが本当であったとしても、シベリウスは院長の意向に背いて、しばしばヘルシンキ・フィルの演奏を聴きに通ったとみられている。

ロベルト・カヤヌス

　シベリウスとカヤヌスが初めて相見えたのは一八八九年五月、前者が卒業作品の弦楽四重奏曲を初演した折のことだった。この時、シベリウスの才能を一瞬で見抜いたカヤヌスは、「彼のような天才を前にして私が作曲することはもう二度とないだろう！」と、自虐的な言葉を残している。広く知られているように、その後、両者は互いに協力してフィンランド音楽界の全盛期を築き上げていく。とりわけカヤヌスがシベリウスの音楽を国際舞台に紹介し、普及させた功績は大きい。しかし彼の眼差しは決していつも穏やかだったわけではなく、時に九歳年下の作曲家に対して、強烈な嫉妬心と敵意をあからさまに示すこともあった。これはカヤヌス特有の専制的なパーソナリティによるものだろうが、そのため両者の関係はつねに激しい浮き沈みを繰り返すことになる。

　そして最後にヤーネフェルト家。ヘルシンキ音楽院での最

初の数年間、シベリウスは母語で気軽に話せるスウェーデン語系の仲間と付き合うことが多かった。したがって精神的側面においては、スヴェコマンたることを自認していた。そうしたなか、一八八七年秋に一人の青年がヘルシンキ大学の法学部を辞めて音楽院に入学してくる。アルマス・ヤーネフェルト（一八六九〜一九五八）である。ヴェゲリウス没後に音楽院の院長、カヤヌス没後にイェオリ・シュネーヴォイクト（一八七二〜一九四七）の後継としてヘルシンキ・フィルの指揮者となる人物だ。アルマスとすぐに意気投合したシベリウスは、ヤーネフェルト家のサロンを頻繁に訪れるようになる。そして同家で知り合ったアルマスの兄アルヴィッドとエーロ（後に、それぞれフィンランドを代表する作家と画家になる）、妹のアイノとも親しい間柄になるのである。

ヤーネフェルト家は名門一族で知られ、アルマスの父アレクサンデルはミッケリやクオピオを治めたことのある陸軍中将、ペテルブルク出身でロシア語を母語とする母エリザベスはトルストイを敬愛するサロニエールだった。両者はともに筋金入りのフェンノマンであり、一家の会話はもちろん流暢なフィンランド語で行われていた。このヤーネフェルト家との親密な交流は、作曲家シベリウスにフィンランド文化への芸術的関心を引き起こす重要なきっかけとなる。特に、アルヴィッドが作家のユハニ・アホやエーロ・エルッコらと協力して一八八九年に創刊したフィンランド語新聞『パイヴァレヘティ』（その主たる方針は、ロシアの圧政に抗してフィンランド人の国民意識を高めることにあった。現在の大手新聞『ヘルシンギン・サノマット』の前身）をめぐる活動は、シベリウスの芸術活動に多大な影響を与えた。

加えてもう一つ重要な出来事は、シベリウスが同家を最初に訪れた際、後に生涯の伴侶となるアイノ・ヤーネフェルト（一八七一～一九六九）に出会ったことである。ヴェゲリウスをして「フィンランドでもっとも美しい乙女」といわしめたアイノは、当時十六歳になったばかりだった。シベリウスとアイノの出会いについては、アイノの語った次のロマンティックなエピソードがまことしやかに伝えられている。ある日、アルマスに連れられて新しくサロンにやって来た若い男たちの奏でる音楽にアイノがうっとりしていると（アイノ自身の回想では、曲に合わせて踊っていたという）、彼女の美しい姿に気を取られた一人の青年が弾き間違えてしまう。シベリウスであった。その非を謝ろうと彼がアイノのところに駆け寄った瞬間、両者の目が合って恋に落ちたというのである。

シベリウスと婚約した頃のアイノ・ヤーネフェルト（1890年）

その真偽はともかく、アイノのパーソナリティで注目されるのは、彼女も兄たちと同じように優れた芸術的才能と鑑識眼の両方を備えていたことである。ピアノをたしなんでいた彼女の趣味は、シベリウスからすると「あまりにも潔癖過ぎる」きらいがあったが、その音楽的感性は並はずれていた。またアイノはフランス自然主義の作家モーパッサンの作品をフィンランド語訳したり、『パイヴァレヘティ』紙に短編物語を掲載したりするなど、母エリザベス譲りの文学的素養も身につけていた。そして何よりシベリウスが惹かれたのはアイノの「正直さ」と「清楚さ」だったが、そうした高貴な内面性は、彼女のポートレイトからもうかがうことができる。

ベルリン留学

ヘルシンキ音楽院を卒業したシベリウスは、初めての留学先にドイツ帝国の首都ベルリンを選ぶことにする。これはもちろん、留学のために推薦状を書いてくれたヴェゲリウスの強い意向を汲んだ結果であった。もっとも、スウェーデン語を母語とする音楽家にとってベルリンは言葉の上でも好都合だったし、シベリウスは作曲理論をドイツ語で独学したほどだったから、さらなる修養のためにドイツの首都を選んだのはむしろ必然であったといえよう。

一八八九年九月、ベルリンに着いたシベリウスは、ヘルシンキ音楽院時代の友人でドイツ留学中だったアドルフ・パウル（一八六三～一九四三）をはじめ、ノルウェー、デンマーク、アメリカの芸術家たちとも活発に交流するようになる。そのなかには、すでにライプツィヒ音楽院で研鑽を積み、ピアノ五重奏曲（一八八四）やピアノ協奏曲（一八八九）などの大作を次々と完成させていた作曲家クリスティアン・シンディング（一八五六～一九四一）の姿もあった。彼らとの交流はシベリウスに多くの刺激を与えたが、その反面、家族の目が届かない自由気ままな環境はすさんだ生活の要因にもなった。過度な飲酒や喫煙、多額の借金や浪費癖、不摂生による体調不良など、父クリスティアンを思わせる破滅的側面は、十ヵ月あまりの留学生活で一気に加速してしまうことになる。

このベルリン留学について、後年シベリウスは伝記作家のカール・エクマンに「非常に不毛だった。新しいものは何も生まれていない」と語っている。確かにシベリウスの作曲家としての決定的成長は、後数年ほど待たなければならない。しかし、ベルリン留学でのさまざまな経験がその前段階を準備したことは否定できない。たとえば同地で聴いた数多くの優れたコンサート。モーツァルトやヴェルディ、ワーグナーのオペラ、ハンス・フォン・ビューローが指揮するベートーヴェンの交響曲第三番や第五番、第九番、彼が弾くベートーヴェンの後期ピアノ・ソナタ、リヒャルト・シュトラウスの交響詩《ドン・ファン》（一八八八）のベルリン初演、ヨアヒム弦楽四重奏団によるベートーヴェンの後期弦楽四重奏曲などは、いずれもシベリウスに強烈なインパクトを与えている。

なかでも頻繁に取り上げられるエピソードは、一八九〇年二月十一日にカヤヌスがベルリン・フィルを振った自作の交響詩《アイノ》（一八八五、後に改訂）の伝説的なコンサートである。《アイノ》は『カレワラ』を題材とした十五分ほどの交響詩で、ワーグナー風の音調や神秘的な男声合唱の導入など、これまでのフィンランド音楽にはみられない独自の工夫が節々に施されていた（テクストが『カレワラ』に依っているわけではない）。やはりエクマンに伝えられた作曲者自身の述懐によると、同コンサートに臨んで《アイノ》を聴いたシベリウスは、「『カレワラ』の豊かな可能性を発見し、新しいフィンランド音楽を生み出すための貴重な手掛かりをつかんだ」という（ただしその可能性が徹底的に追求されるのはベルリン留学中ではなく、もう少し後のことである）。

一方、ベルリン留学中に作曲を師事したアルベルト・ベッカー（一八三四〜一八九九）との関係も、シベリウスには微妙だった。変ロ短調のミサ曲（一八七八）や《宗教改革カンタータ》（一八八三）で知られるベッカーは教会音楽の大家であり、バッハを深く敬愛する保守的な作曲家としてドイツ中にその名をはせていた。ベッカーの下でひたすら地道な課題をこなすことになったシベリウスは、「彼はてっぺんからつま先まで古臭い。私の弦楽四重奏曲〔JS一八三〕を見せたら卒倒寸前になった」（ヴェゲリウス宛の手紙、一八八九年九月二十九日付）と述べ、あのヴェゲリウスさえ上回る厳格な指導に心底うんざりするのだった。ただし、この頃手掛けられたコラール合唱曲などにはベッカーの指導成果がはっきり見て取れることから、シベリウスが単なる「反逆児」ではなかったことを示唆してもいる。これらの合唱曲に彼の個性を見出すことは難しいが、そうしたアカデミックな訓練がシベリウスの成長におよぼした影響を過小評価すべきでない。

とはいえベルリンに来て数ヵ月たってもシベリウスはなかなか留学の成果を実感できず、精神的ストレスに押しつぶされそうになっていた。しかも不摂生な生活が身についたあげく、体調を崩して病院に通うほどまで追い込まれてしまう。そうした折、シベリウスの状況を案じたブゾーニが彼に救いの手を差し伸べる。一八九〇年一月十九日、ブゾーニとブロドスキー弦楽四重奏団がライプツィヒのゲヴァントハウスでシンディングのピアノ五重奏曲を演奏することになり、シベリウスとパウルをコンサートに招待してくれたのである。凍てつく冬雨のなか、すべての有り金をかき集めてライプツィヒに向かったシベリウスは、同コンサートに大きな感銘を受ける。そして自分もピアノ五重奏曲を作曲し、ブゾーニに演奏してもらいたいという強い衝動に駆られるのだった。

こうして久しぶりの創作意欲に満ちたシベリウスはベルリンに戻ってくる。ところが、そんな彼を待ち受けていたのは、伯父ペールの死という衝撃的な知らせだった。これまで父親代わりにさまざまな支援をしてくれたペールの死が甥シベリウスに与えた悲しみは、計り知れないものだったに違いない。叔母エヴェリーナは、ペールが最後に残した「きっとヤンネは祖国のために偉大なことを成し遂げるだろう」（一八九〇年一月十六日付）という、何ものにも代え難い言葉をシベリウスに手紙で書き送っている。シベリウスが新作に決然と取り組み始めたのは、こうした苦しい状況下の一八九〇年初頭のことだった。そして同年四月、作品は深い悲しみを内面にたたえたピアノ五重奏曲ＪＳ一五九として結実するのである。

シベリウスのピアノ五重奏曲は、彼のベルリン留学時代唯一の充実作といってよい。作品は一八九〇年五月、第一と第三楽章のみ抜粋する形で、ブゾーニのピアノ、ヘルシンキ音楽院の弦楽四重奏団により初演された。興味深いことにその評価は二つに分かれ、ヴェゲリウスはピアノの未熟な書法やチェロの高過ぎる音域など、曲の技術的側面に不満の声をもらしたが、フロディンはシベリウスの「情熱的な真摯さ」を指摘し、奥行きを見せ始めた若手作曲家の精神性を率直に称えている。だが何よりあり難かったのは、弟子の労作に感銘を受けたベッカーがシベリウスの成果を認め、さらなる勉強のために奨学金の推薦状を書いてくれたことだ。そのお陰で、シベリウスは二〇〇〇マルッカの留学資金をもう一度得ることができたからである。

ウィーン留学

一八九〇年六月、シベリウスは無事フィンランドに帰国する。ベルリン留学中、シベリウスとアイノが連絡を取り合うことはなかったが、この北国の短い夏の間に二人の関係は急速な展開をみせる。同年九月二十九日、ヘルシンキ音楽院で催されたあるコンサートの後、シベリウスがアイノにプロポーズし、彼女がそれを優しく受け入れてくれたのである。アイノに向けられたシベリウスの思慕と憧憬の念は、翌十月に初演された伸びやかな弦楽四重奏曲作品四の内に見て取れよう。しかし婚約はしばらくの間、二人だけの秘密にしておくことにした。

アイノとの関係がどんどん深まっていくなか、やがてシベリウスに二度目の留学時期が迫ってくる。シベリウスとベッカーの微妙な関係を心配したブゾーニは、ベルリンの作曲家でブラームスとも親しいハインリヒ・フォン・ヘルツォーゲンベルク（一八四三～一九〇〇）に推薦状を書いてくれたが（この点に関しては従来、エクマンの誤った情報に依拠することが多かったため、老ブラームス宛と考えられていた）、今回シベリウスが留学先に選んだのはベルリンではなく、オーストリア＝ハンガリー帝国の首都ウィーンだった。準備が遅れたシベリウスのフィンランド出発は、一八九〇年十月十九日のことである。おそらくそれは、いまや婚約者となったアイノとの悲しい別れに後ろ髪を引かれたからだろう。

何ら具体的な当てもないままウィーンに到着したシベリウスは、カール・ゴルトマルク（一八三〇～一九一五）とロベルト・フックス（一八四七～一九二七）の二人から作曲のレッスンを個人的に受けることになる。前者はヴェゲリウスの推薦、後者は指揮者ハンス・リヒターの紹介だった。両者とも華麗なオーケストラの大家であり、ウィーン留学におけるシベリウスの目的が、これまでほとんど手付かずだったオーケストレーションの習得、さらには壮大な管弦楽組曲や交響曲の創作に向けられていたことを示している。主に室内楽のジャンルで表現世界の幅を広げてきたシベリウスにとって、それはまったく新たな挑戦の始まりだった。

ウィーンの大家はシベリウスに対して異なるタイプのレッスンを行っている。まずゴルトマルクの指導は、出来上がった曲を目にしてから弟子にアドヴァイスを与えるという総括的なレッスンで、「主題の適格性」や「推敲の重要性」を指摘するなど、そのほとんどがありふれたコメントに止まるものだった。一方フックスの指導は、楽器法やオーケストレーションに関する具体的な部分にまでおよんでいる。もちろん両者のレッスンはとても貴重な経験だったろう。しかしウィーン留学中のシベリウスが真剣に向き合おうとしていたのは、自らのアイデンティティというおよそ得体の知れない謎めいた相手だった。ゴルトマルクやフックスの立場からすれば、フィンランドの若手作曲家が抱き始めていた独自の美学的問題や、そこから生まれた「粗野で野蛮な音楽」（シベリウスのある作品に向けられたフックスの言葉）に対しては、どうしても理解できない美意識の限界があったと思われる。

ゴルトマルクの対応はその典型である。ある時シベリウスが彼の下へレッスンに行き、「私が強調したかったのは……」といいかけたところ、ゴルトマルクはウィーン訛りでさえぎって、「だったら出ていきなさい！」とたたみかけたという。フックスにしても同様で、彼は友人のブラームスをシベリウスに紹介する労は決して取らなかった。確かにフックスはフィンランドからやって来た若者の才能を高く評価したが、それも彼の多くの弟子たち――マーラー、ヴォルフ、ツェムリンスキーら――と比べれば、特に騒ぎ立てるようなレヴェルにはみえなかったのだろう。ゴルトマルクやフックスらの冷ややかな態度は、ウィーン留学中のシベリウスが心の奥底にずっと抱えていたコンプレックス意識を深める結果となった。

ヴァイオリニストとしてウィーン・フィルのオーディションを受けたものの、無残な大失敗に終わったことも、シベリウスの心に大きな傷を与えた。また裕福なオペラ歌手で知られるパウリーネ・ルッカのサロンに身の丈を超えた服装で入り浸るようになったことや、そもそも交響曲という巨大なジャンルにあえて挑戦しようとしたことも、ある意味でコンプレックスの裏返しとみることができる。ウィーン留学中のシベリウスにまず求められたのは、そのようなねじれた感情を力ずくで跳ね返す精神的な気概だった。

一方、自らのアイデンティティという厄介な問題に向かったシベリウスは、最初の糸口としてフィンランド民謡《私があなたの友だちを遠ざけたと思わないで》を直接引用する形で、ソナタ形式の管弦楽曲を手掛けることにする。これは当初、一八九一年初頭に構想された新作交響曲の第一楽章になるはずだったものであり、続く「舞踏会の情景」を描いた第二楽章とともに同年春、一応完成させている。しかし、それらの出来栄えに不満を募らせたシベリウスは交響曲の創作をいったん中断し、両曲にそれぞれ《序曲》ホ長調JS一四五、《バレエの情景》JS一六三というタイトルを付けてフィンランドのカヤヌスに送るのだった。数日後、気が変わったシベリウスは両曲を演奏しないよう電報で伝えたが、カヤヌスはそれを無視して《序曲》の方を演奏してしまう。したがって不本意ながら、この明朗な《序曲》がシベリウスの管弦楽曲のデビュー作ということになる（カヤヌスは《序曲》初演の数日後に《バレエの情景》も演奏している）。ちなみに一八九一年十一月二十四日、ヘルシンキ・フィルのコンサートで両曲を振ったのがシベリウスの指揮者デビューである。

その後シベリウスは、まったく新たな視点で交響曲の創作にもう一度取り組むことにする。そして同構想に決定的なインスピレーションを与えたものこそ、民族叙事詩『カレワラ』の「クルヴォ神話」（第三一〜三六章）なのである。ウィーン留学中、シベリウスは婚約者アイノと頻繁に手紙のやり取りを行っているが、熱烈なフェンノマンだった彼女の存在が上記の構想に大きな影響を与えたことは間違いない。その創作に着手した頃、シベリウスは「『カレワラ』に魂を奪われてしまった」（アイノ宛の手紙、一八九一年四月十八日付）ような状況で、ウィーン近郊の森を散策しながら作品のイメージを少しずつふくらませていった。

なお交響曲の具体的な絵図に関しては、ウィーン留学中に聴いた三つの大曲がヒントを与えてくれた。ワーグナーの楽劇《ジークフリート》（一八七六年初演。余談だが、同作品に感動したシベリウスはワーグナー協会に入会している）、ブルックナーの交響曲第三番（一八七三、後に改訂）、ベートーヴェンの交響曲第九番（一八二四）である。兄妹の近親相姦を軸とした神話の題材選択、作品全体の曲調、独唱と合唱の導入、さらには音楽の「記念碑的な巨大さ」という点で、それらの作品がシベリウスの斬新なアイデアにおよぼした影響は無視できない。

フィンランドの民族精神を求めて（一八九一〜一八九三）

《クレルヴォ》の創作と封印

一八九一年六月、フィンランドに帰国したシベリウスは少年時代の思い出の地ロヴィィサに滞在し、ウィーンで着想した新作交響曲《クレルヴォ》作品七の創作を進めていく。同時に生活の糧を少しでも得るため、ロヴィィサの地元新聞に「ヴァイオリン、アンサンブル、音楽理論のレッスン」の広告を載せている。その結果、九人ほどの生徒が集まったほか、アマチュア・オーケストラも合わせて指導することになった。しかし、アイノとの結婚をヤーネフェルト家に認めてもらうためには交響曲の成功こそが先決であると考え、まず何よりも《クレルヴォ》の作曲に全力で取り組むのである。

ところが同年秋、突然シベリウスは耳の不調を訴え、十一月に専門医の診察を受けることになってしまう。「もしかしたら、まったく耳が聞こえなくなるのではないか」と真剣におびえたシベリウスだが、医者はそれが心気症（いゆわるノイローゼ）によるものと診断している。シベリウスは後年もしばしば耳に不快な違和感を覚えているが、それは精神的ストレスが原因であることが分かっており、この作曲家のナイーヴな神経を示す格好のエピソードといえるだろう。

また同じ頃、《クレルヴォ》の創作にも大きな影響を与える重要な出来事があった。イングリア（フィンランド湾とラドガ湖の間のペテルブルクを中心とした地域）出身の有名な歌い手、ラリン・パラスケ（一八三三～一九〇四）との出会いである。ロヴィサに近いポルヴォーという町で行われたシベリウスとパラスケの会見がいつであったか、正確な日時は特定されていない。だが前者にとっては『カレワラ』の真正な歌声を集中して聴く初めての機会であり、その意義は計り知れないものとなった。もっとも、シベリウスはなぜか《クレルヴォ》におけるパラスケの影響に対し、微妙な抵抗感を示している点に留意しておこう。後年、彼はエクマンにも「《クレルヴォ》作曲中、私は真正な吟唱に一度も触れていない。『カレワラ』の歌声を初めて聴いたのは、作品の完成後である」と――おそらく意図的に――異なった情報を伝えており、『カレワラ』を題材とする交響曲の創作にもがき苦しんだ作曲家の複雑な心理状況がうかがえる。

アルベルト・エーデルフェルト作『ラリン・パラスケ』（1893年）

一八九二年一月末、ヘルシンキに移ったシベリウスは《クレルヴォ》の創作に没頭する。その合間をぬって、カヤヌスと一緒に過ごす時間も増えていった。今やオーケストラの大作を手掛けるようになったシベリウスは、ヘルシンキ・フィルと密接な関係を築くためにも、大御所カヤヌスとの親交が欠かせなかったのである。一方、逆にヴェゲリウスとは心理的な緊張がもたらされるようになる。スヴェコマンのヴェゲリウスは、愛弟子がフェンノマンの方へ急速に傾いていくことに忸怩たる思いを抱いた。シベリウスがアイノに伝えたところによれば、「『カレワラ』をテクストとする曲に取り組んでいることをヴェゲリウスに報告したら、彼は顔を真っ赤にして『うえっ！』と叫んだ」（一八九二年二月五日付の手紙）という。しかしその後、シベリウスが《クレルヴォ》の一部をヴェゲリウスに聴かせると、彼は作品に大きな興味を示して弟子の芸術的挑戦を後押しするようになる。

さまざまな試行錯誤を繰り返したため《クレルヴォ》の完成は予定より遅れ、一八九二年四月二十八日に初演を迎えることになる。ただし、その日ヘルシンキ大学講堂に集まった満員の聴衆が手にしたプログラムには、《クレルヴォ、オーケストラ、独唱、合唱のための交響詩》と記されていた。もともと交響曲として構想、創作されたものの、初演時に交響詩として発表された背景には、交響的ジャンルに対するシベリウスの複雑なジレンマ（あるいはコンプレックス）と、従来の図式に囚われない柔軟な発想の二つが認められよう。実質的なデビュー作となった《クレルヴォ》の段階で、すでに彼がそうした美学的問題と真剣に向き合っていた点は興味深い。番号付き交響曲を本格的に書き始めた後も、交響曲と幻想曲の境界線に疑問を抱いたシベリウスは、「交響曲の観念はもっと広げられなければならない。これまで私はそれに十分貢献してきた」（一九一四年十一月二十一日の日記）と述べている。結局、交響的ジャンルに対するシベリウスの理念は伝統的な枠組みに収めることのできない、きわめて独自のものだったといえよう。

いずれにせよ《クレルヴォ》の初演は歴史的な大成功を収め、シベリウスは一躍フィンランド音楽界のスターダムにのし上がるのだった。物理的規模でいえば、この作品はシベリウスの管弦楽曲のなかでもっとも長大であり、しかも重厚で記念碑的な趣きさえたたえている。それは前年に発表された《序曲》や《バレエの情景》と比べれば一目瞭然だ。とりわけ注目されるのは、この作品でシベリウスが初めて「自らの響き」を見出したことである。その響きは、もはや駆け出しの若者とは思えない素晴らしい奥行きを示している。わずか一年の期間で、《クレルヴォ》という作品にこれほどまでの充実がもたらされた理由は何だろうか。これまで取り組んできた地道な作曲訓練や留学の成果はその一因だろうし、パラスケの突き抜けた歌声、あるいは「クレルヴォ神話」の普遍的な悲劇性がシベリウスに強烈なインスピレーションを与えたと考えられる。だがもっとも重要な要因として指摘すべきは、婚約者アイノの存在であった。《クレルヴォ》創作時におけるシベリウスとアイノの関係はまさに特別であり、いわば両者の「共同作業」といってよいほど親密なものだったからである。

したがって作品はアイノに献呈されたとしてもまったく不思議ではないのだが、シベリウスはそうしなかった。それどころか、彼は《クレルヴォ》に対して驚くべき行動を起こす。コンサートで数回取り上げられた後、作曲者の存命中は作品の出版だけでなく、再演さえ原則的に禁じてしまうのである。その真相についてシベリウスは決定的なことを何も述べていないため、いろいろと推測されてきた。実は作曲者自身が曲の出来栄えに不満を持っていたのではないか、初演時こそ大成功を収めたがその後の演奏ではあまり高い評価を得られず悩んでいた、特殊なフィンランド語の歌詞が国際的レパートリーの妨げになると考えたに違いない、『カレワラ』歌謡の影響が露骨とみなされるのを恐れたからだ、等々がそれである。だが、いずれか一つの理由に帰すことは困難であり、さまざまな要因が互いに絡み合いながら、「作品の封印」というシベリウスの重要な決断が導き出されたのだろう。

ちなみに《クレルヴォ》全曲の蘇演は、シベリウス没後の一九五八年六月十二日、作曲者の女婿ユッシ・ヤラス（一九〇八〜一九八五。シベリウスの五女マルガレータの夫で指揮者）の指揮で行われている。それ以降、《クレルヴォ》は初期シベリウスの重要な管弦楽曲として再認識され始め、フィンランド国内のみならず世界中で広く取り上げられるようになった。

結婚とハネムーン、新しい生活環境

大作《クレルヴォ》の成功で前途に微かな光明を見出したジャンとアイノは、一八九二年六月十日、トッテスント（ボスニア湾に面したヴァーサの北東三〇キロほどに位置）にあるヤーネフェルト家の別荘で結婚式を挙げた。

その後、二人はフィンランド東部のカレリア地方にハネムーンで訪れることにする。金銭的に困窮していたシベリウスは、カレリア地方の民謡調査という名目でヘルシンキ大学からわずかな助成金を得るなど、涙ぐましい支援を求めた上での旅行だった。フィンランド南東部の景勝地イマトラから、ちょうど現在のロシアとの国境線に沿うよう北上し、ヨエンスーを経由して有名なコリ山のふもとのリエクサへと至る行程は、まるで太古の原野のように不気味で荒涼とした雰囲気だったろう。そのためシベリウスは新妻の身を案じ、リエクサから先は一人で旅を続けることにする。かつて半世紀前、あのリョンロートも訪れたイロマンツィ、そしてコルピセルカまで足を延ばしたシベリウスは、幸運にも有名な歌い手ペトリ・シェメイッカ（一八二五?〜一九一五）に会うことができた。独特なアウラを帯びた老シェメイッカの歌声は、パラスケに勝るとも劣らないインパクトを作曲家に与えたという。

ハネムーンから戻ったシベリウス夫妻はヘルシンキの中心部に広いアパートを借り、弟クリスティアンも迎え入れて新たな生活を始める。今や夫の立場となったシベリウスにまず求められたのは、日々の生活費を地道に稼ぐことだった。この難題に関しては、ヴェゲリウスとカヤヌスがすぐに助け船を出してくれる。ヴェゲリウスはヘルシンキ音楽院、そしてカヤヌスは一八八五年に自身が設立したオーケストラ学校に、それぞれ臨時のポストを用意してくれたのである。彼らの好意をあり難く受け入れたシベリウスは、さっそく両組織で音楽理論とヴァイオリンの授業を受け持つことになる。ただしその負担は決して軽くなく、時には週に三十時間以上も拘束されたという。もともと教職にあまり関心がないシベリウスにとって、授業の忙しい時期はほとんど拷問に近かったろう。後進の指導はまったく創作の刺激にならず、逆にそれを妨げる日銭稼ぎとしか彼がみなさなかったのは、この作曲家の内向的な気質に鑑みると無理もない。

そうしたパーソナリティは、シベリウスが自分の作曲方法を明確に理論化しなかったことや、自らの美学的見解を広く世に公表しなかったことにも関係している。また彼が特定の楽派を作らず、他の誰かと徒党を組んだり群れたりしなかったのも、根本的には同じ性向から導かれたもの

ガッレン＝カッレラ作『シンポジウム』(1894年)。左からガッレン＝カッレラ、オスカル・メリカント、カヤヌス、シベリウス

だろう。その点シベリウスは、生涯にわたり「孤独な作曲家」の姿勢——それが意識的か否かはともかく——を徹底的に貫くのだった。

一方、それと矛盾するようだが、日常生活のシベリウスは気のおけない仲間たちとひたすら酒を酌み交わすなど、父クリスティアン譲りの社交的な側面をみせている。カヤヌスや画家アクセリ・ガッレン＝カッレラ（一八六五～一九三一）を中心に結成された「シンポジウム」（「饗宴」を意味するギリシャ語に由来。他にアルマス・ヤーネフェルトやパウルらも参加）と呼ばれる芸術グループにシベリウスが率先して加わったのも、その一例だろう。レストランの一角にて、酒とタバコを片手に人生や芸術を語り合うシンポジウムの集まりでは女性の参加が禁じられ、時には数日間にわたり延々と「議論」が続けられた。奔放な作曲家の妻としてシベリウスの行動をできるだけ許容しようとしたアイノだったが、新婚当時は家計のひっ迫もあり、夫の非常識な振る舞いに随分と神経をすり減らしたらしい。なお、若い芸術家たちの退廃的な生活ぶりを生々しく描いたガッレン＝カッレラの絵画『シンポジウム』（一八九四）が後に発表されると、同グループのメンバーは世間の不興を大いに買ったという。

新婚時代のシベリウスは日々の生活に目まぐるしく追われていたが、一八九二年十二月、《ルネベルィの詩による七つの歌》作品一三をフィンランドのオタヴァ社から出版する。敬愛するルネベルィの詩に付曲したこの意欲的な歌曲集は、ウィーン留学時とハネムーン時に創作したいくつかの歌をまとめたもので、シベリウスの名前が表紙に刻まれた最初の出版曲となった。もっとも、その新しさがフィンランドの聴衆に直ちに受け入れられることはなかったようだ。たとえば《クレルヴォ》のタイトル・ロールを歌ったフィンランドのオペラ歌手、エイブラハム・オヤンペラ（一八五六〜一九一六）が第一曲〈樅の木の下で〉と第六曲〈フリッガへ〉を初演したところ、『パイヴァレヘティ』紙で次のように冷たくあしらわれている。「それらの歌曲には《クレルヴォ》の作曲者の個性が確かに刻まれているものの、独特なリズムや奇怪な和声が素朴な聴衆の耳を混乱、疲弊させる結果となった」（フィンランド人作曲家オスカル・メリカント評）。

ただし、同時期に創作されたシベリウスの歌曲に関しては、以下の有名なエピソードも伝えられているので合わせて紹介しておこう。それは、〈もはや私は問わなかった〉作品一七の一（一八九一〜九二。ルネベルィ詩）に対するブラームスの評価である。一八九五年、シベリウス歌曲の紹介者として後に広く知られるようになるフィンランドのソプラノ歌手、イダ・エクマン

イダ・エクマン（1900年）

（一八七五～一九四二。シベリウスの有名な伝記作家カール・エクマンの母）がウィーン滞在中、巨匠の前で同曲を歌った時のことだ。高名な音楽学者エドゥアルト・ハンスリックの伴奏で彼女がこの歌を披露すると、ブラームスは「もう一度聴きたい」と立ち上がり、今度は自分がピアノの前に座って伴奏を弾いたという。イダ・エクマンの回想によると、この時ブラームスはシベリウスの歌曲に大変興味を示し、「彼はきっと大成するだろう」と述べて、彼女の額にキスをした。そして「次にお会いする時、あなたはブラームスよりシベリウスの歌をもっと取り上げるべきだ」と語ったというのである。

　この興味深いエピソードに対するシベリウスのコメントは残されていない。だが皮肉にも、《クレルヴォ》創作後のシベリウスが目指したのはブラームスの表現世界ではなく、その敵対者ワーグナーやリストの音楽だった。当時のシベリウスが追求したのはまずオペラと交響詩のジャンルであって、ブラームスやブルックナーのように「純粋な」交響曲の創作を通して絶対音楽の領域へと向かうには、もうしばらく時間を要することになる。

音詩《エン・サガ》

《七つの歌曲》の出版と並行して、シベリウスは一曲の音詩も完成させている。ハネムーン中に手掛けた《エン・サガ》作品九（スウェーデン語で「ある伝説」を意味する。一九〇二年改訂。なお初稿は改訂稿〔現行版〕より一四二小節長い）である。シベリウスがこの音詩に着手した直接のきっかけは、カヤヌスからの依頼だった。《クレルヴォ》のように声楽付きの巨大な作品では頻繁に演奏することができないと考えたカヤヌスは、「もっと親しみやすく、小気味よいダ・カーポ形式の短い作品を書いてくれないか」とシベリウスに持ちかけたのである（このカヤヌスの要望に関しては数々の文献で伝えられているため、とても有名な話だ。だがシベリウスは最晩年、上記の経緯を否定していることも付記しておこう）。

しかしカヤヌスの要望に反し、出来上がった作品は演奏時間二十分あまりの長大な音詩であった。その規模の大きさ、野性味あふれる荒々しい曲調は、洗練された小粋な管弦楽曲を期待していたヘルシンキ・フィルの反発を買ったものの、一八九三年二月十六日に行われた初演は、ひとまず成功を収めるのだった。《エン・サガ》の表現手法は、明らかに《クレルヴォ》の延長上にある。だが前作とは異なり、『カレワラ』に直接結び付く諸要素を見出すことができない。作品の標題内容について聴き手があれこれ謎解きをするようになったのは、そのためだろう。それに対して、もちろん作曲者は何ら明快な答えを公にしていない。そのような類の質問を受けた場合、シベリウスはしばしばポーカーフェイスを装い、「作曲家の魂の告白だ」とフェイントすること

ガッレン＝カッレラ作『シベリウス、《エン・サガ》の作曲家』（1894年）

が多かった。

とはいえ《エン・サガ》のイメージに関しては、手掛かりとなるエピソードもある。一つはシンボリズムの画家、アルノルト・ベックリン（一八二七〜一九〇一）との関連である。《エン・サガ》の作曲中、シベリウスはウィーン留学時に感銘を受けたベックリンの絵画をつねに思い浮かべていたという。しかも珍しいことに作曲者は後年、作品の表現世界を次の言葉で比喩的に語ってさえいる。「初演以来、《エン・サガ》が聴衆の心をとりこにするのは、ベックリンの絵画のように感情の力強さがみられるからだ。血の赤さと熱病的な暑さが、《エン・サガ》の世界観なのである」。

そしてもう一つは、ガッレン＝カッレラの有名な水彩画『シベリウス、《エン・サガ》の作曲家』（一八九四）に対する作曲者の態度である。この水彩画は三つの部分からなり、左上に《エン・サガ》よりインスピレーションを得た奇妙な風景画、右側にシベリウスのポートレイトが描かれている。左下の部分は空白になっているが、ガッレン＝カッレラはそこに《エン・サガ》の楽想を記すよう作曲者に求めたらしい。しかしシベリウスは、その風景画と自身の音詩の間には何ら共通性が認められないとして、画家の依頼をきっぱり拒絶している。確かにガッレン＝カッレラの風景画に見出されるメルヘン的幻想とユーモアは、《エン・サガ》のイメージにまったくそぐわず、シベリウスの毅然とした態度もうなずけよう。なお、シベリウスに寄贈されたこの水彩画は現在、アイノラの一室に飾られている。

《エン・サガ》初演の翌月、シベリウス夫妻に待望の第一子が誕生する。叔母エヴェリーナにちなんで、愛娘はエヴァと名付けられた。しかしそのエヴェリーナは一八九三年八月に亡くなり、懐かしいロヴィサの家も他人の手に渡ってしまう。優しい叔母に加え、少年時代の思い出の家を失ったことは、シベリウスにとって大変悲しい出来事だった。その傷心を振り切るかのように同年夏、彼は新たな大作の構想、創作に集中する。『カレワラ』第八章と第一六章にもとづくワーグナー風のオペラ《船の建造》（未完）である。そして神秘的な曲調の序曲が直ちに完成。オペラの創作それ自体はさまざまな理由で頓挫してしまうが、後に紆余曲折を経て、《レンミンカイネン》作品二二のなかの〈トゥオネラの白鳥〉へと改編されることになる序曲である。かくしてシベリウスはワーグナーにますます傾倒していき、作風も彼の影響を受けるようになる。その後、およそ一年間にわたる《船の建造》との格闘と挫折、ワーグナーへの接近と決別は、当時のシベリウスに大きな試練を与えるのだった。

　また一八九三年春から夏にかけて、シベリウスは男声合唱曲〈船旅〉作品一八の三やピアノ・ソナタ作品一二、ピアノのための《六つの即興曲》作品五にも次々と着手する。それらに共通する民族的な音調や香り、色合いには前年のカレリア巡礼の成果が認められ、シベリウスの思い描く「フィンランド的なもの」のイメージがきわめて鮮明に現れている。しかもその音楽表現は民謡の借用などの方法で手軽に味付けされた「民族的雰囲気」といったレヴェルを遥かに超えており、作曲者の美意識を通して独創的な世界を大胆に切り開こうとしている。その意味で、たとえば〈船旅〉に向けられたオスカル・メリカントの次の言葉は特筆に値するだろう。「この短い曲の見事なニュアンスには驚きだ。シベリウスの他の作品と同様、それはフィンランドの『カレワラ』歌謡に深く根差しているが、同時に彼自身の個性が明確に刻印されている。その多彩な表現は、もはや巨匠の域に達していよう」。

舞台劇『カレリア』の付随音楽

そうしたなか、当時のシベリウスが手掛けた仕事でもっとも注目されるのは、ヘルシンキ大学のヴィープリ学生協会から依頼を受けた舞台劇『カレリア』の付随音楽である。フィンランド南東部の中心都市ヴィープリは、ペテルブルクから北西一三〇キロほどのカレリア地峡に位置していた（現在はヴィボルグと呼ばれ、ロシア連邦レニングラード州にある）。その特殊な地理的条件のため、つねにスウェーデンとロシアの政争に巻き込まれてきた悲劇の町だ。ヴィープリを故郷とするヘルシンキ大学の学生たちが企画したのは、当時流行していた「ロッタリー」（宝くじ）と、愛国的な舞台劇をメインとする夜会である。そうして集めた資金をヴィープリの人びとの啓蒙活動に用い、ひいてはフィンランド人同士の精神的絆を強めることが彼らの目的だった。

舞台劇の初演は一八九三年十一月十三日。プロジェクト全体を取りまとめたのは、フィンランド随一の演出家カールロ・ベルィボム（一八四三〜一九〇六）であった。また付随音楽を担当したシベリウスのほか、カレリア的要素をふんだんに織り込んだ舞台セットの制作者には、ガッレン＝カッレラも加わっている。ちなみにシベリウスとガッレン＝カッレラの両者が芸術上で協力し合う機会は、意外にもこの舞台劇が最初で最後だった。この強力な陣容に加え、農夫の妻役でパラスケが舞台に登場すると、夜会は異様な熱気に包まれたらしい。そのためシベリウスの音楽は興奮した観客の歓声でかき消されてしまい、ほとんど聴くことができなかったという。しかし舞台劇の最後の「情景」（活人画）で、シベリウスが引用したフレドリック・パシウス（一八〇九〜一八九一）の《わが祖国》（ルネベルィ詩。現在、フィンランド国歌に制定されている）が朗々と奏でられると、観客のエクスタシーは最高潮に達する。こうして夜会そのものは成功裏に幕を閉じるのだった。

なお、シベリウスはカヤヌスのアドヴァイスのもと付随音楽より四曲を選んで、直ちに序曲（作品一〇）およびコンサート組曲（作品一一）へと改編している。特に個性的な三曲からなる後者は《カレリア組曲》と命名され、シベリウスのもっともポピュラーな作品の一つになった。

疾風怒濤の時期（一八九四〜一八九七）

作曲のスランプ

舞台劇『カレリア』の初演後、シンポジウムの集まりはますます活気を帯びるようになり、シベリウスの創作活動にも無視できない影響を与え始める。ある時、酒宴を開いていたシンポジウムのメンバーは、酔った勢いでスウェーデンの文豪ヨハン・アウグスト・ストリンドベルィ（一八四九〜一九一二）に、「今、皆でポメリー〔フランスの有名なシャンパン銘柄〕を楽しんでいるところです！」という、何とも大人げない電報を送ってしまう。フィンランドの若い芸術家たちから突然、不可解な電報を受け取ったストリンドベルィは、「ガッレン＝カッレラやシベリウスら、酔っ払いの連中が電報を送り付けてきた。フィンランドの生活はよほど退屈なのだろう！」と皮肉っている。

シベリウスのすさんだ生活状況を引き起こした要因の一つは、創作が思うように進まず、混迷に陥ってしまったオペラ《船の建造》の強烈なストレスである。作曲に行き詰まると、酒の力を借りて創作の緊張を一気に解消させようとする習慣は、シベリウスのライフスタイルになりつつあった。しかもシンポジウムの酒宴はお世辞にも上品といえなかったし、その異様なヴァイタリティが尽きることもなかった。ヴァイオリンの名手ウィリー・ブルメスター（一八六九〜一九三三）が酒宴に加わった時などは、どんちゃん騒ぎのなか、一晩でベートーヴェンとブラームスのヴァイオリン・ソナタ全曲、それにグリーグのソナタ二曲が披露され、大いに盛り上がったという。こうしたシベリウスの異様な習慣は晩年まで治まることがなかったが、それは過酷な創作活動がもたらすストレスからの現実逃避といってよい。

そのような状況だったから、一八九四年はシベリウスにとってスランプの年となってしまった。ヘルシンキ大学の音楽教師であり、カヤヌスとフロディンの師としても知られるファルティンの言葉を借りれば、当時のシベリウスは「疾風怒濤の時期」にあった。そのファルティンの勧めでシベリウスがヘルシンキ大学の臨時教師を引き受けたのも（それに伴い、《一八九四年の卒業式典カンタータ》JS一〇五が創作される）、それほど興味のない作曲依頼にあえて手を染めようとしたのも、いわばスランプの裏返しとみれば納得がいく。

一八九四年春には、ヘルシンキ大学男声合唱団が企画した作曲コンクールの結果も発表される。このコンクールにシベリウスは、『カンテレタル』をテクストとする男声合唱曲《ラカスタヴァ》JS一六〇aを提出していた。演奏時間およそ八分の《ラカスタヴァ》（フィンランド語で「恋人」の意味）は、シベリウスの無伴奏合唱曲のなかでも群を抜いて独創的であり、後に重要なレパートリーとして定着することになる。ところが結果は不本意な二位に終わってしまった。優勝の栄誉を勝ち取ったのは、シベリウスの生誕地ハメーンリンナで教師をしたこともあるエミール・ゲネッツの愛国的な合唱曲だった。審査員の判断には、ロシアの姿勢に対して危機感を抱き始めていた当時のフィンランドの世相や、社会を覆いつつあった右傾化の空気が何らかの影響を与えたと考えられている。洗練をきわめたシベリウスの合唱曲は、政治的プロパガンダやナショナリズムとまったく無縁の音楽だったのである。

その後、一八九四年六月にヴァーサで開催予定の大規模な合唱音楽祭から作曲依頼を受けたシベリウスは、管弦楽の新作に取り組んでいる。同イベントを企画したのはユリヨ・コスキネン（一八三〇〜一九〇三）らが設立した「文化・教育協会」（現ＫＶＳ財団）だったが、その主たる目的は「まず愛国的な姿勢を示し、それから音楽祭を楽しもう」というメッセージ通り、人びとの啓蒙と民族意識の高揚にあった。ヴェゲリウス、カヤヌス、ファルティン、アルマス・ヤーネフェルトらも自作品を携えて参加した音楽祭は大きな熱気に包まれ、成功裏に終わっている。なかでも注目を集めたのはヤーネフェルトの新作交響詩《コルスホルム》（コルスホルムとは、ヴァーサ近郊の地名）で、フィンランド民謡の引用とスペクタクル的サウンドに酔いしれた聴衆は、演奏が終わるやいなや総立ちして割れんばかりの拍手喝采を送った。

一方、《コルスホルム》の直前にはシベリウスの新作、管弦楽のための《即興曲》が演奏されている。だが聴衆の多くはシベリウスの新作に冷ややかだった。というのも、ヤーネフェルトや他の作曲家たちは音楽祭の主旨にしたがい、フィンランドの民族的要素を自作品にたっぷり盛り込んで愛国的な姿勢を表したのに対し、シベリウスの《即興曲》ではそうした要素が取り立てて前面に押し出されていなかったからである。それは図らずも、ゲネッツの愛国的合唱曲と《ラカスタヴァ》の両作品に向けられたコンクール審査員らの「評価」を思い起こさせよう。しかも間が悪いことに、同音楽祭にはアレクサンデル・ヤーネフェルトも列席しており、義子シベリウスの思わぬ失敗を目の当たりにしてしまった。

　しかし実のところ、この《即興曲》という作品は当時のシベリウスの複雑な心理状況を鮮明に映し出している。合唱音楽祭にもかかわらず新作に声楽を導入しなかったこと、あるいは《即興曲》といういかにも差しさわりのないタイトルを付したのも、シベリウスがスヴェコマンとフェンノマン――あるいはスウェーデン語系とフィンランド語系――の両陣営に等しく政治的配慮を加えたからであろう。ナイーヴな神経を持ち合わせていたシベリウスは、作品創作と政治問題をできるだけ切り離そうと考えたのである。後年、ロシアとの緊張関係によってフィンランドがさらなる右傾化の時代を迎えても、シベリウスは同様の中立的姿勢を慎重に保持しようとした。

　ちなみに作曲者は翌一八九五年、《即興曲》に大幅な修正を施している。そして改訂稿には《春の歌》作品一六というみずみずしいタイトルが新たに付され、その後、コンサートで頻繁に取り上げられるようになる（出版は一九〇三年）。

ワーグナー危機

　一八九四年夏、着手から一年ほど経ってもオペラ《船の建造》の作曲に目立った進展はみられなかった。そこでシベリウスは、「ワーグナーを真剣に研究する目的」（アイノ宛の手紙、一八九四年七月九日付）で、叔母エヴェリーナから相続したわずかな遺産を元手に、いよいよバイロイトへと赴くことにする。アイノは第二子を妊娠中だったので、シベリウスの「バイロイト詣で」は単身旅行となった。この一ヵ月半におよぶ集中的なワーグナー体験が、初期シベリウスの創作活動に与えた影響は大きい。《船の建造》の創作、ひいてはワーグナー研究を通して、シベリウスは作曲家としての資質だけでなく、自らが進むべき芸術の方向性に対する貴重な手掛かりをつかむことになるからだ。

だが、それには大きな代償を払わなければならなかった。ワグネリアンの聖地に到着するやいなや、シベリウスはさっそくバイロイト祝祭劇場でワーグナー最後の大作《パルジファル》を観て、その巨大な世界に圧倒される（二十世紀初頭まで、上演が認められたのはバイロイト祝祭劇場のみだった）。さらにミュンヘンにも足を延ばし、《タンホイザー》《ローエングリン》《ワルキューレ》《ジークフリート》《神々の黄昏》《トリスタンとイゾルデ》《ニュルンベルクのマイスタージンガー》を次々と体験。ベルリンとウィーン留学時にもシベリウスはワーグナー作品に触れる機会を得ていたが、今回はスコアを入手し、巨匠の和声法やオーケストレーション、ライトモティーフの技法を丹念に研究するのだった。

当初、シベリウスはワーグナーへの賛美を手紙でアイノに包み隠さず伝え、《船の建造》への取り組みにも意欲的な姿勢を示していた。ところが、やがて彼の心に疑念が生じ始める。ワーグナーの音楽は本当に自分が向かうべき道を指し示しているのだろうか、と。とりわけシベリウスが自覚せざるをえなかったのは、ワーグナーとの芸術的資質の違いだった。役者の絶叫、大仰な身振り、ライトモティーフの作為性、計算尽くされたドラマ、シベリウスはそれらすべてが自分のパーソナリティと合い入れないことを思い知らされる。さらに彼は、まるで教祖への絶対的忠誠を誓うようなワグネリアンたちの熱狂、バイロイト・サークルが醸し出す秘教的アウラ、その排他的な結束感にも心底うんざりしてしまう。

芸術上の立場で徒党を組んだり群れたりすることを何より嫌ったシベリウスは、ワーグナーを取り巻く独特な「文化」にも冷静に目を向けようとする。おそらくこの時点で、シベリウスの心中にワーグナーと決別する意思が芽生えたに違いない。八月十七日、「もはや私はワグネリアンではない」とアイノに書き送った彼は、シンフォニックな分野、すなわち交響詩のジャンルに再び活路を見出そうと決意するのである。その意思は、ワーグナーのみならずオペラというジャンルそれ自体との決別をも意味していた。結局《船の建造》は挫折。もっとも、オペラに対するシベリウスの憧れは相当なものだったようで、後年もさまざまな構想を抱いては断念しているのが興味深い。彼が残した唯一のオペラとしては、一幕物の《塔のなかの乙女》JS一〇一（一八九六）が知られている。上演時間およそ四十分の同オペラには、重厚なワーグナーの影がいっさい認められず、むしろマスカーニの《カヴァレリア・ルスティカーナ》（一八九〇）を思わせるイタリア・オペラ風の歌心と軽妙さが特徴だ。シベリウスの舞台芸術への才能はオペラではなく、劇付随音楽のジャンルで生かされるようになるのだが、それはこの内向的な作曲家の芸術的資質に大きく由来するものといえるだろう。

ただし当時のシベリウスがワーグナーから具体的なヒントを何も得なかったかというと、それは違う。長く引き伸ばされた和声、緻密な心理描写、巨大なクライマックスの形成、艶めかしいオーケストレーションなどの表現手法、さらには神話世界を通して人間の内奥に迫ろうとしたワーグナーの思想がシベリウスにおよぼした影響を無視することはできない。そして、その最大の芸術的成果こそ、《船の建造》の挫折から生まれた交響詩《レンミンカイネン》作品二二（一八九六、後に改訂）である。たとえワーグナーと決別しても、巨匠の影響を完全に拭い去ることができなかったシベリウスは、それを公に認めたくなかったのだろう。そうした場合、しばしば彼はまったく逆の態度を示す傾向がある。したがって後年、フィンランドの作曲家ベンクト・フォン・トゥルネに伝えられた次の言葉は字義通りでなく、ワーグナーに対するシベリウスの複雑な心理、愛憎の裏側を多分に映し出しているとみた方がよい。「ワーグナーはとてもわがままで悪趣味だ。彼は（おそらく《トリスタンとイゾルデ》を念頭において）、『私はお前を愛している、愛している！』と何度も絶叫する。本来それは大声で叫ばれるものではなく、耳元でそっとささやかれるべきなのに」。

スランプからの脱出

こうしてバイロイトを後にしたシベリウスだが、彼はまっすぐフィンランドに帰国せず、アルプスを越えてヴェネツィアへと足を延ばすことにする。これはシベリウスにとって生まれて初めてのイタリア訪問であった。夏の強烈な日差しはうんざりするほどだったが、重苦しいバイロイトと違い、地中海の雰囲気は古典的な調和と生命の躍動に満ちあふれていた。シベリウスはイタリアの印象について、「シェイクスピア的で、すべてが満ち足りている。まるでフィンランドにそっくりだ」（アイノ宛の手紙、一八九四年八月二十三日付）と語っているところが面白い。この陽気な南国との相性がとてもよかったからだろうか、シベリウスは後年も何度か同地を訪れている。交響曲第二番や交響詩《タピオラ》など、イタリア滞在中にスケッチしたりインスピレーションを得たりした作品も少なくなく、意外にも同地は作曲家シベリウスにとってかけがえのない存在になるのである。

帰国の途中でシベリウスはベルリンにも立ち寄り、交響詩というジャンルの可能性を再び追求するため、リストの大作《ファウスト交響曲》（一八五七、後に改訂）のスコアを入手。九月中旬、ようやくフィンランドに戻ると、すでに秋の気配を感じる季節になっていた。シベリウスの母マリアがヘルシンキを離れ、タンペレで教師をしている姉リンダの下に引っ越したのは、ちょうどその頃である。実はきわめてストイックで信心深いマリアと息子ジャンの間には、だいぶ前から「奇妙な距離感」のようなものが横たわっていた。確かに、ジャンが幼少時より心を開き続けたのは叔母エヴェリーナであったし、一方のマリアは息子のコンサートに出掛けることも、彼の友人やヤーネフェルト家と積極的に交流することもなかった。厳格な性分のマリアは、音楽家に成長していく自由奔放な息子の言動を図りかねたのだろうか。それとも定職を持たない息子に対して、無言のプレッシャーをかけようとしたのか。いずれにせよ、そんなマリアにとっても可愛い孫の誕生は本当に喜ばしいことだったろう。一八九四年十一月二十三日、シベリウス家に第二子ルース誕生という朗報がもたらされている。

アレクサンデル・フェデレイ作のカリカチュア（1898年）

こうした変化を背景に、シベリウスは作曲のスランプから立ち直ろうとする。ヴェゲリウスに願い出てヘルシンキ音楽院の教職から手を引いたのも、そのためだ。また同時期、シンポジウムの主要メンバーだったガッレン＝カッレラがヘルシンキから二〇〇キロほど北に離れた田舎町ルオヴェシに移ったことも（エドヴァルド・ムンクとの展覧会開催に伴い、その後ベルリンへと移住）、社交より創作の方を望んだ当時のシベリウスにはプラスとなったはずである。しかしその頃、フィンランドには不穏な空気が漂い始めていた。一八九四年十一月一日、保守主義者のアレクサンドル三世が崩御。野心的な長男ニコライ二世がロシア皇帝に即位すると、フィンランドへの厳しい政治的弾圧の時代が訪れるのである。

交響詩《森の精》

かくしてシベリウスの主たる関心は、《船の建造》の頓挫で宙に浮いてしまった楽想やフレーズの断片をどのように活用するか、という問題に向けられることになる。ある構想がお蔵入りした場合、その素材を別の作品へと柔軟に転用するのがシベリウスの作曲手順の一つであった。つまり「素材〔楽想など〕の着想」と「素材の構造化〔形式化〕」を分離し、曲が完成するまでさまざまな素材を複数の作品間で自由に往還させるのがシベリウスの基本的なやり方なのである。とはいえ《船の建造》のケースでは現存するスケッチや草稿が少なく、関連素材がどの曲にどのように振り分けられたのか、具体的に特定するのは難しい。作曲者がいくつかの素材を《レンミンカイネン》に用いたことは判明しているが、同じ頃に手掛けられた他の作品、たとえば《森の精》作品一五（一八九五）や《レンミンカイネンへの歌》作品三一の一（一八九六）に転用された可能性も否定できないだろう。

もう一つ重要なのは、シベリウスにおける作風形成の問題だ。苦しいワーグナー危機を経験した作曲家にとって、交響詩への回帰は《クレルヴォ》や《エン・サガ》の表現世界に立ち戻ることではなかった。オペラの創作に失敗し、失意のどん底に陥ったシベリウスが再起を図って意欲を燃やしたのは、ワーグナーの先を見据えつつ、交響詩のジャンルで彼独自の新しい音楽を生み出すことだったのである。そのためにシベリウスは、あらゆる芸術動向に目を向けながら試行錯誤を繰り返していく。

この頃、フィンランド芸術界を席巻していた動向はシンボリズムだった。バイロイト詣での際にミュンヘンも訪れたシベリウスは、シンボリズムの画家ベックリンの絵画を再び観ている。ウィーン留学時や《エン・サガ》創作中にも興味を抱いたこの芸術家に改めて感銘を受けたシベリウスは帰国後、フィンランド人画家マグヌス・エンケル（一八七〇〜一九二五）にその強烈な体験を伝えてもいる。数週間後、今度はエンケルがベックリンを観るためドイツに赴くが、その時の印象を友人のユリヨ・ヒルンに語った言葉が興味深い。「ベックリンは本当に期待以上だった。彼の『人生は短い夢』（一八八八）は、とてもシベリウスの音楽を思わせる。光の感覚はあるが、それよりも作品全体を貫いているのは、他でもないメランコリーだ」。フランスの詩人ジャン・モレアスの「文学宣言」（一八八六）を発端とするシンボリズムの潮流は、事物をありのままに描くのではなく、観念に形を与えて生ずる効果の方に重点をおいて、多様なイメージを喚起させる手法である。神秘的な森、仄暗い水辺、黄泉の国、静寂と白鳥、そしてデュオニソス的なもの――ベックリンを彷彿とさせる幻想的な要素を通して世界の本質に迫ろうとした当時のシベリウスに対し、シンボリズムの姿勢は大きな手掛かりを与えたといえる。

ワーグナー危機後、シベリウスが最初に発表した交響詩は《森の精》である。スウェーデンの詩人ヴィクトル・リュドベルィ（一八二八～一八九五）のバラード『森の精』（一八八二）を題材としたこの交響詩は、血気盛んな青年ビョルンが森の精に魅了され、恋に落ちるものの、最後は魂を奪われて永遠の渇望に苦しむという内容。リュドベルィのバラードに忠実にしたがったシベリウスの音楽には、怪しい森や池、月光、精霊、ライムの香り、星の瞬き、木々のささやき、死の予感など、シンボリズムの芸術家たちが好んだ要素があちらこちらに散りばめられている。それぞれの場面はまるで絵画のように豊かなイメージ世界を描出しており、精神の躍動と官能的陶酔、そして世界苦が次々と綴られていく。だが残念なことに、このエピソード風の交響詩は当時のシベリウスを代弁する音楽表現にならず、さらなる課題を作曲者に突き付けてしまう。結局、《森の精》はレパートリーとして定着することも、作曲者の存命中に出版されることもなかった。

交響詩《レンミンカイネン》

一八九五年夏、シベリウス一家は例年のようにヘルシンキを離れ、自然豊かな田舎にコテージを借りて白夜の季節を楽しんでいる。ラハティ北部の広大なヴェシ湖畔を滞在先に選んだこの夏の休暇は、一家にとって特に忘れられない思い出となった。降り続く雨のなか、幼い愛娘たちの相手に少しばかり手こずったが、ジャンとアイノは苺摘みや魚釣りに出掛けるなど、大自然の息吹に包まれた日々を一緒に過ごしたのである。同地でシベリウスはピアノ曲を数曲（《一〇の小品》作品二四の一・二、《森の精》の終結部を改編したピアノ版など）手掛けているが、注目の成果は何といっても男声合唱曲〈島の火〉作品一八の四だろう。『カンテレタル』をテクストとしたこの明朗な合唱曲は田舎の婚礼の準備を淡々と描いたもので、晩夏のフィンランドを吹き抜ける微風のように爽やかだ。その曲調は、大作《レンミンカイネン》の第一曲〈レンミンカイネンと島の乙女たち〉冒頭の清涼な気分を予感しているようにも聴こえる。

ハメーンリンナ時代の幼馴染みワルター・フォン・コノウ（一八六六〜一九四三）と一緒に母マリアの下を訪れた後、ヘルシンキに戻ったシベリウス一家は、町の中心部に新しい部屋を借りて秋のシーズンを迎えることにする。関連資料がほとんど残されていないため詳細は不明だが、『カレワラ』にもとづく大規模な連作交響詩《レンミンカイネン》の創作に作曲者が集中したのは、主に同年秋から翌九六年春の半年間であったと考えられている。この交響詩への取り組みが初期創作期のシベリウス、とりわけ彼の作風形成におよぼした影響は大きい。四つの曲からなる

《レンミンカイネン》の創作がどれほど困難をきわめたか、度重なる改訂に目を向ければ明らかだ。しかし、より注目されるのはこの巨大な交響詩に見出されるシベリウスの作曲姿勢、民族的な壁を突き抜けていっそう普遍的な世界に向かおうとする創作エネルギーの一端である。それを鋭く見抜いたフロディンが、「この交響詩には取り立ててフィンランド的な要素が刻まれていない。それがシベリウスの大きな前進である」と評した点は特筆に値しよう。暗示的な語り口、洗練された形式構成、シンボリズムの理念、そして愛と死をめぐる普遍的な題材選択――《レンミンカイネン》の根底には、「フィンランド的なもの」に深く根差しながらも、それを何らかの形で乗り越えようと試みた作曲者の、いわば「抽象化の美学」が力強く働いているのである。

ただし上記の言葉と同時にフロディンは、《レンミンカイネン》に散見される「催眠術のような効果」が聴き手を無用に幻惑させる点もあえて指摘し、作曲者が誤った方向に導かれることのないよう釘を刺すことも忘れなかった。峻厳（しゅんげん）な絶対音楽、あるいは古典的な交響曲を理想としたフロディンからすると、《レンミンカイネン》の「まるで阿片のように神経を麻痺させる」夢幻的音調は、絶対に見逃せなかったのだろう。それはともかく、この交響詩の初稿に数多くの難点が見出されたことは事実であり、後年シベリウスは修正の手を大胆に加えている。

安定した生活を求めて

一八九六年四月十三日に執り行われた《レンミンカイネン》の初演は、一応の成功を収めることができた。しかしその二日後、悲しい出来事が訪れる。義父アレクサンデル・ヤーネフェルトの死である。享年六十三歳、脳卒中だった。同年にはアイノの一つ上の従姉アイリ・ヤーネフェルトがヴィープリ近郊の列車事故に巻き込まれ、両足を切断するという悲劇も起きている。その衝撃的な知らせを受けたシベリウスは、フィンランドの民族楽器カンテレの奏者で知られるアイリのために小さな曲を作り、療養中の彼女に送ることにした。シベリウスの手による数少ないカンテレ作品（JS六三・一三〇）は、こうして生まれたものである。なおアレクサンデルが亡くなった後、アイノはかなりの遺産を相続している。兄たちと違い、大学教育の機会が与えられなかった彼女に対する「ささやかな償い」という含みもあったろう。その遺産の一部でジャンとアイノはベルリンへ出掛けることにするが、これは彼女にとって初めての海外旅行だった。

ヤーネフェルト家を襲った突然の不幸は、三十代を迎えても定職を持たないシベリウスに精神的、経済的安定を促すきっかけとなった。何しろ彼は、今や二児の父親になったのだから。そんな折、パシウスの任を継ぎ、一八七〇年以降ヘルシンキ大学で音楽を教えていた（大学オーケストラの指導など）ファルティンがヘルシンキ音楽院の教授に就任。二十六年間勤めていた大学の退職を表明したため、新たな任用が行われる運びとなる。これまでのシベリウスだったら、たとえどんな高待遇であっても、常勤の教職などという煩わしい仕事に目を向けることは決してなかったろう。しかし今回は違った。母マリアの懇願も手伝って、彼はファルティンの後任ポストに応募する決意を固めるのである。

同年十一月、その選考審査に際してシベリウスは、「民俗音楽が芸術音楽に与える影響について」と題する興味深い講演を行う。同草稿はシベリウスが残した唯一の系統的な音楽論――といっても芸術的マニフェストに近いもの――であり、「民俗音楽は芸術音楽に対して何ら直接の影響を与えるわけではないが、その精神を踏まえることで、より独創的かつ普遍的な芸術を生み出すことができる」という旨の持論を展開している。

シベリウスに勝算があったかどうかは分からない。しかし他の応募者、カヤヌスとイルマリ・クローン（一八六七～一九六〇）の二名は、いずれも手強い相手だった。そして紆余曲折を経た選考結果は、フィンランド音楽界を揺るがす一大スキャンダルへと発展することになる。音楽学者として少しずつ頭角を現してきた朴訥（ぼくとつ）なクローンはともかく、この名誉あるポストをどうしても手に入れたかったカヤヌスの画策が、事態を思わぬ方向に導いていくのである。選考結果は当初、圧倒的な票差でシベリウスに決定する見込みだった（評議員による投票はシベリウス二五票、カヤヌス三票、クローン〇票）。ところがそれに猛烈な不満を抱いたカヤヌスが、シベリウスに対する大々的なネガティヴ・キャンペーンを行う。さらにヘルシンキ大学学長のヴォルデマール・フォン・ダーエンに取り入って、同結果を強引に覆してしまう暴挙に出たのである。

結局ファルティンのポストはカヤヌスが継ぐことになるのだが、この後味悪い結末はさまざまな方面に影響を与えることになる。まずは当然ながら、シベリウスとカヤヌスの関係悪化だ。これまでのところ、カヤヌスの立場は明らかにシベリウスより優位であったし、フィンランド音楽界におけるランクも一段上だった。しかしそれでもなおカヤヌスは、作曲家として自分を上回る才能を持ち、急速に成長していく若造に対してねじれるような感情を抑えることができなかったのだろう。敏感なシベリウスは、そうしたカヤヌスの「穏やかならざる思い」を肌で感じ取っていた節がある。術策に長けた野心家の老獪（ろうかい）なやり方に、およそ駆け引きなど苦手な年下のシベリウスが敵うはずもなく、急速に冷え切ってしまった両者の関係が修復されるまでには多大な努力を要するのだった。この事件が直接の引き金になって、シンポジウムの集まりは完全に立ち消えとなる。

　カヤヌスの暴挙が明るみに出ると、世間の視線は逆にシベリウスの方に注がれた。そうしたなか、文化・教育協会の設立者コスキネンは急いで具体的な行動に打って出る。熱烈なフェンノマンで知られる右派のコスキネンは、シベリウスの音楽がフィンランド国民にとってかけがえのないこと、将来われわれの「民族芸術」を必ず豊かなものにするであろうことを、友人のダーエンに切々と訴えるのである。コスキネンの提案は、理不尽なスキャンダルに巻き込まれてしまったこの若い芸術家に、ヘルシンキ大学教授の年俸の半分にあたる三〇〇〇マルッカの年金を給して生活を保障すべきである、というものだった。選考審査の際はカヤヌスに肩入れしたダーエンだったが、今度は手のひらを返したように友人の提案を受け入れる。その結果、フィンランド大公国議会は一八九七年十一月、十年間の時限付きという条件でシベリウスへの年金給付を決定するのである（後に終身年金に変更）。

　かくしてシベリウスは、図らずも継続的な生活の糧を得ることになった。それに伴い些末（さまつ）な仕事を整理して、これまで以上に作曲活動に専念できるようになる。年金給付により、シベリウスの家計がある程度救われたことは間違いない。しかし強調しておくべきは、それで彼の豪奢な生活すべてが賄えたわけではなかった点である。その後、晩年に至るまでシベリウスの人生が借金との壮絶な戦いになることを考え合わせると、わずかな年金は結局のところ「焼け石に水」に過ぎなかった、という冷ややかな見方もある。だが仮にそうであったとしても、シベリウスに対する処遇は当時のフィンランドでも特例といえる措置だったし、国による支援は将来ある作曲家の精神的な励みとなったことだろう（シベリウス以前では作家ルネベルィが同様の年金を受けている。また北欧諸国の作曲家に目を向けると、グリーグとスヴェンセンがやはり三十歳頃から年金を受け始めている）。

一八九七年十二月二十九日、この事態を見届けるようにして、シベリウスの母マリアが肺炎症で亡くなる。享年五十六歳だった。姉リンダと弟クリスティアンは永遠の眠りについた母親の下に寄り添ったが、そこにジャンの姿はなかった。

交響曲への道（一八九八〜一九〇〇）

ナショナリズムと右傾化の時代

一八九八年夏、ロシアの熱烈な愛国主義者ニコライ・ボブリコフ（一八三九〜一九〇四）が、フョードル・ゲイデンの後任としてフィンランド総督に任命された。同年十月、ヘルシンキに到着したボブリコフはさっそくロシア語でスピーチを行い、皇帝ニコライ二世への絶対的忠誠をフィンランド国民に厳しく要求する。それを通訳していたヘルシンキ大学の副学長は身震いし、「不吉な前兆だ……」とつぶやいたという。暗澹としたボブリコフ時代の到来である。

十九世紀後半、強大なドイツ帝国の誕生（一八七一）や三国同盟の締結（一八八二年に成立したドイツ帝国、オーストリア＝ハンガリー帝国、イタリアによる秘密軍事同盟）など、国際情勢は目まぐるしく変化していった。それに危機感を抱いたロシアは、バルト海に面する地理的条件からフィンランドへの引き締めをいっそう強化する方向に舵を切る。そして「ロシアは一つ」という理念の下、これまで大幅な自治を認めてきたフィンランドの特権を剥奪する方針に転ずるのである。総人口一億三〇〇〇万の大ロシアに対して、その一部に過ぎない三〇〇万人弱のフィンランドだけがどうして優遇されなければならないのか、と。

ボブリコフがフィンランド総督に任命されたのは、故なきことではない。徹底したロシア化政策を進めるためには、この人物の老獪な戦略が必要とされたからだった。事実、ボブリコフは実に巧妙に事を運び、わずか半年ほどで大きな成果を上げる。ロシア化政策の象徴ともいえる「二月宣言」の発布である。一八九九年二月十五日に発布された二月宣言は、フィンランド大公国議会が行う立法をロシアの法律の制限下におく、つまりフィンランドの自治権を廃止する、という恐ろしいものだった。さらにロシアは軍隊、官僚、教育、言語、金融、新聞、芸術など、社会のあらゆる領域に力ずくで介入し、検閲を強化することで、これまで着々と築き上げてきたフィンランドの文化全体を根底から覆そうとする。それに対してフィンランド人は二月宣言の撤回を求めるべく五〇万を超える署名を急いで集め、大使節団とともにペテルブルクへ届けたが、無念にも徒労に終わる。

ニコライ・ボブリコフ

しかしロシア側の圧力が強まれば強まるほど、それと反比例するように高まっていったのがフィンランド側のナショナリズムだった。こうしてフィンランドにはかつてないほど激しい右傾化の時代が訪れるが、皮肉にもナショナリズムの動向は人びとに堅固な結束感、連帯感をもたらす結果となる。ロシアの理不尽な弾圧に抗して自らのアイデンティティを断固貫き通すという一点に関しては、フェンノマンもスヴェコマンもまったく関係なかったからだ。それはすべてのフィンランド人に共通する立場であって、人びとの見方を唯一分けたのは、憎々しいロシアに対抗する具体的な方法論だけであった。

忌まわしいボブリコフは、フィンランド人青年オイゲン・シャウマン（一八七五〜一九〇四）により一九〇四年に暗殺されるまで、およそ六年間フィンランド総督の要職にあり続ける。今から思うと、ボブリコフ時代のフィンランドの異様な「閉塞感」と、その反動によって生じた奇妙な「高揚感」は、いわば表裏一体のものだった。この頃創作されたシベリウスの音詩《フィンランディア》作品二六（一九〇〇）はコンパクトながら、とても鮮やかに、そして説得力ある形で両要素を表現している。《フィンランディア》だけではない。合唱曲《アテネ人の歌》作品三一の三（一八九九）や《お前に勇気はあるか？》作品三一の二（一九〇四）、朗唱、男声合唱と管弦楽のための即興曲《オウル川の氷砕》作品三〇（一八九九）など、シベリウスの代表的な愛国的作品は、その多くがボブリコフ時代に手掛けられたものだ。それらは当時のフィンランドの空気感を直接反映しており、社会的要請で作られた曲もあれば、空前のヒットを記録した曲もある。どうしてシベリウスは、そのような作品を立て続けに生み出すことができたのだろうか。

劇付随音楽《クリスティアン二世》

《レンミンカイネン》創作時まで、交響的ジャンルに対するシベリウスのコンセプトはリストやベルリオーズの延長上、つまり何らの「標題」と密接に結び付いていた。一八九八年に入ってもシベリウスは、シェイクスピアの戯曲やハイネの詩、ユハニ・アホの小説からインスピレーションを得て、《音楽的対話》と題する新たな標題交響曲の構想を練っている。それが実現することはなかったが、『カレワラ』とはまったく世界観の異なる上記の作品がもし完成していたら、マーラーの交響曲第三番（一八九六）にも匹敵する哲学的な音楽に仕上がったかもしれない。

一方それと並行してシベリウスは、ヘルシンキ音楽院時代の友人パウルと重要な接点を持つ。かつて音楽家を志したものの、今や作家として名を上げたパウルは、ベルリンを拠点に精力的な創作活動を行っていた。そのパウルが執筆した歴史劇『クリスティアン二世』（一八九七）の付随音楽を、シベリウスが担当することになったのである。パウルによると、作曲者は「あっ！」という間に付随音楽の数曲を完成させて周囲をびっくりさせたという。驚異的な速筆で生まれたにもかかわらず、一八九八年二月二十四日にスウェーデン劇場で初演された同舞台劇は大成功を収めることができた（パウルの要望により、後に付随音楽が三曲追加されている）。また、シベリウスは付随音楽をエレガントな演奏会用組曲に改編。《クリスティアン二世》作品二七がコンサートで単独に取り上げられる機会も増えていった。実際、一九〇〇年前後に同組曲はライプツィヒやロンドン、アメリカなどで広く演奏されて大好評を博し、シベリウスの名を国際的に知らしめている。作曲者自身は軽いサロン風の音楽によって評価されることに強い抵抗感を覚えたが、その異様な人気から、一九〇四年には〈ミュゼット〉と〈蜘蛛の歌〉が早くも録音すらされている。ちなみにそれは、シベリウス作品の最初期のレコーディングとなった。

舞台劇の成功を見届けた後、ジャンとアイノは同年二月末、再びベルリンへ出掛けることにする。ブゾーニやガッレン＝カッレラらと久しぶりに旧交を温めたシベリウスは、大いに羽を伸ばした。それに対して、人口一五〇万近い大都会の喧騒に心底うんざりしたアイノの今回の印象は、「本当に不快な町ね！」というものだった。加えて第三子を身ごもっていた彼女は、体調不良のため四月初旬に早々と帰国してしまう。それは想定外だったが、この三ヵ月にわたる長期のベルリン滞在はシベリウスのキャリアに重要な影響をおよぼしている。

一つ目はビジネス上の収穫だ。これまでシベリウスは大作の出版に恵まれず、歌曲などの小品をフィンランドの小さな会社から細々と世に出していた。しかしパウルの力添えもあって、ついにドイツの有名な老舗出版社ブライトコプフと契約を結ぶことができたのである。ブライトコプフ社はさっそく《クリスティアン二世》の出版に向けて動き出すが、その後も晩年の《タピオラ》に至るまで同社はシベリウスのもっとも重要な版元として、まさに相棒のような役割を果たすことになる（次いで重要なのは、ドイツのリーナウ社とデンマークのハンセン社）。

二つ目は創作上の展望である。騒々しい大都会でも、獣の闊歩する原野でも、手元に楽器がなくても、酒を飲んでいても何ら支障なく作曲のできたシベリウスだが、とりわけ長期の旅行中に刺激を受けて筆を取るケースが多かった。今回もその例にもれず、合唱曲《カルミナリア》ＪＳ五一や、男性合唱と管弦楽のための即興曲《サンデルス》作品二八などの作品を次々と物にしている。さらにシベリウスはベルリン滞在中、上記の創作と前後して、その後の行方を大きく左右する重要な作品の構想も抱くのだった。交響曲第一番である。シベリウスが同構想を手紙でアイノに伝えたのは一八九八年四月二十七日だが、どうして彼はこのタイミングで新たな交響曲に取り組もうとしたのだろう。純粋に内面的な衝動だったのか、それとも抽象的な表現世界に向かうことで、右傾化した聴衆からの無用な詮索をかわそうとしたのか、その真相は不明である。すでに述べたように、《音楽的対話》と題する標題交響曲の計画は進行中だったし、現存する資料を参照すると、その計画自体が第一番に「変化」したとは考えにくい。

交響曲第一番

ターニング・ポイントはベルリン到着後、早々に聴いたベルリオーズの《幻想交響曲》（一八三〇）だった可能性が指摘されている。ベルリオーズに大きな感銘を受けたシベリウスは携帯していたスケッチ帳に、「三月二日、《幻想交響曲》を聴く。おお、何と聖なるインスピレーション！　聖なる女神！」としたため、さらに自身の楽想の一部に「ベルリオーズ？」という大変含みのある言葉を書き添えている。したがって、この名曲が彼の思考回路に何らかの影響を与えたことは間違いない。しかしそれが逆に標題交響曲の計画を頓挫させ、「純粋な」交響曲の創作にシベリウスを駆り立てたとするなら、そこではこの作曲家特有の発想――例の「抽象化の美学」――が強力に作用した、とみるべきである。《幻想交響曲》がシベリウスに影響をおよぼした要因は、個々の標題や固定楽想などではなく、想像力のファンタジックな飛翔、その並々ならぬ燃焼度、そして従来の枠組みに囚われない自由な形式構成であった。なお翌年に初稿が完成するシベリウスの交響曲第一番の第四楽章には、彼の番号付き交響曲のなかで唯一、「幻想曲風に」という意味深い曲想記号が付されることになる。

五月末に帰国したシベリウスは、交響曲第一番の創作に本腰を入れ始める。同年秋にはヘルシンキ市内の別住居に移転。姉リンダと弟クリスティアンも加わり、大所帯でのにぎやかな生活となった。シベリウスが瞑想的な男声合唱曲〈わが心の歌〉作品一八の六を作曲したのは、意外にもそうした状況下である。フィンランドの文豪アレクシス・キヴィ（一八三四〜一八七二）の小説『七人兄弟』（一八七〇）にもとづくこの作品は、シベリウスの合唱曲のなかでも際立って内省的であり、深く透明な余韻が聴き手の心を打たずにはおかない。「禍も争いもない平和なトゥオニ〔黄泉の国〕の木立に亡き子を送りましょう」と歌われる静かな祈りの境地は、同年十一月十四日に生まれた三女キルスティの、やがて訪れる大きな悲劇を予感しているようだ（偶然にも数年後、マーラーも同じように《亡き子をしのぶ歌》〔一九〇四〕を書いた後、愛娘マリア・アンナをジフテリアで亡くすという痛ましい経験をしている）。

ところが神経質なシベリウスは、すぐに家族や姉弟たちとの日常生活がわずらわしくなる。そして同年十二月、交響曲第一番の創作に集中するため、ヘルシンキから十数キロ離れたケラヴァという静かな田舎町へ一人で移り住んでしまうのである。ベルリンやウィーンの喧騒には寛容だった彼なのに、身内の問題となると、どうしてこうも神経が過敏になるのか。家族を置き去りにしてでも孤独な居場所を求めるシベリウスの「芸術家らしい振る舞い」は、間違いなく父親譲りといえる。しばしば繰り返されたその独善的な行動は、異常な飲酒と並び、アイノとの関係に抜き差しならない緊張をもたらす最大の原因となった。確かに両者の結婚観の違いは最初から明らかで、「芸術家は自由でなければならない。子ども中心の家庭はまっぴらだ」（アイノ宛の手紙、一八九二年三月六日付）というシベリウスに対し、アイノはつねに「結婚は人生の偉大な仕事よ」（シベリウス宛の手紙、一八九二年五月十九日付）と考えていた。その一点において、両者の見解はついぞ交わることがなかったのである。

とはいえ結局シベリウスの行動が功を奏したのか、交響曲第一番（初稿）は翌一八九九年春に完成。同年四月二十六日、交響詩《森の精》や《アテネ人の歌》とともに披露され、大成功を収めている。ただし聴衆が当日もっとも熱狂したのは第一番ではなく、二月宣言への抗議が込められた《アテネ人の歌》の方だった。コンサートを締め括るべく、プログラムの最後に配されたこの愛国的合唱曲には、いつまでも惜しみない拍手が送られたという。

交響曲第一番の仕事が一段落した一八九九年六月、アイノと三人の娘たちもジャンを追ってケラヴァに移転する。この田舎町でシベリウス家はおよそ三年間過ごしているが、都会の誘惑がなくても充実した生活が送れることに安心するのだった。ケラヴァ経験の最たる収穫は、したがって後に決断されるヤルヴェンパー（アイノラ）移住への心理的な後押しになったことだろう。

舞台劇『歴史的情景』のプロジェクト

例のヘルシンキ大学の一件で、未だシベリウスとカヤヌスは仲違いしたままだった。しかし一八九九年夏、両者はユヴァスキュラの合唱音楽祭に審査員として参加した後、ルオヴェシにあるガッレン＝カッレラの仕事場を一緒に訪れるほど、その関係性が修復されている。もっともルオヴェシを後にしたカヤヌスが今度は自分の別荘にシベリウスを招待したいと申し出たところ、断られていることから、より深刻なのはシベリウス側のしこりの方だった。

　それはともかく、二月宣言後のフィンランドを襲った激動の波は、シベリウスとカヤヌスの確執など悠然と飲み込んでしまうほど強烈な勢いだった。いつの時代でも同じだが、歴史の大きなうねり、あるいは国家の大義の前では、個人の微細な感情など浮草程度の意味合いしか持ちえないのである。当時のフィンランドの過酷な状況に鑑みると、反ロシア・対ボブリコフの立場で人びとが結束し、右傾化の流れとともに時代を突破していく以外、道は残されていなかった。たとえ芸術家という立場であっても、それに逆らうことは到底できなかったろう。もちろんシベリウスやカヤヌスも例外ではなく、彼らもまた引き裂かれるような思いで厳しい時代と向き合わなければならなかったはずである。

　そうした状況下におかれたシベリウスの心境を鮮明に映し出しているのが、一八九九年十月二十一日に初演された即興曲《オウル川の氷砕》である。このドラマティックな作品は、アレクサンドル二世（在位一八五五〜一八八一）の寛容な治世を讃えたトペリウスの詩にもとづいているため、厳しさが増しつつあったロシア側の検閲をくぐり抜けている。ただしシベリウスが同詩を選んだ理由はボブリコフ時代を皮肉る目的であって、「私は自由のなかに生まれ、自由のなかで命をまっとうしたい」という印象的な冒頭部（および終結部）の言葉が示唆する真の意味は、誰の目からみても明らかだった。そんな《オウル川の氷砕》には、聴き手を圧倒する力がみなぎっている。だがそれよりも目を引くのは、この作品全体を覆っている不自然に硬直した表情、ごつごつとした無機質な感触の方であろう。それはこれまでのシベリウス作品にみられない特徴であり（あえて指摘するなら、《クレルヴォ》第三楽章の終結部「クレルヴォの悲嘆」に似ている）、何かを背負ってしまった人間の苦悩と怒りが込み上げているようでもある。

さらに上記と並行して、シベリウスを含む若手フィンランド人芸術家たちによる壮大なプロジェクトの計画が、突然立ち上がる。事の発端は、検閲の強化に乗り出したボブリコフがフィンランドの出版事業をマークし、「反ロシア」に加担する目障りな新聞社を発行禁止に追いやったことだ。そのなかにはシベリウスが関係する有力紙『パイヴァレヘティ』も含まれていた。そしてジャーナリストたちは怒りに震えながらも、理不尽な事態に落ち着いて対処しようとする。そして報道と言論の自由を広く人びとに訴えるべく、「報道の記念日」と称する大規模なイヴェントの開催に急いで踏み切るのである（主催者の詳細については未だに不明）。

「報道の記念日」は一八九九年十一月三日から五日にかけて催され、その間フィンランド各地でさまざまな記念行事が執り行われた。なかでも人びとの注目を集めたのは、イヴェント中日にヘルシンキのスウェーデン劇場で初演された『歴史的情景』と題する舞台劇だった。チケットは驚くほど高価だったにもかかわらず、当日は満員の観衆であふれかえり、劇場に入れない人たちがエスプラナーディ通りを埋め尽くしたという。それもそのはずで、イヴェント最大の目玉とされた『歴史的情景』の制作にあたっては、かつて舞台劇『カレリア』を成功裏に導いた演出家ベルイボムが全体統括、作曲家シベリウスが付随音楽を担当したほか、注目の若手作家ヤルマリ・フィンンネ（一八七四〜一九三八）とエイノ・レイノ（一八七八〜一九二六）がテクストの執筆で加わるなど、『カレリア』にも劣らぬ豪華な陣容だったのである。

舞台劇『歴史的情景』は、『カレワラ』の主人公ヴァイナモイネンが登場する太古の神話から、中世および近世を経て、十九世紀フィンランドの苦難の時代と新世紀の幕開けまでを描いた一種の歴史パノラマである。フィンランドの各時代を代表する歴史的な出来事を切り取り、それを六つの「情景」で描くというやり方は、基本的に『カレリア』と同じだ（『カレリア』は八つの情景で構成されていた）。それぞれの場面を支える付随音楽に加えて、魅力的な前奏曲も作曲したシベリウスは自らヘルシンキ・フィルを振っている。鬱屈していたフィンランド人の心が、この巧みな演出で揺り動かされないはずはない。主催者の期待通り、同舞台劇は『カレリア』を上回る喝采を博し、すぐに三回の追加公演が行われる運びとなった（十一月六日にスウェーデン劇場で一回、同月十一日にフィンランド劇場で二回。ちなみに『カレリア』の追加公演は一回のみ）。

なお『歴史的情景』において観衆がもっとも熱狂したのは、第六の情景「フィンランドは目覚める」だった。同舞台劇の最後を力強く飾ったこの場面は、ルネベルィやリョンロート、スネルマンらの歴史的人物に扮した演じ手が多くの役者とともに登場し、フィンランドの苦難と輝かしい未来を壮大に描いたものである。ここに添えられたシベリウスの付随音楽は六曲のなかでもっとも長大であり、表現の幅も目を見張るほど多彩だ。作曲者はこの七分あまりの付随音楽の内に抑圧と闘争、精神の躍動と静かな祈り、そして勝利の確信すべてを盛り込んだのである。怒りの感情に貫かれた《オウル川の氷砕》と異なり、シベリウスが同曲で強調したのは「暗闇から光明へ」という、いわば希望への確かな道のりだった。それが観衆の心をつかんだのだろう。もっとも、上記の音楽がやがてシベリウスの代名詞のような作品になろうとは、その場に居合わせた誰も予想できなかったに違いないが……。

三女キルスティの死と音詩《フィンランディア》の創作

舞台劇の成功後、シベリウスは『歴史的情景』の付随音楽を組曲の形に改めている。その作業にはカヤヌスの意向も取り入れられており、個人的な感情のもつれがどうであれ、少なくとも音楽活動に関しては両者互いに刺激を与え合う間柄だったことが分かる。同組曲には《情景の音楽》という名称が付されたが、それに伴い注目の第六曲〈フィンランドは目覚める〉も、より一般的な〈フィナーレ〉というタイトルに変えられた。

熱気に満ちた「報道の記念日」の余韻が過ぎ去り、いよいよ一九〇〇年を迎えようとする頃、アイノは兄アルヴィッドの住むロホヤに急いで駆け付けることになった。姪のアンナがチフスを患ったため、その看病に向かったのである。しかし不幸にも、アンナの命は幼くして断たれてしまう。悲嘆にくれてケラヴァに戻ったアイノだが、それに追い打ちをかけるように、今度は三女キルスティがチフスに倒れる。そして同年二月十三日、わずか一歳三ヵ月でこの世を去ってしまった。〈わが心の歌〉の作曲後、本当に訪れた突然の悲劇は、シベリウス家に深刻な影を落とすことになる。アイノは自分がロホヤからチフスの病原菌を運んだのではないかと疑い、死ぬほど後悔した。だが実のところ、ロホヤから数十キロ離れたケラヴァでも当時チフスが蔓延しており、アイノが自責の念に駆られるべきではなかった。

シベリウスの方も苦しい状況に陥っている。キルスティをこよなく愛していた彼は、その後、生涯にわたり彼女の名前を口にすることができなくなったという。シベリウスと二人でキルスティの墓（ヘルシンキのヒエタニエミにあるヤーネフェルト家の墓に埋葬）を訪れたことがある作曲家レーヴィ・マデトヤ（一八八七〜一九四七）の回想によれば、シベリウスはその時、「ここに私の娘が眠っている。彼女は天使だった」とつぶやいたらしい。愛娘が亡くなった直後に作られたチェロとピアノのための《マリンコニア》作品二〇を耳にすると、当時の作曲者の悲痛な気持ちが生々しく伝わってくる。この予期せぬ出来事でシベリウスの生活は著しくすさんでしまい、ますます酒におぼれる日々が続くようになってしまった。

しかし人生とは不思議なもので、どん底に陥ったかと思うと、一筋の光明が急に射し込んできたりする。微かな希望をもたらしたのは、一九〇〇年夏のパリ万博にヘルシンキ・フィルの派遣が検討されたことである。この大規模な事業は、フィンランドの存在や自分たちの音楽を国際社会にアピールする絶好の機会だった。それを鋭く見抜いたシベリウスは、ヘルシンキ・フィルを支援する活動に進んで加わっている。ところが当初、派遣の是非をめぐって賛否両論となり、フィンランド大公国議会も最終的な決定に二の足を踏んでいた。

「X」という差出人から一通の謎めいた手紙がシベリウスの下に届いたのは、そうした折である。振り返ってみると、これは運命的な手紙だった。そこには、次のような驚くべき内容が書かれていたからだ。「貴殿は、ヘルシンキ・フィルのパリ万博遠征公演を飾る序曲のような作品を作られたらどうでしょう。すべてを突き抜けたその曲は、そう、《フィンランディア》と名付けられるべきです」（「X」からシベリウス宛、一九〇〇年三月十三日付）。この匿名の手紙に強く心を動かされたシベリウスは、「X」の提案にしたがう決心をする。そして《情景の音楽》の〈フィナーレ〉にもう一度手を加えることで《フィンランディア》という、ロシア側からすればきわめて挑発的ともいえるタイトルの音詩に取り組むのである。時を同じくしてヘルシンキ・フィルの遠征公演もようやく決定し、フィンランド音楽史上初の大事業がいよいよ動き出すことになる。

なお、ここで注目しておきたいのは、劇付随音楽〈フィンランドは目覚める〉と音詩《フィンランディア》の違いだ（現在、両曲はCDで聴くことができる。中間稿に位置付けられる〈フィナーレ〉の詳細は残念ながら不明）。両曲の構成は、ほとんど大差ない。しかし、最大の違いは最後を締め括るコーダの部分に認められ、その相違が両曲のイメージを決定的にしている。すなわち〈フィンランドは目覚める〉のコーダはロマンティシズムなど微塵も感じさせないのに対し、《フィンランディア》のそれは曲の中間部（いわゆる「フィンランディア賛歌」の部分）の美しいフレーズを金管楽器が高らかに奏することで、聴き手を強烈なエクスタシーへと導いているのである。この工夫が単独の音詩《フィンランディア》の成功をより確実なものにした、といっても過言ではない。

パリ万博への遠征公演

一九〇〇年のパリ万博参加は、フィンランドにとって歴史的な出来事だった。万博会場には同国を代表する建築家エリエル・サーリネン（一八七三〜一九五〇）らの手掛けたパヴィリオンが立ち、建物の内部はガッレン＝カッレラのフレスコ画で鮮やかに彩られた。村の教会を思わせるそのユニークな外観は、素朴な力強さと洗練された佇まいの両方を兼ね備えたデザインだった。ある入場者は「すべてのパヴィリオンのなかで、もっとも風変わり」と評したが、シベリウスはアイノに「ずば抜けて芸術的」（一九〇〇年七月二十七日付の手紙）と書き送っている。

1900年、パリ万博のフィンランド・パヴィリオン

一方、ヘルシンキ・フィルの遠征公演はストックホルムを皮切りに、一〇以上の各国都市を経由しながら数多くのコンサートをこなした後、最終的な目的地パリのトロカデロ宮で二回の公演に臨むという、大変ハードなスケジュールだった。その全体統括はもちろんヘルシンキ・フィルの創設者カヤヌスに託されたわけだが、具体的な段取りや団員の人選（総勢七〇名ほどに補強）、公演プログラムに関しては最後まで揺れに揺れた。

マグヌス・エンケル作のポスター（1900年）

遠征公演の基本的テーマは「森と湖、神秘と自然の国フィンランド」で統一され、そのイメージはエンケルが描いたポスターや、フロディンが執筆したパンフレット『フィンランドの音楽』（フランス語とドイツ語に翻訳）にも反映している。たとえば、フロディンの文章の一節は次のような具合だ。「フィンランドの調べは、古代の悲しみに満ちた霊感から生まれたものである。遥かなる異教徒の時代から、つねに人びとは歌を口ずさんできた」。

　公演プログラムはすべてフィンランド音楽で、同国を代表する作曲家たちの作品が慎重に選ばれた。まずシベリウス作品からは〈トゥオネラの白鳥〉〈レンミンカイネンの帰郷〉《クリスティアン二世》（抜粋）、そして《フィンランディア》が取り上げられている。ただしロシア側の検閲を考慮し、《フィンランディア》というタイトルは遠征公演中、より一般的な《祖国》へと変更されることになった（音詩の初演時は《スオミ》）。またカヤヌスの《フィンランド狂詩曲第一番》（一八八一）、アルマス・ヤーネフェルトの《コルスホルム》なども選定。それらの管弦楽曲に加えて、ヴェゲリウスやエルッキ・メラルティン（一八七五〜一九三七）らの歌曲も紹介しようということで、フィンランド音楽界きっての名ソプラノ歌手、イダ・エクマンとアイノ・アクテ（一八七六〜一九四四）

もツアーに参加している。

しかし、もっとも困難をきわめたのはメインとなる作品の選定だった。上記の曲はいずれも規模が小さく、必ずしもフィンランドのシンボルといえる記念碑的な大作ではない。そこで白羽の矢を立てられたのが、一八九九年にわずか二十一歳で夭折（ようせつ）した作曲家エルンスト・ミエルク（一八七七〜一八九九）の代表作、交響曲へ短調（一八九七）だった。ヴィープリ生まれのミエルクは幼少時より病弱で、七歳の頃ようやく言葉を話すようになったという。その一方、優れた音楽的才能に恵まれ、十歳から始めたピアノで頭角を現した後、ベルリンに留学。マックス・ブルッフに作曲を学んでいる。一八九七年、カヤヌスがミエルクの交響曲を取り上げると、フィンランドではセンセーションが巻き起こった。その一年後、今度はかつての留学地ドイツでベルリン・フィルが同交響曲を演奏。一躍、時の人となった作曲家である。だが、そのあまりにも若過ぎる死により、ミエルクはフィンランド音楽界の「伝説」となってしまった。

そのミエルクの交響曲が当初、公演プログラムのメインに選ばれた理由、さらに――遠征公演の歴史的な意義に鑑みると重要な点だが――それがシベリウスの交響曲第一番に変更された経緯については不明である。これはあくまでも著者の推測に止まるが、ミエルクが候補に挙がった理由としては、彼の交響曲を絶賛したフロディンの意向、あるいはシベリウスに対するカヤヌスのねじれた思いが影響した可能性が考えられる。また前述のように、そもそもシベリウス作品は他の作曲家よりも数多く取り上げられており、そのバランスが考慮されたのかもしれない。だがメインとなる作品の選定は遠征公演の成否を左右する重大な要素であり、シベリウスの第一番が最終的に選ばれたことは、未来を切り開こうとする若い作曲家の将来だけでなく、フィンランド音楽界全体にとっても大きな決断だったというべきだろう。

かくしてヘルシンキ・フィルのパリ万博遠征公演は、シベリウスの交響曲第一番を中心にプログラムが組まれることになった。それを受けて作曲者は、数ヵ月前に取り組み始めた同曲の改訂作業に拍車をかけ、作品の完成度をいっそう高めようとしている。ちなみに遠征公演に副指揮者の立場で随行したシベリウスは、いっさい報酬をもらわず、またオーケストラを振る機会も与えられなかった。だが各国都市で自らの代表作、交響曲第一番（改訂稿）を集中的に披露できたことの意義は大きい。この一ヵ月あまりの遠征公演で、シベリウスはフィンランドを代表するシンフォニストとして国際的に知られるようになったからである。それは彼のキャリアに計り知れないメリットをもたらしたはずだ。

また歴史的な大事業の遂行を通して、シベリウスとカヤヌスの両者が和解する方向へと歩み寄ったことも収穫だった。遠征公演の終了後、カヤヌスの語った次の印象深い言葉が、この未曾有の事業の総括といってよいだろう。「シベリウスの存在なくしては、ヘルシンキ・フィルのパリ万博遠征公演は絶対に成功しなかった。彼の音楽こそ、私たちフィンランド人の大いなる希望なのだから」。

国際的評価を得て（一九〇〇〜一九〇四）

アクセル・カルペラン

シベリウスに《フィンランディア》の創作を促した例の「X」は、いったい何者なのだろう。フィンランドに帰国後、シベリウスは「X」がアクセル・カルペラン男爵（一八五八〜一九一九）という人物であることを知る。ヘルシンキ・フィルがパリへ向けて出発した一九〇〇年七月三日、港で団員一人ひとりに花束を渡す奇妙な風貌の男がいた。口ひげをたくわえ、山高帽をかぶったその小柄な人物こそ、カルペランだった。

シベリウスより七つ年上のカルペランは「X」の一件以来、およそ二十年間にわたりこの奔放な作曲家を経済的、精神的に支え続ける重要なパトロンになる。もともとカルペランはシベリウスと同じようにヴァイオリニストを志していたのだが、両親の猛反対にあって断念。その時は激しい怒りのあまりヴァイオリンを叩き壊し、粉々になった破片を川に放り投げたという。この出来事がトラウマとなり、両親への反発から大学には行かず、清貧に甘んじながら文学と音楽に耽る独身の日々を過ごしていた。そんなカルペランにとって、人生究極の目的は「偉大な人物」を陰で支えることだった。そしてようやく出会うことのできたその偉大な人物が、作曲家シベリウスであったというわけだ。

　それにしても経済力の乏しいカルペランが、どうしてシベリウスを資金的に支えることができたのか。カルペランは見た目通りの素朴で控え目な性格だが、どのような手段を駆使してでも事態を好転させ、目的を達成しようとする強い意志、情熱を内側に秘めていた。フィンランド国内のみならず、隣国スウェーデンの裕福な支援者をも粘り強く説得し、貧困にあえいでいる芸術家の活動資金を調達する手腕にかけては、抜群のセンスを発揮したといわれる（カルペランの母語はシベリウスと同様、スウェーデン語）。おそらくカルペランの関係者は、彼の利他的な行動、苦境の音楽家をひたすら支えようとする無私な態度に心から共感したのだろう。

アクセル・カルペラン

　カルペランのような真の庇護者に出会えたことは、シベリウスにとって本当に幸運だった。このパトロンが作曲家におよぼした影響は絶大であり、シベリウスは生活面だけでなく——きわめて例外的なことだが——創作の本質に関わる内面世界も彼に包み隠さず相談するようになる。《フィンランディア》がカルペランの提案で作曲されたことはすでに述べたが、後に取り組まれるヴァイオリン協奏曲や弦楽四重奏曲《親愛なる声》、さらには劇付随音楽《テンペスト》、交響詩《タピオラ》（当初は「森の交響曲」という形で提案）なども、元をたどれば彼のアイデアに刺激を受けて生まれたものである。そうした意味で、シベリウスとカルペランの間に交わされた数多くの手紙は、この作曲家の創作活動を知る上でとても重要な記録といえるだろう。

カルペランはシベリウスを取り巻くさまざまな状況に目配りし、つねに先を見据えながら最良のアドヴァイスを彼に与えようとした。南国イタリアへの旅行の提案は、その好例である。一九〇〇年八月初旬、パリからケラヴァに戻ったシベリウスは、亡き娘キルスティの思い出に再び心がえぐられてしまう。だが、いつまでも嘆いてばかりはいられなかった。今や有望なシンフォニストとして国際的評価を得た彼は、次の創作に向けて新たな一歩を踏み出さなければならなかったからである。当時のシベリウスの心理状態は同年秋、一気に書き上げられた朗唱、混声合唱と管弦楽のための即興曲《スネフリード》作品二九（リュドベルィ詩）の主人公、青年グンナルと重なり合う。「力尽きるまで孤独に戦い抜くのだ／その思いが天国へ近づくにつれ／歩みも重くなるだろう／しかし若者よ、至高の夢に忠実であるなら／いつかまた森の乙女に会える」。そうした苦境下のシベリウスを気遣い、手を差し伸べたのがカルペランだった。

すでに半年前、例の「X」の手紙のなかでカルペランは、以下のような意味深い言葉をシベリウスに書き送っていた。「イタリアはカンタービレの国。転調や和声、明晰さ、そしてシンメトリー。そこでは醜いものでさえ、すべてが美しい。思い出してください。チャイコフスキーやリヒャルト・シュトラウスにとっても、それはかけがえのない国でした。そう、あなたはイタリアを訪れるべきです、絶対に」（「X」からシベリウス宛、一九〇〇年三月十三日付）。イタリア旅行をシベリウスに強く勧めたカルペランは、いよいよそれを実現させるべく、スウェーデンの有名な資産家アクセル・タムに援助を呼び掛ける。パリ万博への途上、ストックホルムで開かれたヘルシンキ・フィルの公演を聴き、シベリウスの交響曲第一番に強烈な感銘を受けたタムは、喜んで協力を約束する。さらに他の支援者からの援助も含め、およそ五〇〇〇マルッカの資金が瞬く間に集まった。それは、シベリウスが家族三人（妻アイノ、娘エヴァとルース）を伴ってイタリア滞在するのに十分な額であった。

このイタリア旅行は、何とおよそ半年間にもおよぶことになる。これほど長い間、家族と一緒に海外で過ごす経験は、シベリウスにとって今回が最初で最後だった。キルスティを失った悲しみは、まるで通奏低音のようにシベリウス家を苦しめ続けたと思われる。事態の深刻さを憂慮したカルペランの援助は、したがってまさに時宜を得たものといえよう。しかし、このパトロンにはもう一つの本心があった。イタリアの古典的な明快さと軽やかさ、地中海の暖かさと太陽の輝き、生の肯定と解放――そうした南方的な表現感覚が、世界苦に満ちた交響曲第一番を作曲後のシベリウスには求められていた。同じフィンランド人だからこそ、カルペランはそのあたりの芸術的感覚が肌で理解できたのだろう。事実、彼の予想通り、このイタリア旅行は作曲家に鮮烈なインスピレーションを与えることになる。

長期のイタリア旅行

シベリウス家がイタリアに向けて出発したのは、一九〇〇年十月二十七日である。北国フィンランドではそろそろ冷たい雪がちらつく頃だが、南西へ向かうにつれて逆に明るい陽光が差し込み始め、風景も少しずつ柔らかな暖色に変わっていく旅程だった。

彼らが最初に目指したのはベルリンである。それは主にビジネス目的であり、パリ万博遠征公演の評価をより確実なものにして、ドイツでの演奏機会を増やしたい、というシベリウスの目論見があった。ベルリンでは当時、リヒャルト・シュトラウスが頂点に君臨していたし、友人ブゾーニのほか、指揮者アルトゥール・ニキシュ（一八五五〜一九二二）やフェリックス・ワインガルトナー（一八六三〜一九四二）らも精力的に活躍していた。有力な音楽家との交流を図ろうとしたシベリウスは、ベルリンに到着するやいなやライプツィヒへ飛び、ベルリン・フィルとライプツィヒ・ゲヴァントハウスの兼任で多忙な状況にあったニキシュを訪ねている。ニキシュは、「交響曲第一番の楽譜をもっと早く手に入れたかった。今からでは本シーズンに間に合わない」と嘆いたものの、〈トゥオネラの白鳥〉を自分のコンサートに取り入れることを約束してくれた。

その後シベリウスは、『一般音楽新聞』の編集者オットー・レッスマンが企画した夜会で、リヒャルト・シュトラウスとワインガルトナーに会っている。夜会では両者の歌曲や室内楽曲に触れる貴重な機会を得た一方、ベルリンで作曲したばかりの歌曲〈逢引から帰った少女〉作品三七の五（ルネベルィ詩）を彼らに披露した。さらにコンサートに足を向けたシベリウスは、リストの名作オラトリオ《キリスト》（一八六六）を聴き、その壮大な宗教的想念に強い感銘を受けている（特にアイノは心底、魂を揺さぶられたらしい）。

このような活動にあわただしく追われたからだろう、シベリウス家のベルリン滞在は思いのほか長引くことになる。気をもんだカルペランは、「支援者たちの機嫌を損なわないよう、すぐにベルリンを発つように」とシベリウスに忠告したが、年が明けても彼らがイタリアへ旅立つ気配はみられなかった。さらに悪いことに、高価なホテルや食事で湯水のように浪費したため、資金が底をついてしまう。それを見かねた支援者の一人は、「すぐに帰国するべきだ。そうすればお金が減ることもない」とぼやいたが、シベリウスはフィンランドの伝手を頼りに何とか自力で新たな資金を工面する。そして一九〇一年一月末、ようやくイタリアに向けて出発するのだった。

スイスのルツェルンからアルプスを越えてイタリアに入ったシベリウス家は、まずミラノに立ち寄り、その後ジェノヴァ近郊の小さな港町ラパッロに到着する。真冬にもかかわらず、陽光あふれる南国の風景に刺激を受けたシベリウスは、本腰を入れて作曲に取り組む。ラパッロでまず彼が精力を注いだのは、《祝祭》と題する新たな連作交響詩だった。だがイタリアの新鮮な空気に包まれても、シベリウスの気持ちがすっきり晴れることはなかったようだ。作曲家のスケッチ帳はすぐに無数の楽想で埋め尽くされたが、そのなかの一つ（後に交響曲第二番の第二楽章、主要主題に使用）に次の不吉な文章が書き添えられていることからも、それはうかがえよう。「ドン・ファン〔Don Juan〕。黄昏が訪れると、城に見知らぬ客人がやってきた。お主は誰かと尋ねても返事がない。私はその不愛想な相手を楽しませようとしたが、彼は黙ったままだ。ついに客人が歌を奏で始めると、ドン・ファンはその正体を知った――死である」（HUL0145）。ちなみに、このスケッチ帳にしたためられた〝Juan〟の文字はとても不鮮明であり、〝Jean〟にもみえる。

それに追い打ちをかけるように、ラパッロのホテルで二女ルースが突然、病に倒れるという不測の事態が起こってしまう。幸いにもルースは少しずつ回復に転ずるが、キルスティの不幸を思い出したアイノは恐怖に引きつりながら娘の看病に当たった。一方それとは対照的に、この予想外の事態にすっかり心が折れてしまったシベリウスは、思いがけない行動を取る。一枚の書き置きをし、家族をラパッロに残したまま黙ってローマへ旅立ってしまうのである。例によって、「孤独な環境で作曲に専念するため」というのが彼の言い分だった。毎度のこととはいえ、アイノは夫の独りよがりな行動にショックを受け、夫妻の間にはこれまでにない緊張が走る。結局、良心の呵責に苛まれた夫が謝罪し妻が彼を許すという、いつも通りの形で一応決着するが、この出来事はアイノの心に深い傷を残すこととなった。

しかしながら、この二週間ほどのローマ滞在は作曲家に強烈な印象を与えている。パンテオンやコロッセウムを訪れたシベリウスは、古代ローマの技術を結集した見事な建築物に感嘆の声をあげた。さらにヴェルディのオペラ《リゴレット》（一八五一）を観て称賛し、教会では対位法の巨匠パレストリーナの音楽に触れる機会さえ得ている。意外に思われるかもしれないが、シンプルで端正な造形美を指向している点において、シベリウスはイタリア音楽に深い共感を覚えるのだった。確かにシベリウスの音楽には北国特有の内向性、神秘性、哀愁や寂寥感に包まれた部分もある。だがそれと同時に、陽気で人懐こい要素《カレリア組曲》の〈行進曲風に〉や〈レンミンカイネンの帰郷〉、《クリスティアン二世》の〈ミュゼット〉や《パンとエコー》など、そうした例は枚挙に暇がないもまた、この作曲家生来の本質的な一面なのである。ヴェルディの明快さ、パレストリーナの清澄なポリフォニーは、重々しいワーグナーや民族ロマン主義から距離をおき、より古典的な方向へ舵を切ろうとしていた当時のシベリウスに新鮮な息吹をもたらしたに違いない。

ローマから戻ったシベリウスは家族と合流し、フィンランドへの帰途につく。帰りはフィレンツェ、ボローニャ、ウィーン、プラハを経由してベルリンに戻り、その後シュチェチンから船でヘルシンキにわたる経路を取った。創作意欲にあふれていたシベリウスは、最初に立ち寄ったフィレンツェで同地出身の詩人ダンテ・アリギエーリの叙事詩『神曲』にもとづく新たな管弦楽曲の構想を練っている。興味深いのは、そのためにスケッチされた楽想の一部（後に交響曲第二番の第二楽章、副次主題に使用）に、「キリスト」という象徴的な言葉が添えられていることだ。その言葉の背後には『神曲』の基調、すなわち愛の力および神の恩寵による魂の救済という宗教的想念が集約されているようにみえる。あるいは数ヵ月前、ベルリンで聴いたリストの《キリスト》の影響を指摘することもできよう。いずれにせよ、フィンランド帰国前の時点で作曲家の心境はようやく悲劇的感情を超え、ある種の宗教的なそれにまで高められようとしていた。この精神面の変化は、後に取り組まれる交響曲第二番にも重要な影響をおよぼすことになる。

またプラハを訪れたシベリウスは、作曲家ヨゼフ・スークの紹介で晩年のドヴォルザークに会っている（スークはドヴォルザークの義子）。チェコの巨匠はシベリウスに、「私はこれまで十分過ぎるほど作曲したよ」と穏やかな表情で満足そうに語った。シベリウスは巨匠の飾らない人柄にとても好感を抱いたが、内心では「フィンランドのドヴォルザーク」には絶対なるまい」と思ったようだ。激動の二十世紀を切り開こうとしていたフィンランドのシンフォニストにとって、《新世界より》（一八九三）の作曲者はあまりにも「十九世紀的」であり過ぎた。ナショナリズムの動向を突き抜けて、その先の抽象的な表現世界を目指していたシベリウスからすれば、もはや素朴な民族主義の潮流など白々しく、むしろ虚ろなものに思えてならなかったのである。

ハイデルベルクへの演奏旅行、リヒャルト・シュトラウスとの交流

一九〇一年五月、一家はフィンランドに帰国した。しかし落ち着く間もなく、シベリウスは再びドイツに向けて出発する。六月初旬のハイデルベルク音楽祭にて、〈トゥオネラの白鳥〉と〈レンミンカイネンの帰郷〉を指揮することになったからである。これは半年前のビジネス活動がもたらした成果の一つだった。なお、忙しい演奏旅行の直前、シベリウスはフィンランド合唱音楽界の牽引者へイッキ・クレメッティ（一八七六〜一九五三）の要望により、男声合唱曲〈ようこそ月よ〉作品一八の二（『カレワラ』第四九章より）を急いで作曲している。これまで彼の合唱曲は基本的にホモフォニックな書法を特徴としてきたが、同曲に見出されるのは秀逸な対位法的テクスチュアだ（これはパレストリーナの影響だろうか）。わずか三分あまりの〈ようこそ月よ〉がまるで宇宙のように巨大な印象を与えるのは、幅広い音域を自在に行き来するシベリウス流のポリフォニーに負うところが大きい。

ドイツ最古の大学を擁するネッカー川沿いの古都ハイデルベルク。その歴史的な町が誇るハイデルベルク音楽祭は、一九〇一年よりリヒャルト・シュトラウスが芸術監督を務めることになっていた。同音楽祭の特徴は、全五回のコンサートすべてが最新の音楽によるプログラムだったこと。そのためスケジュールが網の目のようにタイトで、十分なリハーサル時間を準備することができなかった。駆け足でハイデルベルクにやってきたシベリウスは、現場のあわただしい状況に戸惑いをみせたものの、本番での指揮ぶりは上々で、ベルリンから派遣された評論家たちをうな

らせるほどの出来栄えだったらしい。それに加えて作品そのものも高い注目を浴びたことから、ドイツにおける演奏機会の増加がますます期待される結果となった。

また、この演奏旅行のもう一つの成果は、リヒャルト・シュトラウスと親交を深めたことである。夢想的な気質のシベリウスと現実主義的なシュトラウスは相容れないようにみえるが、実のところ同世代の作曲家として互いに認め合っていた節がある。シベリウスの鮮烈なシュトラウス体験は何といってもベルリン留学時に聴いた《ドン・ファン》で、そのインパクトは彼に交響詩というジャンルの新たな可能性を発見させるきっかけになった。一方のシュトラウスはシベリウスについて、「北欧の作曲家のなかで唯一、真の深みを持っている」とか、「私はシベリウスより多くのことができる。しかし、より偉大なのは彼の方である」などと語ったようだが、それはいかにもクールでアイロニカルな性格のシュトラウスらしい言葉だ。二人の音楽的接点は、一九〇五年にシュトラウスがシベリウスのヴァイオリン協奏曲を指揮（改訂稿の世界初演）して、最大のクライマックスを迎えることになる。

交響曲第三番

ハイデルベルクから戻ったシベリウスは、イタリアで描いた構想を具体化するべく全力で仕事に向かう。ところがラパッロで手を染めた《祝祭》も、フィレンツェでスケッチした『神曲』にもとづく作品も、実現することはなかった。両曲の計画がどうして頓挫してしまったのか、その真相は分からない。しかしシベリウスはカルペランら支援者たちにイタリア旅行の成果を披露するため、何らかの大規模な作品を同年中には発表し、作曲家としての責任を果たさなければならないと考えていた。こうして新たに取り組み始めた曲が、交響曲第二番である。したがって第二番の創作においては、計画倒れに終わった前述の作品の楽想をはじめ、イタリア旅行時に書き留められた数々のスケッチが柔軟に活用されたとみられている。

もっとも、多くのスケッチが手元にあったとはいえ、交響曲第二番の創作は決して順風満帆に進んだわけではなかった。シベリウス自身「苦難の子」と呼んだこの曲は予想以上の難産で、年内の初演はおろか、完成が翌一九〇二年までずれこんでしまうのである（初演は三月八日）。創作に困難をきたした理由はいろいろ考えられる。主な要因としては、「イタリアと地中海からインスピレーションを得た、大規模な五楽章の交響曲。太陽の輝き、青い空、はちきれんばかりの喜びに満ちた音楽」（一九〇一年十月九日、カルペランが親戚のリディア・ローゼングレンに宛てた手紙。作曲者がカルペランに語った交響曲の概要が記されている。なお、最終的には四楽章制が取られる）を基本的なコンセプトとしつつも、上記とはまったく異質な要素を作品の表現世界に織り込もうとしたからだろう。つまりシベリウスは「明」の世界だけでなく、それと相反する「暗」の要素を構成上の対立軸に導入する。そして、それらの激しい葛藤を根源的なエネルギーとして、ドラマティックに展開する手法を取ったのである。そのため表現の振幅が限りなく膨張してしまい、全体のバランスと様式的な統一感を持たせるのにぎりぎりまで苦労したのではないだろうか。

明快で伸びやかなニ長調の交響曲第二番に織り込まれた「暗」の要素。それについては初演後、

「太陽の光と花々の芳香を私たちから奪おうとするロシアの不正行為、政治的弾圧」と解釈するカヤヌスの見方が広く受け入れられ、曲の聴き方に大きな影響をおよぼすことになる。確かに当時のフィンランドの厳しい社会状況に鑑みると、「明」が「暗」を乗り越えて輝かしく終結する第二番の内に、聴衆が自分たちの希望を重ね合わせようとしたのはむしろ当然だった。交響曲が創作された頃は、フィンランド大公国議会におけるロシア語の強要や、フィンランド軍のロシア側への統合など、二月宣言の発布で勢いづくロシアが強硬な姿勢をいっそう顕示した時期と重なるのである。しかし白々しいことを何より嫌ったシベリウスが、見え透いた標題的解釈など喜ぶわけもない。音楽外のイメージとは無縁なはずの「絶対音楽」でさえ、恣意的な解釈にさらされる危険性に気付いたシベリウスは、交響曲というジャンルの社会的、美学的意味を改めて問わざるをえなくなる。

音詩《火の起源》、ベルリン・フィルとの共演・大成功

交響曲第二番の成功後、シベリウスはフィンランド国立劇場の落成を記念した委嘱作、バリトン独唱、男声合唱と管弦楽のための音詩《火の起源》作品三二（『カレワラ』第四七章より。一九一〇年改訂）を発表する。カルペランは、「そうした類の委嘱作にあまり貴重な時間を費やすべきではありません」と彼に忠告したものの、作曲家の創作エネルギーは満ちあふれんばかりで、このカンタータ風の音詩も生命力みなぎる作品に仕上がった。《火の起源》は一九〇二年四月九日、総

勢三五〇名あまりの男声合唱団とともに華々しく初演される。その際は長大なプログラムの影に隠れてしまい、人びとの注目を浴びることもなかったが、作品に自信を抱いたシベリウスは後に修正の手を加え、より説得力のある形で世に問い直している。

ところが初夏を迎える頃、管弦楽曲の創作に精力を注いできたシベリウスは突然、緊張の糸が途切れてしまう。イダ・エクマンのためにいくつかの歌曲（作品三七の二・三）を作曲した後、彼は進むべき方向性についてあれこれ思案する。そして何の目的もないまま、ふらふらとベルリンに出掛けるのである。同地でシベリウスはニキシュとワインガルトナーに再会するが、二人のよそよそしい態度にいささか失望する。交響曲第二番の浄書譜を手にしたワインガルトナーは、「ブライトコプフ社が出版する前に勉強するよ」と気さくに応じてはくれたが（すでに彼は〈トゥオネラの白鳥〉と〈レンミンカイネンの帰郷〉を一九〇一年に振っている）、決して積極的ではなかった。そうしたなか、率先してシベリウスに新たな提案を行ったのが、他ならぬブゾーニだった。ブゾーニは同年十一月のベルリン・フィルのコンサートで彼が《エン・サガ》を指揮できるよう、取り計らってくれたのである。もちろんシベリウスは友人のあり難い申し出を快諾する。

六月のベルリンの暑さにうんざりしたシベリウスは、一ヵ月ほどの滞在で早々と帰国。短い夏の間、ハンコ近郊のトヴァルミンネという海辺の町で、歌曲の創作（作品三七の四）や《エン・サガ》の改訂作業に従事しながら、さまざまな作品の構想を新たに練り始める。それらのなかでもっとも注目されるのは、ヴァイオリン協奏曲と弦楽四重奏曲（後に《親愛なる声》へと結実）の二つであろう。とりわけ前者に関しては、「ヴァイオリン協奏曲の素晴らしい主題を思いついたよ」

（一九〇二年九月十八日付の手紙）と、曲の具体的なアイデアをアイノに伝えているように、翌年シベリウスが全力を挙げて取り組む意欲作となる。なお同年秋、シベリウス家は三年あまりにわたるケラヴァの生活を切り上げ、久しぶりにヘルシンキへ戻ることにするが、それは豪奢なレストラン通いと酒浸りの日常を再び作曲家にもたらす結果となってしまった。

一九〇二年十一月、シベリウスは大幅な手直しでコンパクトに引き締まった《エン・サガ》（現行版）を携えてベルリンに向かう。洞察力の鋭いブゾーニは、「《エン・サガ》は取りやめて、交響曲第二番の方を指揮したらどうでしょう」と打診してくれたが、シベリウスはその申し出を丁重に断っている。ブゾーニが芸術監督を務めるベルリン・フィルのコンサートは、国際的に活躍している各国の作曲家をもっぱら取り上げ、ドイツの保守的な音楽界に一石を投じるのが主旨だった。十一月十五日のコンサートもその方針で構成され、シベリウスの《エン・サガ》のほか、エデン・ミハロヴィチの交響的バラード《牧神の死》（一八九八）、テオフィル・イザイのピアノ協奏曲（一九〇七年出版。テオフィルは、有名なヴァイオリニスト、作曲家ウジェーヌ・イザイの弟）、そしてフレデリック・ディーリアスの夜想曲《パリ》（一九〇〇）というプログラムが組まれている。

それら四曲のなかでもっとも喝采を浴び、高い評価を受けたのは《エン・サガ》だった。特筆に値するのは、このベルリン・フィルとの共演、大成功がシベリウスの指揮者としての活動を広げる決定的なきっかけになったことだ。それ以降、指揮者シベリウスはドイツだけでなく、スカンディナヴィア諸国やエストニア、ラトヴィア、イギリス、ロシア、アメリカ、イタリアなどで精力的に自作を振ることになる。内向的であがり症のシベリウスは多くの聴衆を前にパフォーマンスをすることが苦手だったし、マーラーやシュトラウス、ブゾーニらと違い、他の作曲家の作品を指揮することもいっさいなかった。しかし国際舞台でのシベリウスの積極的な指揮活動が、彼の音楽の理解、ひいてはフィンランド音楽の普及に果たした役割は計り知れないのである。

芸術グループ「エウテルペ」とヤルヴェンパーへの移住計画

再びヘルシンキで家族と生活を始めたシベリウスは一九〇二年末、「エウテルペ」（ギリシャ神話において「叙情詩を司る女神」のこと）と称する芸術グループと親しい関係を持つようになる。エウテルペの特徴は、そのメンバーのほとんどがスウェーデン語系フィンランド人だったことだ。また音楽家や画家、詩人だけでなく、建築家、歴史家、哲学者など、選り抜きの教養人も加わっていた。彼らは洗練されたモダンな雰囲気を好み、グローバルな視点で軽やかに世界を捉えようとする。ウィーンやベルリンよりもパリやロンドンに関心の目を向けた彼らは、アナトール・フランス、メーテルリンクらフランス語文化圏の作品、さらにはシェイクスピアの古典文学に夢中になった。そうしたエウテルペの芸術的嗜好が、ヴァイオリン協奏曲に着手しようとしていた当時のシベリウスの作風や、劇付随音楽、歌曲の題材選択に与えた影響は大きい。

しかし先にも述べたように、エウテルペの集まりは「高級レストランでの酒浸りの日常」という、例の悪しき習慣の絶好の隠れ蓑になってしまう。一九〇三年一月十二日には四女カタリーナを授かるものの、シベリウスが家庭を顧みる気配はなく、社交に伴う出費がどんどんかさんでいく。兄の身体を心配し、禁酒を真剣に勧める医師の弟クリスティアンの忠告もまったく聞き入れられず、困り果てたアイノはカヤヌスの手を借りてレストランから夫を無理やり連れ戻したこともあった。途方に暮れた彼女は、庇護者カルペランにすべてを打ち明けて相談する。両者の結論は、誘惑が多いヘルシンキの借家生活にピリオドを打ち、都会から離れた持ち家で自然豊かな生活を送ることにしよう、というものだった。

そうした折、一九〇三年七月に母方の叔父アクセル・ボルィが亡くなり、シベリウスはいくらかの遺産を手にする。アイノとカルペランはこの機会を見逃さなかった。アイノは兄エーロがすでに住居を構えていたヤルヴェンパー近郊のトゥースラ湖畔に目星を付け、小さな土地を入手しようと夫に持ちかける。意外にもシベリウスは、ヘルシンキから数十キロほど離れた田舎での生活を望む妻の意向に賛成し、銀行との交渉など、率先して準備に取りかかることにする。住居のデザインは若い有望な建築家ラルス・ソンク（一八七〇～一九五六）が無償で引き受け、計画はとんとん拍子に進んでいった。そして同年十一月十八日に土地の売買契約を結んだ後、年内には基礎工事が行われ、翌一九〇四年二月から住居――後に妻アイノにちなんで、「アイノラ」（「アイノのいる場所」という意味）と呼ばれるようになる――の建築が始まるのである。

シベリウスがヘルシンキから離れる決断をしたのは、妻の意向を汲んだ側面もあるが、無用な浪費を強いられるアルコールまみれの都会生活に彼自身、心の底で強い危機感を抱いたからでもあった。それだけではない。近代化の波は都会に汚濁と喧騒をもたらした一方、右傾化の一途をたどる保守派と急進的な左派の台頭（あるいはブルジョアジーとプロレタリアートの階級闘争）で治安がみるみる悪化し、ヘルシンキはまるで「武器を持たない戦争」のような緊迫した雰囲気に包まれてしまう。このように急速に変質していく社会状況が、作曲家の創作活動に大きな支障をきたしたことは想像に難くない。ナショナリズムの動向を超えて、より普遍的な作風へと向かいつつあったシベリウスには、間違いなく「清新な空気」が求められていた。彼はそれをはっきりと自覚したのだろう。

ヴァイオリン協奏曲と劇付随音楽《クオレマ》

シベリウスのヴァイオリン協奏曲（初稿）は、生活環境が上記のように大きく変化しようとしていた時期に手掛けられた大作である。その創作には一九〇三年のおよそ一年間を要し、残された草稿も膨大な量に上っている。ただし同草稿には協奏曲以外のスケッチも数多く含まれているため、それを手掛かりに作品の創作プロセス全体をたどることは困難だ。当初、同年内の発表にこだわったシベリウスは、名ヴァイオリニストの友人ブルメスターに協奏曲を献呈する意向を早々と表明。ブルメスターは初演に快諾したが、残念なことに翌年三月までスケジュールの調整がつかなかった。そこでシベリウスは、ひっ迫した経済事情から少なくとも一九〇四年一月までにコンサートを開かなければならない旨を彼に伝え、ヘルシンキ音楽院の教師ヴィクトル・ノヴァチェク（一八七三〜一九一四）に急きょ、初演の大役を依頼するのである。

シベリウスはヴァイオリン協奏曲の作曲に没頭するものの、そのオーケストレーション（ピアノ伴奏稿は一九〇三年夏に完成）に最後まで手こずったため、結局、完成は一九〇四年初頭まで持ち越されてしまう。ところが協奏曲の発表に向けて急を要する時期だったにもかかわらず、一九〇三年秋、シベリウスの創作はなぜか奇妙な方向に逸れていく。アルヴィッド・ヤーネフェルトの戯曲『クオレマ』（フィンランド語で「死」の意味）のための付随音楽に突然、着手するのである。義兄の依頼とはいえ、この差し迫った時点でシベリウスが《クオレマ》ＪＳ一一三の作曲にわざわざエネルギーを注いだのはどうしてだろう。もしかしたらヴァイオリン協奏曲の創作に苦慮した作曲家が新鮮なイメージを得る目的で、あえて別作に取り組んだのかもしれない。その真意は不明だが、劇付随音楽の一曲目は後に《悲しいワルツ》作品四四の一へと改編され、大ヒット作となった。

ヴァイオリン協奏曲の初演は一九〇四年二月八日、シベリウス指揮、ノヴァチェクの独奏で行われる。しかし、この注目の初演は珍しいほど精彩を欠く結果に終わった。その理由は二つ挙げられよう。一つは、ブルメスターの代役に抜擢されたノヴァチェクの力量不足である。同協奏曲の初稿は第一楽章に巨大なカデンツァが二つも配置され、また第三楽章に演奏困難なパッセージが随所に織り込まれるなど、その技術的難しさが際立っている（後に大幅に修正）。そのためノヴァチェクのような並のソリストでは歯が立たず、説得力のある表現ができなかったのである。もう一つは、フロディンが「個性を欠く」「演奏テクニックを過剰に誇示している」「退屈だ」と嘆いたように、作品そのものの不十分な仕上がりだ。フロディンの厳しい指摘は洞察力に富んでおり、結局その欠点を認めざるをえなかったシベリウスは、協奏曲に修正の手を加えることにする。そして初演の失敗を噂で聞きつけたブルメスターが「今度は私が演奏しましょう」と申し出たにもかかわらず、作品をしばらくの間、封印してしまうのである。

その精神的ストレスで、シベリウスはいっそう酒におぼれるようになる。なお悪いことに、アイノラの建築費が予想以上にかさんで、彼の収入を優に上回っていた借金額がこれまでの四倍ほどに膨れ上がってしまった。協奏曲の失敗、手放せないアルコール、増え続ける借金——心身ともに打ちのめされるシベリウスだったが、一九〇四年六月、一つの衝撃的なニュースが彼の耳に届く。フィンランド人青年シャウマンによるボブリコフ総督の暗殺事件である。ボブリコフに深い憎しみを抱いていたシャウマンはピストルで彼の腹に致命傷を負わせた後、自らの胸にも銃弾を撃ち込み、若い命を絶ってしまう。ボブリコフは六月十七日に死亡。ちなみに総督の治療に当たった医師はリヒャルト・ファルティンの息子で、後に彼はボブリコフから取り出した銃弾二発をシベリウスに見せている。二十代の青年が単独で起こしたこの歴史的な大事件は、ロシアの弾圧に鬱屈していたフィンランド人の感情を一時ばかり解放してくれた。しかし理不尽なテロが本質的な解決をもたらすはずもない。かくしてフィンランドの世相はますます混迷し、血なまぐさい様相さえ帯びるようになる。

シベリウス家がヘルシンキを離れ、トゥースラ湖畔の雄大な原野に囲まれた新居アイノラへと移ったのは、そうした状況下の一九〇四年九月であった。

生活環境と作風の変化（一九〇四〜一九〇七）

生活環境の変化

すでに述べた通り、アイノラに移り住む直前の一九〇四年夏、シベリウスは作曲家として新しい段階に差しかかったことを自覚している。「ヘルシンキから距離をおかなければならない。私の芸術は異なる環境を必要としているからだ。この町では、自分の内面にわき起こった旋律がすべて死に絶えてしまう」。後年、伝記作家のエクマンにそう語ったように、シベリウスは生活環境の変化を新しい作風形成に向けての重要な布石と考えた。ヘルシンキから数十キロという絶妙な距離、森と湖に包まれた大自然の息吹、ソンクが設計したモダンなアイノラの佇まいは、後のシベリウス芸術を根底で支えるかけがえのない精神的故郷になる。「私の芸術はこの家を必要としています。ですから〔アイノラとその周辺は〕とても大切なのです」（カルペラン宛の手紙、一九〇四年六月三日付）というシベリウスの言葉は、目まぐるしく変化する外的世界に惑わされることなく、大地にしっかり根差した音楽を生み出そうとした作曲家の心の声でもあろう。以後、シベリウスは一九五七年に亡くなるまで、およそ五十年あまりをこのアイノラで過ごしている。

もっとも、だからといってシベリウスがこれまでの生活習慣を一変させたわけではない。アイ

ペッカ・ハロネン作『トゥースラ湖の日没』（1902年）

ノラ移住後も、ビジネスを口実としたヘルシンキでの社交三昧は相変わらずだったし、酒浸りの日々が改められることもなかった。それでもしかし、新たな局面を迎えようとしていたトゥースラ湖周辺の手付かずの自然は、作曲家の大きな原動力になったはずだ。アイノラ移住後のシベリウス作品には、雄大な自然との交感を通して生まれた根源的な創作気分がこれまで以上に力強く息づいている。そこにおいては余計な要素をそぎ落とし、厳しく凝縮しようとする傾向がいっそう強まるが、それは例の「抽象化の美学」の必然的な到達点というべきだろう。このようなシベリウスの創作姿勢は、辺境の地タヒチで花崗岩のように力強い絵を描き続けた画家ポール・ゴーギャン（一八四八〜一九〇三）の世界観と重なり合う。ゴーギャンは、「自然を忠実に描いてはならない。芸術とは一つの抽象である。

自然の前で夢見つつ、自然から抽象を引き出すのだ」と語ったが、それに類する眼差しで音楽の心象風景をひたすら探求したのがシベリウスであった。

アイノラの清々しい環境に身をおいたシベリウスは、スウェーデン劇場より委嘱された劇付随音楽《ペレアスとメリザンド》JS一四七と、交響曲第三番にさっそく着手する。おそらく彼は管弦楽の大作を手掛けることで、しばらく停滞していた創作意欲にもう一度火を付けようとしたのだろう。しかし、なかなか思うように筆は進まなかった。そうした状況下、ブゾーニが再びベルリン・フィルのコンサートにシベリウスを招待。交響曲第二番を指揮してもらいたい旨の連絡が届く。これはシベリウスにとって、まさに絶好のタイミングだった。新しい刺激を求めていた彼は、ブゾーニの招待を承諾する。そして一九〇五年一月初旬、ベルリンに向けて意気揚々と出発するのである。

この二ヵ月あまりのベルリン滞在中、シベリウスはブゾーニやパウル、シンディング、ブルメスターらと交流し、一月十二日には交響曲第二番を振って大成功を手中にした。ちなみに、そのリハーサルに居合わせた作曲家ハンス・プフィッツナーは同交響曲に対して冷ややかな態度を取ったが、シベリウスは彼の敵意を「私の評価への嫉妬に過ぎない」（アイノ宛の手紙、一九〇五年一月十一日付）と一蹴している。またシベリウスはコンサートにも出掛け、マーラーの交響曲第五番（一九〇二）、シュトラウスの《英雄の生涯》《家庭交響曲》（一八九八・一九〇三。作曲者自身による指揮）、ドビュッシーの《夜想曲》（一八九九）など、注目の最新作を立て続けに聴く機会を得ている。同世代の音楽は、もちろんシベリウスの感性をくすぐったことだろう。しかし、それらの作品が彼の創作姿勢を根底から揺るがすことはなかった。新たな方向に舵を切ろうとしていたシベリウスがまず関心を向けたのは、「これまでとは違う視点でどのように世界を捉えるか」という純粋に内面的な問題であって、それに対するヒントを彼らは示してくれなかったからである（ただしオーケストレーションなどの技法的側面には注目している）。

なお今回のベルリン訪問では、交響曲第二番の成功に加えて、ビジネス面でもさらなる進展があった。ブルックナーの交響曲第八番を手掛けたドイツの楽譜出版社、ロベルト・リーナウと新たに契約を結んだのである。莫大な借金に苦しんでいたシベリウスにとって、リーナウ社が提示した金銭条件はとても魅力的だった。もしこの契約が結ばれなかったら、同年夏、アイノラに待望のサウナを建築することもできなかったろう。とはいえそれと合わせて同社は、大規模な作品を一年に四曲出版するという、大変厳しい条件も付している。いうまでもなく、これは無謀な企てであり、数年間にわたるその契約はシベリウスに多大なストレスを与える皮肉な結果になってしまった。

劇付随音楽《ペレアスとメリザンド》

ベルギーの作家メーテルリンクの戯曲『ペレアスとメリザンド』（一八九二）は、発表直後より多くの作曲家にインスピレーションを与え、さまざまなジャンルで音楽化が試みられてきた。フォーレやドビュッシーら、まずフランスの作曲家がこの戯曲に注目したのは、言葉（フランス語）の点からすれば当然だろう。ちなみにフォーレは劇付随音楽（一八九八）、ドビュッシーはオペラ（一九〇二）でそれぞれ傑作を物にしている。その後、若きシェーンベルクが大規模な交響詩（一九〇三）を発表。登場人物の性格だけでなく、彼らの深層意識まで織り込んだような濃密なテクスチュアは、フロイトの精神分析を思わせるサイコティックな趣きをたたえており、独自の表現主義的世界を切り開いた。そして彼らに続いて創作されたのが、シベリウスの劇付随音楽《ペレアスとメリザンド》である。

シベリウスが《ペレアスとメリザンド》の作曲に集中したのは一九〇五年初頭のベルリン滞在時なので、上記の作品がすべて創作された後のことである（シェーンベルク作品の初演は一九〇五年一月二十五日、ウィーン楽友協会にて）。シベリウスはこの時点で彼らの《ペレアスとメリザンド》を耳にしていない。だがブゾーニと直接会っていた時期であり、友人を通してシェーンベルク作品に興味を抱いた可能性はある。一九〇三年頃よりシェーンベルクと頻繁に手紙のやり取りをしていたブゾーニは、彼の交響詩のスコアを手元においたこともあるからだ。実際、シベリウスとブゾーニはしばしば芸術論を戦わせ、最新の音楽動向について思索を深めながら、互いに刺激を与え合う間柄だった。もっとも、ブゾーニが持論を本格的に展開するのは、『新音楽の美学試論』が出版された一九〇七年から「若き古典性」を提唱（ドイツの音楽評論家パウル・ベッカーへの公開書簡として発表）する一九二〇年代初頭にかけてであり、同段階で友人の芸術論がシベリウスの創作活動に具体的な影響をおよぼしたわけではないだろう。

一九〇五年三月十七日、エウテルペの主要メンバー、ベルテル・グリペンベルィ（一八七八〜

一九四七）の翻訳によるスウェーデン語版『ペレアスとメリザンド』がヘルシンキで初演された。シベリウスの劇付随音楽はとても簡素で淡白だったが、逆にそれが戯曲の世界観をイメージ豊かに暗示しており、「延々とピアニッシモが続くドビュッシーのオペラを超える出来栄え」とフロディンからも高い評価を受ける。それはともかく、この作品の内にシベリウスの新たな作風の一端を垣間見ることはできよう。それは単に物語の雰囲気やニュアンス、印象を綴るのではなく、輪郭のくっきりした旋律と洗練された表情で各場面のエッセンスを一瞬に捉える。一つひとつの曲はまるで俳句のように限りなく切り詰められているが、音の節制が劇の背景や余白をかえって際立たせ、いっそう奥深いイメージ世界に観者を誘う。つまりシベリウスはすべてを自己表現せず、対象との距離を微妙に見きわめながら、より大きな世界に身を任せて存在そのものに本質を語らせようとする。そうした姿勢がこれまで以上に鮮明化しているのが、劇付随音楽《ペレアスとメリザンド》なのである。

ヴァイオリン協奏曲の改訂

一方、前述のベルリン滞在中、シベリウスは懸案となっていたヴァイオリン協奏曲の改訂にも着手している。同地でブラームスのヴァイオリン協奏曲を聴く機会を得た彼は、「とても素晴らしい作品だ。しかし、あまりにもシンフォニック過ぎて〔私の理想とは〕まったく違う」（アイノ宛の手紙、一九〇五年一月二十六日付）と語るなど、目指すべき改訂の方向性はみえていた。だが第一楽章の手直しに思いのほか苦労し、すべての作業が終了したのは半年後の同年七月である。この修正により曲の構成が大幅に圧縮され（第一楽章と第三楽章が、それぞれ四一小節、五四小節切り詰められた）、音調も峻厳さを増した点は注目されよう。またソロ部分の技巧的パッセージが数多く削られたため、ソリストの華やかなスタンドプレイが後退し、結局は初稿よりもストイックな印象を与えることになった。なお、シベリウスがブラームスの協奏曲にコメントした「シンフォニック」という言葉は、いわゆる「交響（曲）的」ではなく、もっぱら「響きの重々しさ」「オーケストレーションの鈍重さ」を意味した点に留意しておきたい（実際、彼は一九三〇年代から四〇年代にかけてヴァイオリン協奏曲のオーケストレーションにさらなる修正を加え、無用に「重々しい響き」を徹底的に取り除く意向さえ示している。だが、それは実現しなかった）。シベリウスが管弦楽曲に質的な「軽やかさ」と「透明さ」を求める傾向は、ヴァイオリン協奏曲の改訂以降、ますます強まっていくのである。

こうして改訂されたヴァイオリン協奏曲の初演コンサートを積極的にお膳立てしたのは、ロベルト・リーナウ（一八三八〜一九二〇）だった。作品の出版に向けて、リーナウ社は協奏曲を大々的に宣伝したかったからである。そのリーナウがシベリウスに提案したのは、リヒャルト・シュトラウス指揮ベルリン・フィル、カレル・ハリール（一八五九〜一九〇九）独奏という、とても豪華な演奏陣だった。一方のシベリウスはソリストにブルメスターを再び希望したが、またしても彼の都合がつかなかったため、リーナウの提案を飲むことにする。そして一九〇五年十月十九日、上記の強力な陣容による改訂稿の初演がベルリンで行われるのである。ちなみに一連の不愉快な事態にしびれを切らしたブルメスターはその後、シベリウスの協奏曲を公開の場で演奏することを生涯にわたり拒否したという。実のところ彼は一九一九年と二〇年にヘルシンキ・フィルと共演しているが、その際に取り上げた曲もシベリウスではなく、メンデルスゾーンとブルッフの協奏曲だった。こうした経緯からシベリウスは協奏曲をブルメスターに献呈できなくなり、ハンガリーの神童フランツ・フォン・ヴェチェイ（一八九三〜一九三五）に捧げることにする。

なお改訂稿の初演にシベリウスは立ち会えず、シュトラウスら演奏陣も詳しいコメントを残していないため、十月十九日のコンサートの様子はほとんど伝えられていない。当日のプログラムはシベリウス作品のほか、チャールズ・レフラー（一八六一〜一九三五）の管弦楽曲、それにベートーヴェンのヴァイオリン協奏曲という興味深い選曲だった。なかにはシベリウスに好意的な評論家もいたが、聴衆の称賛をもっとも浴びたのはベートーヴェンで、「不協和音がのたうちまわるようなシベリウスの新作に続いて演奏されたベートーヴェン作品は、まるで一服の清涼剤だった」（レオポルド・シュミット評）と述べる者もいた。シベリウスに対する評論家の見解が二分したことからも分かるように、ヴァイオリン協奏曲の改訂稿は決して「文句なしの大成功」を収めたわけではなく、レパートリーとして定着するにはその後、長い年月を要するのである。

ウィリー・ブルメスター

初めてのイギリス訪問

一九〇五年末、四十歳を迎えようとしたシベリウスに新たな展望が開ける。初めての訪英である（当初は一九〇五年初頭のベルリン訪問後に直接向かうはずだったが、突然キャンセルされた）。これは交響曲第一番と《フィンランディア》を客演指揮するためで、イギリスの作曲家グランヴィル・バントック（一八六八〜一九四六）の招待によるものだった。このイギリス滞在中にシベリウスは、ヘンリー・ウッドやアーネスト・ニューマン、ローザ・ニューマーチ（一八五七〜一九四〇）ら、同国を代表する指揮者、評論家たちの強力な支持を得ることに成功する。今回を皮切りに一九〇八年、〇九年、一二年、二一年と計五回の訪英により、シベリウスの音楽はイギリス国内で絶大な人気を集めるようになるが、上記の人びとの惜しみない尽力がそれに果たした役割は大きい。

シベリウスは二十世紀前半のイギリスでもっとも評価された作曲家の一人である。その背景に挙げられるのは、同国の特殊な音楽事情だ。「不毛の時代」といわれた十九世紀のイギリス音楽界だが、二十世紀に入るとエドワード・エルガー、フレデリック・ディーリアス、グスタフ・ホルスト、ヴォーン・ウィリアムズ、アーノルド・バックスなど、個性的な作曲家の活動が一気に脚光を浴びるようになる。イギリス独自の音楽的アイデンティティの確立を目指した彼らにとって何よりも重要な問題は、交響的ジャンル（特に交響曲）における新しい形式、構成原理の探求だった。さらに見逃せないのはその前提として、爛熟（らんじゅく）した後期ロマン主義的要素の排斥（これはイギリス音楽界におけるマーラーへの反発に端的に現れている）と、「様式の新しさ」を無批判に求める潮流に対して慎重な姿勢を貫いた点である。

つまり古典主義の伝統を尊重しながら、奇をてらうことなく「質の深化」をひたすら追求したのが当時のイギリス音楽界だった。彼らの基本姿勢は、晩年ヴォーン・ウィリアムズの次の言葉に力強く集約されていよう。「バッハは時代に遅れ、ベートーヴェンは時代に先んじたが、二人とも作曲家としてもっとも偉大だった。モダニズムも保守主義も見当違いだ。何事であれ、自分には真実なものでなければならない」。こうした状況下、シベリウスの交響曲第一番と第二番がエルガーの代表作、交響曲第一番（一九〇八）に数年先駆けてイギリス初演される（第一番は一九〇三年、第二番は〇五年）。両曲に強烈なインパクトを受けた同国音楽界は、交響的ジャンルが抱える前述の問題に対して新しいモデルを提示できる作曲家こそシベリウスと考え、自作の指揮でたびたび訪英するようになった彼を快く迎え入れるのである。こうしてシベリウスの管弦楽曲は二十世紀前半のイギリス音楽界を牽引する原動力の一つになるわけだが、これはきわめて注目に値する現象といえるだろう。

イギリスを発ったシベリウスは、パリとベルリンを経由し、翌〇六年二月初旬に帰国する。ちょうどその頃、ウラジーミル・レーニン（一八七〇～一九二四）に傾倒していたロシアの急進的な左派、マクシム・ゴーリキー（一八六八～一九三六）がヘルシンキに身を隠していた。革命運動を支持するエーロ・ヤーネフェルトを通してシベリウスはこの社会主義リアリズムの作家と知り合うが、政治問題に不用意に引き込まれないよう、できるだけ注意深く行動している。政治的スタンスのみならず、所属階級や使用言語など、当時のフィンランド社会はさまざまな分裂要因をはらんでいた。また各人が、それぞれの態度を明確にせざるをえない状況に追い込まれることもあった。だが、いかなる場合でも一人の芸術家として冷静な姿勢を貫こうとしたシベリウスは、フェンノマンとスヴェコマンの双方に配慮した——というよりむしろ両者の立場を超越した——創作活動をますます心掛けるようになる。

そうした折、かつての恩師ヴェゲリウスが三月二十二日に亡くなる。《クレルヴォ》発表後、シベリウスは彼と急速に疎遠になり、結局、最後まで親密な関係を再び求めようとしなかった。ワーグナー危機を乗り越えて新たな世界に向かったシベリウスと、強烈なワグネリアンで、マーラーやリヒャルト・シュトラウスを信奉するヴェゲリウスの間には、容易に埋められない芸術的趣味の違いがあったのだろう。それでもシベリウスは恩師の葬儀に参列し、《クリスティアン二世》の〈エレジー〉を指揮して彼の死を悼んでいる。

交響的幻想曲《ポヒョラの娘》

この頃シベリウスが手掛けた作品は、舞踏的間奏曲《パンとエコー》作品五三や、混声合唱と管弦楽のためのバラード《解放された女王》作品四八（パーヴォ・カヤンデル詩）である。しかし当時の彼がもっとも心血を注いだのは、《ルオンノタル》（『カレワラ』第一章にもとづく。なおソプラノ独唱を伴う作品七〇とは別の作品）と題する作品だった。未完に終わった大規模なオラトリオ《マルヤッタ》（一九〇五年夏に着手。「マルヤッタ」はフィンランド語で「マリア」の意味）の素材の一部が転用されたこの管弦楽曲に関しては、かなり筆が進んだと考えられている。ところがシベリウスは、なぜか突然《ルオンノタル》の創作を断念。その素材を再び転用して、一九〇六年夏に一つの交響詩を完成させるのだった。『カレワラ』第八章を題材とした交響的幻想曲、《ポヒョラの娘》作品四九である。

《ポヒョラの娘》は一九〇六年十二月二十九日に初演される。一年前の訪英時と同じように、そのコンサートは作曲者に新鮮な空気をもたらすことになった。ある音楽誌でシベリウスの新作発表を知ったロシアの著名な指揮者、ピアニストのアレクサンドル・ジロティ（一八六三〜一九四五）が、《ポヒョラの娘》初演に際して、自らの企画コンサートに招待してくれたのである。リストの高弟であり、ラフマニノフの従兄としても知られるジロティは、最新の音楽に注目したコンサートをペテルブルクで継続的に開いていた。その会場は、チャイコフスキーのバレエ音楽《白鳥の湖》や《眠れる森の美女》、《くるみ割り人形》が初演されたマリインスキー劇場。もちろんシベリウスはジロティの招待を二つ返事で受ける。こうして、フィンランドとロシアを代表する音楽家二人の親交が始まるのである。

シベリウスが演奏旅行で突然ロシアを訪問するという知らせを受けたカルペランは、緊迫した政治情勢による何らかの影響を心配した。だが、それは杞憂に終わる。フィンランドとロシアの政治的な問題が両国間の文化、芸術交流を妨げることはいっさいなかったのである。実際、列車でロシアの首都に向かった《フィンランディア》の作曲者は、ペテルブルクの聴衆から盛大な歓迎を受けている。マリインスキー劇場における十二月二十九日のコンサートは、ベルギーの作曲家ウジェーヌ・イザイ（一八五八〜一九三一）とプログラムを分け合う形で行われ、シベリウスは〈レンミンカイネンの帰郷〉と《ポヒョラの娘》を指揮して大成功を収めた。上記の二曲を耳にしたペテルブルクの聴衆はシベリウスの真価を認め、形式的側面に対する自由な発想と斬新なアプローチ、色彩的なオーケストレーションを高く評価する。フランス（ヘルシンキ・フィルのパリ万博公演）、ドイツ（二度にわたるベルリン・フィルの自作指揮）、イギリス（最初の訪英時のリバプール公演）に続くロシアでの好評は、音楽大国での国際的成功を望んでいたシベリウスを喜ばせたことだろう。

劇付随音楽《ベルシャザールの宴》、交響曲第三番と作風の変化

シベリウスがロシアを訪問する直前の一九〇六年十一月七日、作曲家の友人であり、エウテルペのメンバーでもあったヤルマル・プロコペ（一八六八〜一九二七）の劇『ベルシャザールの宴』（一九〇五）がヘルシンキで初演される。一世を風靡したオスカー・ワイルドの『サロメ』（一八九一）を彷彿とさせるプロコペの劇は、旧約聖書中の一書『ダニエル書』より第五章を題材とした異色作だ。スウェーデン劇場の委嘱で、シベリウスはその付随音楽を担当。珍しくもオリエンタルな音調が織り込まれた《ベルシャザールの宴》ＪＳ四八は、ヘルシンキにちょっとしたエキゾティック・ブームを巻き起こしている。

それはともあれ、当時のシベリウスの頭を一番悩ませたのは、遅々として創作が進まない交響曲第三番であった。一九〇六年冬にシベリウスは、ロンドンのフィルハーモニー協会から新作交響曲の初演コンサートに招待されたため、「〔一九〇七年四月十七日のロンドンでのコンサートまでに〕第三番は印刷されていなければなりません」（カルペラン宛の手紙、一九〇六年十一月三日付）という厳しい状況に陥る。その精神的プレッシャーは相当なもので、例のように彼はヘルシンキのレストランで酒におぼれる日々を送るようになってしまう。そしていつも通り、夫の対応に苦慮したアイノはシベリウス以上に疲れ果て、ついには病院へ通う羽目に追い込まれる。それでもシベリウスは一九〇七年四月十七日に組まれたコンサートに向けて、第三番の作曲にすべてのエネルギーを注ぐのだった。しかし全曲の要となる第三楽章の創作に予想以上の時間を要し、作品の完成は結局、同年秋まで持ち越されてしまうのである。一九〇七年九月二十五日、第三番の初演がロンドンではなくヘルシンキで行われたのは、そうした事情による。

交響曲第三番は、シベリウスが求めた新たな音楽の方向性を明確に指し示す作品である。簡素な楽器編成、ハイドンやモーツァルトの器楽曲を思わせる軽やかな推進力、リズミカルな躍動感、そして水彩画のような透明感——この交響曲の創作を通して、より明快で古典的な作風へと向かったシベリウスは、重々しいナショナリズムの足枷（あしかせ）から解放されたようにもみえる。さらに第三番で注目すべきは、その驚くべき質的深化である。三楽章制が取られた同作品はコンパクトであり、演奏時間も第一番や第二番に比べて十数分ほど短い。だがそれにもかかわらず、全体が緻密に凝縮しているため、古典的な交響曲が有する四つの楽章すべての「性格」を見出すことができる。なかでもスケルツォとフィナーレの両性格を合わせ持つ第三楽章の構成は、きわめてユニークだ。一種の「融合形式」ともいえるそのデザインは、作曲者自身の言葉によると「カオス〔混沌〕からの楽想の結晶」であるという。すでに述べたように、その楽章の創作は最後まで困難をきわめたが、ここにおいてシベリウスは初めて従来の交響曲の形式的枠組みを大胆に乗り越えたといってよい。

しかし、交響曲第三番の初演は大きな反響もなく終わる。ヘルシンキの聴衆はシベリウスの作風が変化したことに戸惑い、第一、第二楽章を賞賛した評論家たちも、第三楽章のラディカルな構成には理解が追いつかなかったからだ。そうしたなか、第三番に対して冷静に前向きな見方をする唯一の評論家がいた。あのフロディンである。彼いわく、「新作の第三番は、現代の交響曲が求められるべき要素のすべてを備えている。その内実は革新的であると同時に、真にシベリウス的といえよう」。ますます研ぎ澄まされていく円熟期シベリウスの表現世界に鑑みると、第三番に対するフロディンの積極的評価は正鵠(せいこく)を射ている。聴衆の無理解に落胆したシベリウスだったが、歯に衣着せぬ彼の言葉からはどれだけ刺激を受けたことだろう。このように、洞察力に富むフロディンのコメントがシベリウスに与えた影響は甚大だったが、彼は翌一九〇八年から二一年にかけて、南米ブエノスアイレスへと移住してしまう。およそ十三年の長期にわたり、シベリウスの創作活動にフロディンが直接関われなくなったことは、円熟期を迎えようとしていた作曲家には大きな痛手だったに違いない。

グスタフ・マーラー

交響曲第三番の初演の一ヵ月後、グスタフ・マーラーがヘルシンキ・フィルを客演指揮するためフィンランドにやって来た。かつてマーラーの交響曲第五番を研究し、その作曲スタイルを理解していたシベリウスに対し、マーラーはこのフィンランド訪問でシベリウスの音楽に初めて触れることになる。カヤヌス指揮、ヘルシンキ・フィルが巨匠を迎えるポピュラー・コンサートで演奏した注目作は、《春の歌》と《悲しいワルツ》だった。ところが両曲を耳にしたマーラーはシベリウスを見下し、妻アルマへの手紙のなかで「『北欧的』な民族色にスパイスされた、つまらない『コンチクショー！』だった」（日付不明）と酷評している。上記のような「軽い」曲目では、それも仕方あるまい。だがカヤヌスがもう少し気を利かせて、たとえ楽章の抜粋という形であっても、交響曲第一番か第二番、ヴァイオリン協奏曲、あるいは新作の第三番を取り上げていたら、両作曲家の出会いはもう少し奥行きが生まれたことだろう。

マーラー指揮、ヘルシンキ・フィルによるベートーヴェン、ワーグナーのコンサートが組まれたのは一九〇七年十一月一日だった。同日の午前中、わずかな合間を縫って両作曲家の興味深い対面が実現している。そのエピソードは広く知られており、シベリウスが「交響曲においてはすべての動機を内的に連関させるスタイルの厳格さ、深遠な論理が重要である」と主張すると、マーラーはそれを真っ向から否定し、「いや違う。交響曲は一つの世界のようなものである。そこにはすべてが含まれていなければならないのだ」という旨の会話を交わしている。その一方、シベリウスが交響曲第三番の不評を語ったところ、それにうなずいたマーラーは「新作の交響曲を発表するたび、前作に魅了された聴衆の支持を失うものさ」と述べるなど、新時代をエネルギッシュに切り開こうとした両シンフォニストの等しく抱える苦悩、苛立ちも伝えられている。

忙しい日程でマーラーがあわただしくフィンランドを去った後、今度はシベリウスが自作を指揮するためペテルブルクへ赴いている。これは再びジロティの招待によるもので、メインのプログラムは交響曲第三番だった。ところが一年前のような熱狂的称賛はみられず、多くの評論家は皮肉を込めて、「新作交響曲には、かつての尊敬すべきシベリウスの面影が見出せない」「第三番の魅力はその短さだけだ」と述べるなど、拍子抜けするくらい冷淡な態度を示した。ただしまったく拒絶されたわけではなく、たとえば同コンサートに臨んだ十六歳の青年プロコフィエフは第三番の世界観に大きな感銘を受けている。そしてシベリウス擁護派に回り、「聴衆は誰もついていけない。シベリウスはもっと普通に作曲すればよいのに」と首をかしげるペテルブルク音楽院の師、リムスキー＝コルサコフに猛然と反旗を翻すのだった。それでも第三番の創作以降、精神的孤立を深めていったシベリウスは、聴衆や評論家の無理解にしばしば苛まれるようになる。

暗黒期（一九〇八〜一九一三）

喉の疾病と劇付随音楽《白鳥姫》

ヘビースモーカーで極度の飲酒癖を抱えていたシベリウスだが、実は体調の変化には敏感な方だった。時折悩まされる耳の不調は、母親譲りの過敏な神経と精神的ストレスが主な原因だったと思われるが、それとはまったく別な症状が一九〇七年も終わろうとする頃にはっきりした形で現れる。しわがれた声と喉の痛みである。この身体的異変は、壮年期の作曲家を底知れぬ不安へと陥れることになる。翌〇八年初頭、友人の不調がさっそくカルペランの耳に入ると、「シベリウスに会ったらよろしく伝えてくれませんか。タバコと破滅的な生活をやめなければ、彼は直に死んでしまうでしょう。喉の件は間違いなくその最後通告です」（カヤヌス宛の手紙、一九〇八年一月二十六日付）と彼の身を真剣に案じている。さらに悪いことに事態は尾ひれを付けて世間に広まり、「シベリウスが深刻な病気で死ぬかもしれない」という噂が、あっという間にヨーロッパを越えてアメリカまで届いてしまう。

体調不良のためシベリウスは結局、一九〇八年初頭に計画されていたローマ、ワルシャワ、ベルリンへの演奏旅行をキャンセルしなければならなかった。しかし同年二月下旬、病状がいくらか回復したので、二度目のイギリス訪問は決行している。ロンドン滞在中、作曲家を紳士的にもてなしてくれたのは今回もバントックであった。この訪英では、異様なシベリウス人気をうかがわせる興味深いエピソードが伝えられている。彼がロンドンに着いた当日、さっそくレストランでバントックと食事をしていると、巷のバンドが突然《悲しいワルツ》を奏で始めた。するとシベリウスは、「図らずも私の曲が聞こえてきます。イギリスに来て最初に耳にするのがあんな曲なんて、奇妙ではないですか」と語り、苦笑したというのである。だがそうした人気をもってしても、クイーンズ・ホールで行われた交響曲第三番の自作指揮がイギリスの聴衆を直ちに熱狂させることはなかった（ニューマーチの記憶によると、リハーサル時に困難をきたしたヴァイオリンのパッセージが数小節、本番でカットされたらしい）。指揮棒を振る時、腕に力が入らなかったとシベリウスはアイノに打ち明けているが、ニューマーチは喉の症状が相当悪いのではないかと疑い、作曲家の体調を母親のように心配するのだった。

敬愛するストリンドベルィの戯曲『白鳥姫』（一九〇一）の付随音楽にシベリウスが集中して取り組んだのは、そうした状況下の一九〇八年春であった。この仕事を引き受けた経緯は二年前、若手女優ハリエット・ボッセがヘルシンキで『ペレアスとメリザンド』のメリザンド役を演じたことに端を発する。ストリンドベルィの三番目の妻だったボッセは同公演でシベリウス作品に大きな感銘を受け、「『白鳥姫』の付随音楽を彼に依頼したらどうでしょう」と元夫に持ちかけたのである（二人は一九〇四年に離婚）。ちなみにこの童話風の戯曲は、婚約記念として文豪が彼女にプレゼントしたものだ。ボッセの粋な計らいにストリンドベルィが賛同したことでシベリウスの創作意欲が一気に掻き立てられ、淡彩画のようにみずみずしい《白鳥姫》ＪＳ一八九が誕生したというわけである。なおシベリウスはこのプロジェクトをきっかけに文豪との親しいやり取りを期待したが、ビジネスライクに仕事を進めたストリンドベルィ側はそれを望まず、両者が直接見（まみ）えることは生涯一度もなかった。

一九〇八年四月八日、スウェーデン劇場で初演された舞台劇『白鳥姫』は大成功を収める。一方、シベリウスの健康状態はますます悪化の一途をたどっていた。いつもは病院を酷く毛嫌いしていた作曲家だが、今回に限っては選択の余地がなかったのだろう。意を決して、本格的な検査をヘルシンキで受けることにする。その結果、喉に初期の腫瘍が見つかり、ベルリンの有名な専門医フランケル博士の診断を仰ぐよう勧められるのだった。財政状況はひっ迫していたが、シベリウスは金策に奔走して何とか治療費を工面する。そして五月末、アイノとともに酷暑のベルリンへ赴き、フランケルの下で地獄のような治療を受けるのである。慎重に診察を行った博士は十回ほど検査を重ねた後、ついに腫瘍の摘出手術に臨む。ただし晩年のシベリウスがエクマンに伝えたところによると、実際に患部を取り除いたのは老齢のフランケルではなく、鋭い顔つきの若く冷静なアシスタントの方だった。

こうしてシベリウスは、ようやく悪夢から解放された。それでも手術後、病気の再発が懸念されたため、刺激の強い酒とタバコは断たざるをえなくなる。作曲家の苦しい禁欲生活はおよそ七年にわたり続くが、皮肉なことに、アイノの述懐ではその数年間がシベリウス家にとって何よりも穏やかで、幸福な時期だったという。

後進の指導

健康上の不安に加え、一年に四曲の大作を求めるリーナウ社との約束が果たせていなかったシベリウスは、ビジネス上でも追い詰められていく。さらに莫大な借金問題も重くのしかかってきて、何事もうまくいかない失意の日々を過ごしていた。そうした折、ヴェゲリウスの後任として一九〇六年から〇七年の間、ヘルシンキ音楽院の院長を務めたアルマス・ヤーネフェルトが、「私の学生だったトイヴォ・クーラとレーヴィ・マデトヤの二人を指導してくれないか」とシベリウスに持ちかける。少しでも日銭を稼ぎたかったシベリウスは、アルマスの依頼を引き受けることにした。クーラのレッスンは一九〇八年春、マデトヤのそれは同年秋から始めている。

クーラとマデトヤはポスト・シベリウス世代の重要な作曲家であり、二十世紀前半のフィンランド音楽界を担った中心人物である。クーラはフィンランド内戦直後、わずか三十四歳で悲劇的な最期を迎えてしまうが、独唱や合唱曲の分野で特に優れた才能を発揮した。一方のマデトヤは三つの交響曲（交響曲第四番は自筆譜がパリの駅で盗まれてしまい、未だに未発見）のほか、シベリウスが不得手としたオペラのジャンルにおいて《オストロボスニアの人びと》（一九二三）と《ユハ》（一九三四）という二つの注目作を残し、音楽評論の分野でも活躍した俊英だ。しかし、どれだけ才能に恵まれた若手作曲家でも、教えることが苦手なシベリウスにとって後進の指導はやはり苦痛の連続だった。自らの資質を熟知していた彼は、最初のレッスン時、マデトヤに「私は教師に向いていない……」ともらしている。それでも節々に交わされたシベリウスの言葉に、マデトヤは深い感銘を受けたらしい。いずれにせよ、四十歳を超えて円熟期に向かいつつあったシベリウスは、好むと好まざるとにかかわらず、次世代の育成という社会的役割を担う立場になり、周りの人たちもそれを期待するのだった。

一九〇八年夏、闘病生活のなかで創作活動を再開したシベリウスは、まず二つの歌曲に取り組む。〈ユバル〉（ヨセフソン詩）と〈テオドラ〉（グリペンベルィ詩）作品三五だ。いずれもシベリウスの歌曲では異例な作風を示しており、鋭い集中力をもって「本質的なもの」を容赦なく暴き出そうとする不気味なエネルギーに満ちている。その極限まで研ぎ澄まされた書法と音の抑制、峻厳な曲調、巨大な空間の広がりは、シベリウスが特に禁欲的な生活を強いられた一九一三年まで――音楽学者タヴァッシェルナはその五年あまりを作曲家の「暗黒期」と呼んでいる――の諸作品を特徴づける重要な表現要素の一つになった。こうしてますます内省的な世界へと向かう作曲家だったが、同年九月十日、シベリウス家は五女マルガレータを授かる。彼女の誕生は、苦しく不安な日々を送っていたシベリウスにどれだけ慰めを与えてくれたことだろう。

音詩《夜の騎行と日の出》

続いてシベリウスは再び大規模な作品に取り組む計画を練り、その手始めとして音詩《夜の騎行と日の出》作品五五を創作する。一九〇八年秋に手掛けられたこの音詩は、作曲者の言葉によると「呆れるくらいおしゃべりなジロティ夫人」（アイノ宛の手紙、一九〇七年十一月十三日付）に献呈された。もっとも、シベリウスが「この音詩を貴女に献呈してもよろしいでしょうか。ただ貴女の明るいパーソナリティにふさわしい曲かどうかは分かりません」とジロティ夫人に冗談交じりで伝えたところ、「とても光栄です。でも私の性格に適う別の作品でしたら、もっと嬉しかったでしょう」と素気なく返答され、いささか面食らっている。さらに一九〇九年一月二十三日、ペテルブルクで《夜の騎行と日の出》を初演した指揮者ジロティも、部分的なカットを施したり、指示されたテンポより速目に振ったりしたため、注目のコンサートは無残な失敗に終わってしまう。そうした予期せぬ出来事が続くなか、特筆に値するのはグラズノフで、リハーサルに居合わせた彼は「〔《夜の騎行と日の出》は〕何と素晴らしい曲なのだろう！」とジロティに伝えている（ちなみにグラズノフも一八九四年、《暗闇から光明へ》という管弦楽のための幻想曲を創作している）。

　いうまでもなく、《夜の騎行と日の出》のコンセプトは「暗闇から光明へ」である。ただし注目されるのは、その標題的背景とインスピレーションの源泉に関して、作曲者が例外的ともいえるほど数多くのコメントを残していることだ。たとえば晩年期のシベリウスを支えた私設秘書サンテリ・レヴァス（一八九九〜一九八七）には「冬のフィンランドをそりで旅行した時に見た、日の出の光景」、ヤラスには「月光の下、夜の荒野を馬車で駆け抜けた体験」と伝えている。一方エクマンに語ったところによると、「一九〇一年春に訪れたローマの印象」らしい。また、ニューマーチへの説明は次のようなものだ。「〔この作品は〕暗い森のなか、一人で馬と旅をするごく普通の人間の内的経験を綴ったものです。自然に抱かれながら、孤独であることの喜び。究極の静けさに対する畏怖の念。静寂を打ち破る不気味な音は、不吉な予兆ではありません。やがて訪れる夜明けへの感謝につながるものです」。シベリウスがそうした言葉を積極的に残した理由の一つは、おそらく当時の彼が経験した「病魔との闘いとその克服」という狭小な伝記的イメージと、作品の表現世界を明確に切り離したかったからだろう。つまりシベリウスがこの作品で表現したかったのは、ニューマーチにも語ったように、普通の人間ならば誰でも経験しうる、より普遍的なテーマであった。

この音詩のエッセンスは、いわゆる「闘争と勝利」「苦悩と歓喜」の図式にもとづく紋切り型の観念、あるいはドラマ的葛藤ではない。大自然という、自らを超える存在に身を任せた人間が最後に授かりうる「恩恵」なのである。

三回目のイギリス訪問

《夜の騎行と日の出》の作曲が一段落した一九〇八年十二月中旬、シベリウスは若書きの作品四（一八九〇）以来、およそ二十年ぶりに弦楽四重奏曲に着手する。《親愛なる声》のタイトルで知られる作品五六である。曲の完成には四ヵ月ほど要するが、シベリウスはその半分あまりをイギリスやドイツで過ごしており、さまざまな外的刺激を受けながらの創作となった。

シベリウスの三度目の訪英は、一九〇九年二月のことである。今回、彼はロンドンで《エン・サガ》と《フィンランディア》、チェルトナムで《悲しいワルツ》と《春の歌》を指揮し、大成功を収めている。またロンドンのセレブリティが集まる「音楽クラブ」では、ディナーショーさながらのカジュアルな雰囲気に包まれて歌曲などが披露された。ところが、シベリウスの小品はスノッブたちに何ら感銘を与えなかったらしい。作曲家バックスは、その時の彼の苦々しい様子を伝えている。「シベリウスの顔つきは、まるで人生で一度も笑ったことのない人物のように厳しいものだった。鋼のような身体、冷たく金属的な青い目、固く閉ざされた口元はヴァイキングの末裔を思わせる。その表情からは、優しさやユーモアなどいっさい受け付けようとしない空気が醸し出されていた」（一九四三年に出版されたバックスの自伝より）。

このロンドン滞在では、さらに三つの出来事が注目される。一つ目は、シベリウスが本格的な日記を書き始めたことだ。その理由はいろいろ考えられるが、苦しい闘病生活に伴うストレスからの解放を求めて、または酒とタバコの代用品として、気休めに筆を走らせた可能性がある。あるいは「最悪の事態」に備え、人生の記録を文字で綴ろうとしたのかもしれない。ともあれ、この日記は作曲家が創作の晩年期を迎える一九二〇年代まで丁寧に書き続けられており（その後も、一九四〇年代まで断続的に短い文章がしたためられた）、数々の書簡とともに、シベリウスの日常生活をうかがう上で重要な記録となっている。二つ目はビジネスに関わる件で、厳しい条件を提示し続けるリーナウ社との関係を整理しようと考えたシベリウスは、ブライトコプフ社の強い要望もあり、同社と再契約している。

そして三つ目はドビュッシーとの対面である。一九〇九年二月二十七日、ドビュッシーはクイーンズ・ホールで《牧神の午後への前奏曲》と《夜想曲》を指揮するが、それに列席したシベリウスが演奏後、彼の楽屋を訪ねたことで両者の興味深い対面が実現したのである。シベリウスのフランス語力は限られていたから、両者の会話は社交的なあいさつ程度だったと思われる。それでも彼らは温かい雰囲気のなか、互いに敬意を表し合ったらしい。おそらくドビュッシーのシベリウス体験は《悲しいワルツ》と〈トゥオネラの白鳥〉くらいだったろうが、フィンランドの作曲家の音楽的感性には――少なくとも、三年前にパリで会ったリヒャルト・シュトラウスのそれよりは遥かに――共感するものがあった。一方のシベリウスは、ドビュッシーの音楽をこれまでより冷静かつ分析的に見つめられるようになっていた。しかし、その後も彼はドビュッシーに対して賛否の入り交じった複雑な感情を抱き続けたため、シベリウスの日記にもっとも数多く登場する作曲家の名前になる。

一ヵ月半あまりイギリスに滞在したシベリウスは、その後、パリを経由してベルリンに向かう。フランケル博士の再診断を受けるためである。その結果、「すべて順調だ。もう何の心配もない」というお墨付きをもらい、感謝の気持ちに満たされる。博士の言葉は、手術後の一年間、心のどこかで病気の再発に怯えながら過ごしてきた作曲家を安堵させたに違いない（ただし、以後も引き続き禁欲的な生活は余儀なくされる）。この四月から五月にかけてのベルリン滞在中、彼は落ち着いて作曲に集中し、《親愛なる声》のほか、リーナウ社との最後の契約になった《八つの歌》作品五七（ヨセフソン詩）を仕上げて、ようやく帰国の途につくのだった。真夏のフィンランドに戻ったシベリウスは精力的に仕事を続け、ピアノのための《一〇の小品》作品五八、ミカエル・リユーベック原作の劇付随音楽《とかげ》作品八、葬送行進曲《イン・メモリアム》作品五九（初稿）などを同年中に次々と完成させる。

弦楽四重奏曲《親愛なる声》

上記はいずれも当時のシベリウスの晦渋な作風を反映しているが、一九〇九年の創作活動を代表する作品といえば、やはり《親愛なる声》をおいて他にはないだろう。シベリウス自身、同作品の出来栄えに相当の自信を抱いていたようで、曲が完成するやいなや「とてもよい気分だ。死の瞬間にさえ、唇に笑みを浮かべてしまうほど満足している」（一九〇九年四月十五日付）とアイノに手紙で伝えるほどだった。一方それと同時に、《親愛なる声》の重々しい曲調、その弦楽合奏的サウンドに対して、作曲者が以下の自己批判を加えている点にも注目しておきたい。「旋律の素材はよい。しかし全体の響きは、もっと軽やかで透明にするべきだった。そう、普通の弦楽四重奏曲のように」（一九一〇年四月二十四日の日記）。その意味で、円熟期のシベリウスが創作した唯一の弦楽四重奏曲は伝統的なジャンルの観念を超越しており、むしろシェーンベルクの弦楽六重奏曲《浄められた夜》（一八九九）や、リヒャルト・シュトラウスの《メタモルフォーゼン》（一九四五）の音響世界に接近しているといえよう。もっとも、結局シベリウスは《親愛なる声》に修正の手を加えず、またその後、同ジャンルに再び取り組むこともなかった（委嘱作の短い《アンダンテ・フェスティヴォ》は除く）。それを踏まえると、彼が同作品の完成度に心から満足していたことは間違いない。

なお、作品に付された「親愛なる声」のタイトルは作曲後、シベリウスが楽譜を校正していた時に浮かんだものであり、曲の創作段階ではまったく無縁のアイデアである。具体的には、カルペランに寄贈したスコアの複製に記されたラテン語のメモ（voces intimae）に由来するものだ。問題はそのメモが書かれた箇所であり、興味深いことにそれは曲頭ではなく、第三楽章（アダージョ・ディ・モルト）の第二一小節に見出すことができる。内省的なヘ短調の響きのなかで突然、三回ほどピアニッシシモで奏されるホ短調の和音の部分である。まるで異次元の世界から呼び掛けるように鳴り響くその不気味な和音に、作曲者はどうして「親愛なる声」のイメージを重ね合わせたのだろう。この言葉が喚起する心象風景は、たとえば第一楽章冒頭のヴァイオリンとチェロの掛け合い、あるいは息の長い三連符の伴奏を背景に力強く応答し合う第四楽章のフレーズ（他の楽章でも、同様の掛け合いが随所に散りばめられている）などが連想させる「内面的な対話」のはずである。ところが作曲者のメモ書きは、「親愛なる声」の想念がそれとは逆に、音楽の流れを突然さえぎる異質な要素、謎めいた呼び掛けの方に注がれていたことを示している。このシベリウスの視線は特筆に値するが、異界に対するそうした彼独自の眼差しが《親愛なる声》の内面性を一段と奥深いものにしているのではないだろうか。

交響曲第四番の創作に向けて

シベリウスの「暗黒期」における最大の芸術的成果は、一九〇九年末に着手し、一一年春に完成した交響曲第四番である。その異様な集中力、峻厳な佇まい、研ぎ澄まされた音調、いっさいの妥協を排した厳しい造形性にはきわめて注目すべきものがあり、現在ではシベリウスの最高傑作の一つとして高く評価されている。

だが例によって、その創作にはさまざまな困難が伴うことになる。フランケル博士の保証を得たとはいえ、喉の状態はシベリウスの心理をつねに不安にさせたし、アイノラの建築や豪奢な生活でかさんだ莫大な借金も彼を精神的に追い詰めていた。幸いなことに、借金に関してはカルペランの尽力で何とか事なきを得ていたが、経済的問題を解決するためシベリウスはたびたびヘルシンキに出向かなければならず、アイノラで落ち着いて仕事をすることができなかった。また一九一〇年五月、フィンランドを訪れたニューマーチを三週間ほどホストしたほか、二回にわたりスカンディナヴィア諸国（ノルウェー、スウェーデン）やラトヴィアで自作指揮してもいる。

さらに創作活動においても、交響曲第四番だけに集中できる状況ではなかった。この時期、シベリウスは改訂が必要な若書きの作品を十数曲ほど抽出し、精力的に修正の手を加えている。たとえば《即興曲》作品一九や《火の起源》などがそれである（第四番の作曲後には、ヴァイオリンとピアノのための《二つの小品》作品二や、舞台劇『歴史的情景』の付随音楽にもとづく《歴史的情景第一番》作品二五も改訂、改編。その他、男声合唱曲《ラカスタヴァ》の弦楽合奏曲への編曲も行っている）。また《イン・メモリアム》の初稿に不満を抱いた作曲者は、直ちに修正することにした。シベリウスがそれらの改訂を急いだ理由は、純粋に芸術的な要求もあったろうが、厳しい経済的事情、あるいは健康状態の悪化による万一に備えたという見方もできる。

一方その作業と並行して、シベリウスはさまざまなジャンルの新作にも着手している。まずドビュッシーを彷彿とさせる交響詩《樹の精》作品四五の一が一九一〇年初頭、フィンランドの詩人カール・タヴァッシェルナやルネベルィらの詩による《八つの歌》作品六一が同年夏に、それぞれ創作された。交響曲第四番が完成する直前の一九一一年初頭には、アルヴィッド・ヤーネフェルトの戯曲『クオレマ』の改訂に伴い、〈カンツォネッタ〉作品六二a（後にストラヴィンスキーが小編成アンサンブルに編曲したことでも有名）と、〈ロマンティックなワルツ〉作品六二bが追加で作曲されている。

しかしそれ以上に交響曲第四番の創作を妨げたのは、シベリウスと親しい間柄だったソプラノ歌手アイノ・アクテの依頼により一九一〇年冬、無謀なスケジュールを押してオーケストラ伴奏の歌曲を手掛けたことだろう。アメリカの詩人エドガー・アラン・ポー（一八〇九～一八四九）の物語詩『大鴉（おおがらす）』（一八四五）を題材としたこの異色な歌曲は、アクテのヨーロッパ遠征公演の目玉となるはずだった。だが作曲に困難をきたし、途中で頓挫してしまう。この残念な事態はシベリウスとアクテの関係にひびを入れたものの、後者が譲歩して、どうにか決裂せずに済んだ。結局シベリウスは、《大鴉》のためにスケッチした素材を第四番のフィナーレに吸収させることで、一連の創作に最終的な決着を図っている。

アイノ・アクテ

交響曲第四番

交響曲第四番はそうした状況下で創作が進められ、一九一一年四月三日、作曲者の指揮により初演の運びとなる。同初演はもちろん人びとの注目を集めたが、結果は成功でも失敗でもなかった。交響曲を初めて耳にしたヘルシンキの聴衆はショックで当惑してしまい、どのように反応したらよいのか、直ちに判断できなかったからである。その混乱ぶりを伝えているのが、合唱指揮者ヘイッキ・クレメッティの言葉だろう。「すべてが奇妙である。不思議で透明な楽想が、あちらこちらに浮かんでは消えていく。シベリウスは私たちに理解できない言葉で語りかけているようだ」。一方、辛口の批評で知られるカール・ヴァセニウスは混乱の要因について、次のように分析した。「ここにいるのは、ニーチェの超人のように人びとを啓蒙し、力強く導いてくれたかつてのシベリウスではない。第四番は彼の個人的な世界観の表明である。作曲者は人びとに寄り添うことなく、彼らを突き放している」。

かくして数々の批評が交響曲第四番に寄せられた。それらの多くは冷ややかだったが、なかには「理解の手掛かり」と「作品の価値」を積極的に見出すことで、この難解な交響曲に何とかアプローチしようとするコメントもあった。たとえば先のヴァセニウスによると、「第四番の題材はピエリネン湖に近いコリ山〔北カレリアに位置する景勝地〕の印象である」という。そして交響曲の各楽章に詳細な標題的解釈を加え、作品の理解を図っている。確かにシベリウスは一九〇九年秋、エーロ・ヤーネフェルト〔第四番の献呈者〕とともにコリ山へ旅行しており、その忘れ難い印象が第四番のインスピレーションの一端になったらしい。しかしそれが事実だとしても、具象的な標題を交響曲の表現世界に押し付けることに断固否定的だったシベリウスは、ヴァセニウスへ抗議の手紙を送っている。それに対して評論家は、「でも、この解釈はエーロ・ヤーネフェルト氏から直接うかがったものですよ」と述べて、その「正当性」を一歩も譲らなかった。

一方、交響曲第四番は容易に理解できないが、きわめてモダンで優れた音楽である、という観点で作品の真価に光を当てようとする者もいた。それがカルペランと評論家エヴァート・カティラで、両者はともに「第四番は同時代の音楽的潮流、とりわけドイツのそれに対する強烈なプロテスト〔抗議〕である」と主張する。彼らの見解にしたがうと、目新しい技法、超巨大編成のマンモス・オーケストラ、仰々しいサウンドで聴き手を驚かそうとする最新の音楽動向（特にマーラーとリヒャルト・シュトラウス）に対し、シベリウスの第四番は「古典主義、ロマン主義、モダニズムを統合する、真に未来志向の作品」（オットー・アンダーソン評）ということになる。シベリウスが心から同調したのはこの見方であり、初演の一ヵ月後、彼はニューマーチに向けて「第四番は現代音楽に対するプロテストです。そこにはサーカスの要素がいっさい存在しません」（一九一一年五月二日付の手紙）と同様の言葉を繰り返している。なお、後にイギリスの音楽評論家セシル・グレイ（一八九五～一九五二）が自著『シベリウス』（一九三一）で、「〔第四番の〕スコアには最初から最後まで余分な音符が一つもない」と述べて同交響曲を高く評価した際も、作曲者はそれにお墨付きを与えるように、「私はこの作品の将来に強い自信を抱き続けております。そこには一音たりとも変更すべき箇所はございません」（一九四二年七月、ヤラスに述べた言葉）と強い口調で語っている。

シベリウスが上記の言葉を関係者に伝えた背景には、他の作品ではなく交響曲第四番で自らの芸術的真価を世に問いたい、という願望があったからだろう。その気持ちは生涯変わらなかったようで、普段は自作品についてあまり多くを語らないシベリウスだが、第四番の「意義」と「価値」についてはは折に触れて言葉を寄せている。これは非常に例外的なことである。第四番を本当に理解できる聴き手か、あるいはそうでないか——シベリウスにとって同交響曲は一つの「踏み絵」のような存在だった。

「暗黒期」の超克

交響曲第四番ですべてのエネルギーを使い果たしたシベリウスは、しばらくの間、創作の気力が失われてしまう。そうしたなか、シベリウス家に現実的な問題が生ずることになる。愛娘たちの成長に伴い、アイノラが手狭になってきたのである。そこでシベリウスはソンクに相談し、一九一一年夏、アイノラの大幅なリフォームに踏み切った。この改築により新たに二階部分が整えられ、これまでは一階に配置されていた作曲家の仕事部屋がそちらに移されている。同部屋からの眺めは格別だったらしく、シベリウスはトゥースラ湖の雄大な姿をつねに眼下に収めながら仕事ができるようになった。なお、アイノラ改築中の同年七月二十日、シベリウス家に六女ヘイディが誕生している。

斬新な交響曲第四番の作曲後にシベリウスが悩んだのは、この先いったいどのような方向へ創作の歩みを進めたらよいのか、という純粋に美学上の問題であった。重苦しい気分に包まれたシベリウスだったが、再びにぎやかな外界に目を向け始め、作曲の刺激を得るために同年秋、パリへ一ヵ月あまり出掛けることにする。パリではフランクの交響詩《プシュケ》（一八八八）、デュカスの交響曲ハ長調（一八九六）、リヒャルト・シュトラウスのオペラ《サロメ》（一九〇五）、ストラヴィンスキーの《幻想的スケルツォ》（一九〇八）をはじめ、ベートーヴェンの《荘厳ミサ曲》（一八二三）やシューベルトの室内楽曲など、さまざまな音楽を耳にしている。だが、いずれの作品もシベリウスに大きな示唆を与えなかった（多少目を引いたのは《サロメ》《幻想的スケルツォ》、デュカスの交響曲、シューベルトの弦楽四重奏曲《死と乙女》。この心理状況は、一九〇五年初頭のベルリン滞在時のそれとよく似ている）。その後、豪奢なパリ滞在で無一文になった彼は、創作上の手掛かりを何ら得られないまま十二月八日、四十六歳の誕生日に帰国している。

かつての留学地ウィーンからシベリウスの下に興味深い申し出が届いたのは、翌一九一二年初頭のことだ。フックスの後任として、ウィーン音楽院の作曲教師ポストへの就任を要請されたのである。この突然のニュースは、すぐに新聞を通してヘルシンキ中に広まった。ベルリンでそれを耳にしたマデトヤは、「とても光栄な要請ですが、あなたがフィンランドを不在にするのは私たちにとって大変損失です」と、申し出を固辞するようシベリウスに書き送っている。確かにウィーン音楽院の待遇は破格であり、莫大な借金を抱えていた当時のシベリウスには魅力的なポストだったろう。しかし同年三月、彼はマデトヤの進言通り、同要請を断ることにした。国際都市ウィーンに身をおき、刻々と変化する音楽潮流に右往左往するより、フィンランドに止まって自らの芸術を内側から熟成させる道をシベリウスは選んだのである。この重大な決断は、交響曲第四番以降の作風形成にも本質的な影響をおよぼすことになる。特筆に値するのはフィンランド大公国議会の処遇であり、国内で創作活動を続ける意思を固めたシベリウスに対して年金額を五〇〇〇マルッカに引き上げる決定を行った。

一方、上記の出来事と並行してシベリウスは《歴史的情景第二番》作品六六に取り組んでいる。平易な書法、叙情的な佇まい、温もりに満ちた音色など、この作品に見出される肯定的なヴァイタリティには驚かされるが、それは交響曲第四番の表現世界に対する強烈な反作用といえるだろう。続いて彼は、さまざまな作品構想――交響曲第五番、第六番、《ルオンノタル》、大オーケストラのための幻想曲第一番、第二番、オペラなど――を抱き始める。シベリウスがイギリス（四度目の訪英）とデンマークで第四番を指揮したのは、創作の模索であれこれ頭を悩ませていた同年秋のことである。それを皮切りにステンハンマル（エーテボリ）、ブゾーニ（アムステルダム）、ワルター・ダムロッシュ（ニューヨーク）、カール・ムック（ボストン）らが第四番を各国で次々と指揮。だが反応は芳しくなかった。なかでも注目されるのはワインガルトナー率いるウィーン・フィルであり、同楽団はシベリウスの第四番を含むプログラムをすでに新聞で公表していたにもかかわらず、メンバーの猛反対にあってベートーヴェンとウェーバー作品に無理やり変更されてしまった。

それでもシベリウスは交響曲第四番に絶対の自信を持っていた。その仕事に心から満足したからこそ、作曲者は同交響曲を自分の創作活動における一つの「極点」と位置づけ、そこから試行錯誤を重ねながら、さらに未知なる領域に向けて再び大きく舵を切ろうとしたのだろう。もし第四番の出来栄えに少しでも納得できなかったなら、彼は交響曲のジャンルで同様の方向性をもう一度、徹底的に突き詰めたに違いない。あるいは作品に容赦なく改訂の手を加えたはずである（ただし、後にわずかな修正は行っている）。しかし、その道をシベリウスは選ばなかった。

交響曲第四番の創作をきっかけに、シベリウスの明澄な眼差しは自己の内面世界を突き抜けていく。そして自我を超えた先に広がる原初の世界、巨大な宇宙、根源的な存在の方へとますます心の眼を向けるようになる。一九一三年に手掛けられた交響詩《吟遊詩人》作品六四と音詩《ルオンノタル》作品七〇（ソプラノ独唱付き。テクストは『カレワラ』第一章の宇宙創成譚にもとづく）の根底に息づいているのは、可能な限り無私の境地に徹し、存在それ自体の声にひたすら耳を傾けようとする作曲家の姿勢である。こうしてシベリウスは「暗黒期」を超克すべく、いよいよ最初の一歩を踏み出すことになる。

新たな光明（一九一四〜一九一九）

進むべき道

一九一四年初頭の一ヵ月あまり、シベリウスは再びベルリンへ赴くことにする。ヨーロッパ最新の芸術動向を自らの目と耳で改めて確認し、進むべき道のヒントを得るためである。伝統的な音楽のみならず、最先端のそれをも次々と発信し続けるドイツ帝国の首都は、上記の目的にもっとも適した都市だった。このベルリン滞在中、彼はコンサートやサロンに足しげく通い、「新しい精神とやらにもとづく音楽」（一九一四年一月二十七日の日記）に休む間もなく触れている。しかしシベリウスがカルペランに伝えたところによると、それらの多くは「温室栽培のひ弱な所産」（同年一月二十六日付の手紙）に過ぎず、作曲家を失望させるだけであった。

同時代の音楽に対してこれまでになく批判的な態度を取るシベリウスだったが、それを根底で支えたのは次の考え方である。「世間の動きに戸惑うな。もし本当に信念を貫くなら、進むべき道を妨げるものに引きずられてはならない。そう思わないか、アイノ。競争は他の者たちに任せて、私は自らの芸術を徹底的に追求しよう」（アイノ宛の手紙、一九一一年十一月十日付）。「たとえどのような道を選ぶにせよ、大いなる自我よ、お前の音楽の核心ともいえる生き生きした温かさやヴァイタリティを犠牲にしてはならない。目新しい『みかけ』だけを求めてお前の同時代者たちを打ち負かそうとしても、彼らより『偉大』にはなれないだろう。いかなる競争にも加わってはならないのだ」（一九一二年六月五日の日記）。生涯に三十五回ほど訪れたベルリンだけでなく、パリやロンドンへもたびたび出向いて多様な音楽に触れようとしたシベリウスは、芸術世界の新しい動向につねに敏感だった。しかし、それを受け入れるかどうかはまったく別の話である。彼にとって問題の核心は最先端の潮流云々ではなく、その音楽が紛れもなく「本物」であるか、それとも上辺だけの「見せかけ」に過ぎないかという、まさにその一点であった。

アンッティ・ファーヴェン作『シベリウス』（1913年）

もっとも、だからといってシベリウスは今回のベルリン訪問で耳にした音楽すべてに否定的な判断を下したわけではない。たとえば同世代の作曲家ではマーラーの《嘆きの歌》（一八八〇、後に改訂）、リヒャルト・シュトラウスのオペラ《エレクトラ》（一九〇八）、ドビュッシーのピアノ曲などを称賛している。また敬愛するブルックナーの交響曲第五番（一八七八）に至っては、涙をたたえながら惜しまぬ賛辞を贈ってもいる。だがこのベルリン滞在中、シベリウスがもっとも注目したのは彼らの作品ではなく、自分よりも若い世代の音楽、特にシェーンベルクの歌曲、室内交響曲第一番（一九〇六）、それにソプラノ独唱付きの弦楽四重奏曲第二番（一九〇八。シュテファン・ゲオルゲ詩）だった。

アルノルト・シェーンベルク

シベリウスによると、カメレオンのように作曲スタイルを次々と変化させるストラヴィンスキーの人工的な芸術と違い（シベリウスのストラヴィンスキー嫌いは有名な話である。ただし《エディプス王》など、いくつかの作品は称賛している）、シェーンベルクの音楽は間違いなく本物であるという。シベリウスが彼の音楽に共感した第一の理由は、巧妙な動機労作、形式構成の凝縮（特に単一楽章形式の室内交響曲第一番）、そして上記を支える「厳格な論理」の存在にあった。それらはシベリウス自身の創作活動でも、ますます重要な要素になっていたのである（一九〇七年にマーラーと交わされた「交響曲においてはすべての動機を内的に連関させるスタイルの厳格さ、深遠な論理が重要である」という言葉を思い起こそう）。シェーンベルクのストイックな作曲姿勢に関して、シベリウスは「現代の作曲家のなかで唯一、特筆に値する人物がいます。それはシェーンベルクです」（ニューヨークの『ミュージカル・クーリエ』誌、一九一四年六月十日付）とマスメディアを通して語るなど、公の場で彼を堂々と絶賛してもいる。

だがその一方、シェーンベルクの急進的な音楽語法に対してはまったく異なる態度を取った。シベリウスは後年、「ブゾーニのアドヴァイスにしたがってシェーンベルクの高価な楽譜を真っ先に入手したが、何も学べなかった」「シェーンベルクが目指した世界を知るため、普通の聴き手より鋭敏な耳を持っている私でさえ、彼のスコアを詳細に研究しなければならなかった。一般の聴衆は、いったい彼の音楽をどのように理解しているのだろう。アルバン・ベルクが彼の最良の作品である」と、珍しくも皮肉な言葉をレヴァスらに伝えている。シェーンベルクの音楽に見出される「論理的思考」への共感と、「理解し難い音楽語法」への抵抗感――シベリウスの複雑な心理は、室内交響曲第一番を聴いた直後に綴られた次の言葉に生々しく現れていよう。「もちろん作曲家は自由に物事を捉えることができる。しかし何と聴くに堪えない音楽だろう。極端な頭脳が生み出した結果だ。〔中略〕未完成の状態とはいえ、彼の音楽の背後には偉大な何かが確実に宿っている。だがそれを完成させる人物が、シェーンベルクであってはならない」（一九一四年二月四日の日記）。

結局、若い世代の音楽語法に同調するより、自らの信念を貫くことにしたシベリウスは、前述の『ミュージカル・クーリエ』誌でシェーンベルクを称えた後、「あえて付け加えておきます。私は自分の音楽も大変高く評価しているのです！」と語気を強めている。進むべき道に自信をにじませる作曲家の言葉だが、いまや過去と未来の歴史的射程を手中に収めたシベリウスは、ようやく芸術家として真の「自由」を実感したのだろう。その意味で、シベリウスがリーナウに宛てようとした以下の手紙の草稿は、とても興味深い。「私は人生に与えられた自由に心から感謝しています。ダダイズム〔既成の秩序や常識を真っ向から否定する二十世紀初頭の芸術運動〕の作品は、私に大きな喜びを与えてくれます。それと同時に、過去の作品もまた本当に素晴らしい」（日付不明だが、文脈から一九一〇年代半ば頃とみられる）。

音詩《オセアニデス》

一九一四年夏、一抹の光明を求めていたシベリウスに貴重な機会が訪れる。生涯唯一のアメリカ訪問である。事の起こりは一年前の一九一三年八月、アメリカの大富豪カール・シュトッケルが、イェール大学教授で作曲家のホレイショ・パーカー（一八六三〜一九一九）を通してシベリウスに新作交響詩を委嘱したことだった。シュトッケルはシベリウスの崇拝者で、報酬も大変よかったため、作曲家はそれを快諾している。その数ヵ月前、パーカーの企画でシベリウスは《アメリカン・スクールのための三つの歌》JS一九九という小さな合唱曲を作曲しており、委嘱の背景には教授の強力な後押しもあったらしい。巨万の富を有するシュトッケルはコネチカット州のノーフォーク音楽祭を創設した人物であり、新作交響詩は一九一四年夏の同音楽祭で初演される運びとなった。

シュトッケルの要望は十五分以内の交響詩だったが、シベリウスは当初、三楽章からなる小さな組曲を想定して創作に取り組んでいる。パーカーに伝えられたところによると、注目のタイトルは広大な海をイメージさせる《波のロンド》（原題はフランス語とドイツ語が奇妙に組み合わさったRondeau der Wellen）であった。創作の筆は遅々として進まなかったものの、一九一四年初頭のベルリン訪問後、シベリウスは仕事に集中。途中で最初の計画が変更され、同年三月末、演奏時間七分あまりの単一楽章の音詩として成立した（初稿）。なお、この時点で《波のロンド》という平易なタイトルが、神話的アウラを帯びた《オセアニデス》（ギリシャ神話に登場する「水の女神」の意味）作品七三へと変更されている。その後、スコアとパート譜がアメリカに送られると、シベリウスはノーフォーク音楽祭の正式な招待状を受け取る。それと同時に、ヘルシンキ大学とイェール大学が彼に名誉博士号を授与する旨の嬉しい知らせが届けられた。

こうしてシベリウスのアメリカ訪問は着々と準備が進められていった。ところが彼は、新作交響詩の楽譜をアメリカに送った途端、その出来栄えに疑問を抱き始めてしまう。結局シベリウスは作品に大幅な手直しを加えることにし、アメリカへ向けて出発する直前まで修正作業に忙しく追われることになる。この手直しで《オセアニデス》はまったく別の姿に生まれ変わり（修正稿〔現行版〕）、調も神秘的な変ニ長調から輝かしいニ長調へと変更されている。さらに演奏時間も修正稿では三分ほど長くなり、結尾において巨大なクライマックスが形成されるなど、より明朗で壮大な曲調が際立つ結果となった。ちなみに、初稿の方は《オセアニデス》の「イェール稿」という名称が定着しており、オスモ・ヴァンスカ指揮、ラハティ交響楽団が二〇〇二年に初演、翌〇三年に初録音を行っている（「イェール稿」と呼ばれる理由は、同楽譜を所有していたシュトッケルが後にイェール大学に寄贈したため）。

アメリカへの演奏旅行

シベリウスが大西洋横断定期船「カイザー・ヴィルヘルム二世号」に乗船し、ドイツのブレーマーハーフェンからニューヨークに向けて出発したのは一九一四年五月十九日である。一週間ほどの船旅の間もシベリウスは《オセアニデス》の微細な修正に追われたが、その合間を縫って甲板に降りると、眼前に広がる大西洋の雄大な光景――清々しい風、きらめく波面、水平線に沈む夕日、そして飛び魚の群れ――に圧倒された。アメリカに到着したシベリウスは、シュトッケル夫妻の豪奢な歓迎を受ける。摩天楼の見物、超一流レストランでの会食、著名人への対応など忙しいスケジュールが続くなか、カーネギー・ホールで行われたリハーサルで《オセアニデス》を初めて指揮したシベリウスは異様に興奮。「実に素晴らしい作品だと思う。ようやく本当の自分を見出せたようだ。交響曲第四番は間違いなく苦難の旅の出発点だった。だが、この作品はそれを遥かに超えている。何という詩情!!!」（アイノ宛の手紙、同年五月二十九日・三十日付。ただし大作を発表するたびに、シベリウスはしばしば同様の発言を繰り返している）と、強い自信をのぞかせた。

一九一四年のノーフォーク音楽祭は、アメリカの作曲家ヘンリー・ハドリーの交響詩《堕天使》（一九一四）とブルッフのオラトリオ《アルミニウス》（一八七五、後に改訂）で六月二日に華々しく幕を開けた。シベリウスが登場したのは最終日の同月四日。プログラムは、まず旧作の《ポヒョラの娘》《クリスティアン二世》〈トゥオネラの白鳥〉《フィンランディア》《悲しいワルツ》と続き、最後に《オセアニデス》の世界初演で締め括られている。ニューヨーク・フィルとメトロポリタン歌劇場から集められたオーケストラ団員（シベリウスの記憶によると、ボストン交響楽団のメンバーも加わっていたらしい）の表現力と技術力は驚くばかりで、コンサートは歴史的な大成功を収めることができた。シベリウスは、その時の様子をカルペランに鼻高に伝えている。「昨日はとても上手くいったよ！　新作は自分の最高傑作だ。ワルター・ダムロッシュは私の指揮ぶりを称えてくれたし、ボストンやフィラデルフィアからやってきた評論家や作曲家も私の作品を耳にして驚いたようだ。オーケストラは本当に素晴らしかった!!　ヨーロッパのそれを凌駕している。木管楽器がピアニッシシモで和音を奏でると、耳に手を当てなければ聴き取れないほど繊細な表情だった。それにコントラバスでさえ見事に歌っていた」（同年六月五日付の手紙）。

ニューヨークの摩天楼（1916年頃）

音楽祭の一週間後、シュトッケルはシベリウスをナイアガラに案内してくれた。その光景は作曲家に深い感銘を与えたらしく、シュトッケルの回想によると、シベリウスは雄大な自然現象を何とか音楽表現で捉えようとしたが、「まったく駄目だ。とても荘厳、広大で、人間の力ではどうしようもない」と語ったという。このシベリウスの世界観は、ナイアガラを見て「芸術は自然よりも遥かに偉大だ」と述べたマーラーや、「神の業より〔摩天楼を作った〕人間の技に驚かされる」とつぶやいたヴォーン・ウィリアムズ（一九二二年、自身の交響曲第三番《田園》をノーフォーク音楽祭で指揮するためにアメリカを訪問）のそれときわめて対照的だ。先の言葉からもうかがえるように、シベリウスの音楽を支える内的原動力の一つは、超越的な存在に対する畏敬の念である。

圧倒的なもの、巨大なもの、畏怖なるものに向けられたシベリウスの眼差しは、《オセアニデス》の表現にも如実に現れている。作曲者が《波のロンド》から《オセアニデス》へとタイトルを変更したのは、単なる「改題」ではない。神話的アウラを通して、卑小な自我を超えた無限の世界、失われつつあった人間の太古の記憶を呼び起こそうとしたからだろう。その意味で、シベリウスの内的ヴィジョンはドビュッシーの《海》（一九〇五）とも本質的に異なるのである。

第一次世界大戦の影響

アメリカ遠征公演は成功裏に終わり、シベリウスは快く同地を後にする。しかし一九一四年六月二十八日、帰路の船上において彼は、オーストリア＝ハンガリー帝国の皇位継承者フランツ・フェルディナント夫妻がサラエボで暗殺されるという衝撃的なニュースを耳にした。この事件を引き金として同年夏に勃発したのが第一次世界大戦である。以後、四年あまりの長期にわたりヨーロッパを中心に繰り広げられた未曾有の戦争が、シベリウスの創作活動とフィンランドの未来に与えた影響は計り知れない。

第一次世界大戦は、ドイツ、オーストリア＝ハンガリー帝国などの「同盟国」と、イギリス、フランス、ロシアを中心とした「連合国」の対立を主軸に展開。ロシアの支配下にあったフィンランドは名目上、ドイツやオーストリアと敵対関係におかれることになる。かつて両国の首都に留学し、ドイツの出版社と契約を交わしてきたシベリウスにとって、これはとても奇妙で馬鹿げた状況だったろう。幸いにもブライトコプフ社からのわずかな印税は何とか保証され、フィンランドとドイツ間の郵便も検閲を受けずにやり取りできた。だが大戦が終結するまで、シベリウスはたった一度の例外（一九一五年三月のエーテボリ公演）を除いて海外遠征ができなくなる。それに加え、スカンディナヴィア諸国やアメリカ以外、彼の作品が演奏される機会も減ってしまう。

こうした状況下、必然的にもたらされたのは経済的打撃である。当時のシベリウスの安定した収入源は五〇〇〇マルッカの年金だったが、それだけでは莫大な借金の返済はおろか、アイノラでの雇人付き生活を十分に賄えるはずもなかった。ちなみにシベリウスの年収は、フィンランドの著名な指揮者、たとえばカヤヌスらのそれと比較すると分かりやすい。カヤヌスはシベリウスと同額の年金のほか、ヘルシンキ・フィルの活動とヘルシンキ大学教師の報酬を合わせて年間およそ二万マルッカを受け取っていたのである。また、一九一五年よりストックホルムを拠点に活動することになるシュネーヴォイクトに至っては、カヤヌスよりもさらに多額の年収を得ていたという。この時期、シベリウスが数々のミニチュア作品をフィンランド国内の出版社リンドグレンやヴェスタルント、あるいはデンマークのハンセンから出版しているのは、第一に厳しい経済状況を乗り切るためだった。ピアノやヴァイオリンの小品は戦時下であってもアマチュア音楽家の需要が見込まれ、一曲につき数百マルッカの報酬を得ることができたのである。

こうして時には週に一曲のペースでさまざまなミニチュア作品を手掛けるようになるシベリウスだったが、その一方、大規模な管弦楽曲の創作にも強い意欲を燃やしていた。アメリカ演奏旅行から帰国後、さっそくシベリウスは新作の準備に向けて精力的にスケッチを行い、同年秋より満を持して交響曲第五番に着手する。さらにそれだけでなく、スケッチの整理や推敲を重ねるなかで、交響曲第六番（一時期、「幻想曲I」と称されていた）の計画も並行して進めていくのである。当時のシベリウスの創作意欲は非常に旺盛であり、彼は第五番と第六番の間で楽想の入れ替えを頻繁に行いながら、スケッチした素材の音楽的可能性を徹底的に追求している。しかし妥当な部分に楽想をはめ込んでいくジグソーパズルのような作業は苦難の連続だったようで、第五番の創作はなかなか思うように進まなかった。作品の「質」に対しては絶対に妥協を許さないシベリウスだったが、二つの交響曲と数々の小品を同時に創作せざるをえない状況にほとほと神経をすり減らし、結局「〔大作と小品を明確に区別した〕二つのレヴェルでの作曲活動」（一九一四年九月十七日の日記）を余儀なくされる。

交響曲第五番の初演

交響曲第五番はシベリウス五十歳の誕生日、一九一五年十二月八日の祝賀コンサートで初演されることになっていた。ところがその日程が近づいても完成の目途はまったく立たず、作曲家は精神的に追い込まれていく。この頃より、彼が酒とタバコを再び嗜み始めただけでなく、アダリン（一九一〇年にドイツのバイエル社が製造、販売した睡眠薬）さえ服用するようになったのは、強烈なストレスの裏返しだろう。第五番の発表に伴う諸々の準備に集中するため、シベリウスは同年四月二十六日に執り行われたガッレン゠カッレラの五十歳祝賀パーティーにも、カヤヌス誕生日の十二月二日に催された彼の新作《シンフォニエッタ》作品一六（シベリウスに献呈）の初演にも出席しなかった。そうしたなか、シベリウスの祝賀コンサートをどこで行うか、という現実的な問題がにわかに浮上する。シベリウスは当初、家族の意向を汲んでフィンランド国立劇場を候補に挙げたが（二女ルースが役者として同劇場に所属していた）、熟考の末、ヘルシンキ大学講堂を選択している。この記念すべき大イヴェントに彼が同講堂を選んだのは、一時の思い付きではなかった。人生の大きな節目を迎えようとしていたシベリウスは、フェンノマンもスヴェコマンも分け隔てなく受け入れるヘルシンキ大学に自らの理想を重ね合わせ、立場の違いを超えた「あらゆるフィンランド人の文化的象徴」という意味合いを祝賀コンサートに織り込もうとしたのである。

ヘルシンキ大学講堂（1910年頃）。交響曲をはじめ、多くのシベリウス作品がここで初演された

いよいよ五十歳の誕生日を迎えると、シベリウスの下にはさまざまなプレゼント——ペルシャ絨毯、スタインウェイ製のグランドピアノ、エイノ・レイノの詩、フィンランド人画家が描いた二〇枚あまりの絵画など——のほか、世界中から祝賀

メッセージが届けられた。またマデトヤが『ヘルシンギン・サノマット』紙にシベリウスのエッセイを掲載し、オットー・アンダーソンは作曲家の家系図を調査、公開している。だがもっとも注目を集めたのは、いうまでもなく十二月八日の祝賀コンサートだった。その日、ヘルシンキのショーウインドウにはシベリウスのポートレイトが競うように飾られ、街は温かい祝賀ムードに包まれていた。作曲者自身の指揮、ヘルシンキ・フィルによるプログラムは、前半が《オセアニデス》、ヴァイオリンと管弦楽のための《二つのセレナード》作品六九、後半が新作の交響曲第五番(初稿)で、前半の二曲もフィンランド国内では初披露の作品だった。祝賀コンサートは華々しくも厳かな余韻を残して幕を閉じ、人びとの要望に応えるため、十二月十二日と十八日に同じプログラムが繰り返されている。

なお、祝賀コンサートで演奏された交響曲第五番の初稿は四つの楽章からなり、一般に親しまれている三楽章構成の最終稿(一九一九)と大きくデザインが異なっている。幸いなことに初稿のパート譜は演奏可能な形で現存し、ヴァンスカ指揮、ラハティ交響楽団の初録音(一九九五)によって、その全貌が広く知られるようになった。

交響曲第五番の改訂、劇付随音楽《イェーダーマン》

シベリウスの祝賀コンサートは成功裏に終わった。だが、その流れに乗って交響曲第五番が直ちに出版という運びにはならなかった。《レンミンカイネン》やヴァイオリン協奏曲と同様、第五番の初稿も出版レヴェルに至らず、ドラスティックな修正が必要と判断されたからである。もっとも、同時点でシベリウスは曲の手直しに三年半もの歳月を要するとは想像できなかったに違いない。その困難な作業の道のりを予感したのであろうか、彼は第五番の修正にあたって、「神との闘い。新しい交響曲にはこれまでと違う、より人間的な形式を与えよう。もっと大地に根差した形式、生命の躍動に満ちた音楽。問題の核心は、それに携わる私自身がどんどん変化していることだ」（一九一六年一月二十六日の日記）と記している。

この頃、シベリウスは耳の不調を訴えたが（例によってそれは心因性と判明）、より深刻なのはトゥルクで生活していたカルペランの体調だった。重篤な肺炎を患ったカルペランは高熱に苦しむなか、花や木からなるオーケストラの前でベートーヴェンの交響曲第一〇番を指揮していると、やがてトンボの姿になって自分の葬列上をはかなく漂う悪夢にうなされた。幸いにも今回、彼の症状は何とか持ち直したものの、友人の容体を心から案じたシベリウスは、「アクセル・カルペランが死に瀕し、私は耳が聞こえなくなる」（一九一六年一月二十一日の日記）と嘆いた。実際、カルペランの体調はその後、一進一退を繰り返しながら少しずつ悪化していくことになる。

交響曲第五番の修正は曲の構造レヴェルにまでおよんだため、速やかには進まなかった。その作業に手こずっていた一九一六年春、シベリウスはフィンランド国立劇場の支配人ヤルマリ・ラーデンスオから一つの興味深い委嘱を受ける。ホフマンスタールの道徳劇『イェーダーマン』（一九一一）の付随音楽である。アイノラを訪れたラーデンスオの述懐によると、依頼を快諾した作曲家はスクリャービンの交響曲の節々をピアノで弾きながら、音と光の結合がもたらす神秘的効果について淡々と語り出したという。いわゆる色聴感覚（ある音を聴くと一定の色を感じること）の持ち主だったシベリウスは、「視覚と聴覚の相互作用」によって生み出される新たな劇音楽の可能性を模索した。そして《イェーダーマン》作品八三の創作を通して、上記を実現しようと考えたのである。シベリウスの劇付随音楽のなかで同作品が特に異彩を放っているのは、そうした作曲経緯と関係している。ただし同年十一月六日に行われた舞台劇の初演は大成功を収めたが、その後シベリウスの曲が普及することはなかった。それは劇付随音楽だけの演奏を拒んだシベリウスが、慣習に反して《イェーダーマン》をコンサート組曲に改編しなかったからである。

《イェーダーマン》作曲後、シベリウスは再び交響曲第五番の修正作業に戻り、その困難な仕事を急ピッチで進めるのだった。そして一九一六年十二月八日、トゥルクで改訂稿（中間稿）の初演を行っている。しかしこれは第五番の完成形ではなく、まだ道半ばの中間稿であり、その詳細を現存する資料からたどることはできない（参照できるのはコントラバスのパート譜のみ）。わずかに残された資料や聴衆の証言などにより、中間稿では曲の冒頭にホルンの印象的なフレーズ（最終稿の第一〜二小節）が新たに加えられたこと、初稿の際に分離していた第一楽章と第二楽章がブリッジで結合されたことが分かっている。また中間稿の第二楽章と第三楽章（フィナーレ）も最終稿とかなり異なり、特に後者は初稿よりもさらに巨大化したことが知られている（最終稿で大幅に圧縮）。この中間稿に対する聴衆の反応はさまざまで、カルペランやマデトヤはそれを絶賛する一方、ヴァセニウスは「第一楽章と第二楽章の結合に説得力がなく、第二楽章のピツィカートは退屈、第三楽章の大げさな不協和音にも好感が持てない」とネガティヴな評価を下した。

フィンランド独立宣言

一九一七年一月、中間稿の出来栄えにも不満を抱いたシベリウスは、交響曲第五番にさらなる修正の手を加えることにする。しかし周知のように、この一九一七年はフィンランドがロシアからの独立を宣言する歴史的な年だ。激動の社会情勢下、すべてのフィンランド人が時代の荒波に飲み込まれ、厳しく不安定な日々を過ごさざるをえなくなる。難航する第五番の修正作業、目まぐるしく変化する社会情勢、軍国主義的な重苦しい雰囲気、外的世界との遮断——シベリウスはストレスの高まりで過度の飲酒をコントロールすることができず、家族に迷惑をかけている負い目もあって、アイノと離婚すべきではないかと真剣に考えた。もちろんジャンもアイノも、最後の一線を超える勇気など持ち合わせていなかったが……。

運命の一九一七年、ロシア革命でニコライ二世が退位、ロマノフ朝が崩壊すると、レーニン率いるボリシェヴィキの左派勢力により、やがてソヴィエト連邦が形成されていく。この大きな変革を機に同年十二月六日、フィンランドは念願の国家独立を果たしている（各国による独立の承認は一九一八年以降）。だがそれに伴い、フィンランド国内はブルジョアジーによる右派（保守派）とプロレタリアートによる左派（革命派）に分裂。それぞれ白衛隊（はくえいたい）と赤衛隊（せきえいたい）を結成して、激しい緊張状態に陥っていく。興味深いのは、そうした動乱の最中にシベリウスが《イェーガー隊行進曲》作品九一a（テクストの作成者は、同隊が企画した軍楽行進曲の作詞コンクールで一等賞を得たヘイッキ・ヌルミオ）という軍歌を作曲したことだ。イェーガー隊とは、来たるべきロシアとの戦闘に備え、ドイツで密かに軍事訓練を受けていたフィンランド人義勇兵のことである。そのイェーガー隊が後に白衛隊を支援するようになったため、シベリウスは図らずも自らの政治的立場を世間に露呈してしまうのである。

国家独立という歴史的出来事について、シベリウスは公の場で何も語らなかった。それゆえ注目されるのは、日記に綴られた以下の痛々しい言葉であろう。「これは終わりの始まりだろうか。急激な混乱。私たちの悲しい国。とても惨めな気持ちだ。〔中略〕交響曲第六番と第七番の構想を練っている。それに第五番の改訂も。もし自分が病に倒れ、仕事ができなくなったら、それらはいったいどうなってしまうのだろう」（一九一七年十二月十八日）。

フィンランド内戦、カルペランの死、交響曲第五番の完成

食糧難、暴動、失業、ストライキ、インフレなど、独立後のフィンランドを待っていたのは秩序の崩壊と社会の混乱だった。なかでも危惧されたのは右派と左派の政治的対立で、一九一八年一月末、両者はついに白衛隊と赤衛隊による武力衝突へと突き進む。フィンランド内戦の勃発である。この三ヵ月あまりにおよぶ凄惨な市民戦争は、ドイツ軍およびイェーガー隊の支援する白衛隊が、ロシア軍を後ろ盾とした赤衛隊を倒して終結するものの、両陣営の容赦ない残虐行為によって多くの犠牲者を出してしまう。アイノラでひっそり息をひそめていたシベリウス家でさえ、武器を持った赤衛隊による屈辱的な家宅捜索を受けている。

いまや白衛隊のシンボルとなった《イェーガー隊行進曲》を作曲したシベリウスは、赤衛隊の標的にされているのではないか、彼らは自分を殺しに来るのではないか、と真剣に案じた。赤衛隊の一部には、略奪者や無法者もいたからである。そのため事態を危ぶんだカヤヌスは一家を安全なヘルシンキに移動させようと計画し、赤衛隊と交渉。最初はアイノラに留まる意向を示したシベリウスだったが、カヤヌスの説得にしぶしぶ応じ、弟クリスティアンの勤務するヘルシンキのラピンラハティ心療病院へ家族と一緒に向かうことにする。しかしヘルシンキの食糧難も深刻で、シベリウスは二ヵ月あまりの滞在で体重が二〇キロも減ってしまった。

この内戦中、肉体的にも精神的にも極限状況におかれたシベリウスだったが、創作意欲が減衰したわけではなかった。ラピンラハティ心療病院という異質な場所で過ごしていた折も、国立ヘルシンキ青年合唱団の委嘱を受けた作曲家は、注目のカンタータ《われらの国》作品九二（カッリオ詩）をほとばしる筆致で一気に書き上げている。このカンタータに見出される清らかな賛歌風の曲調は、たとえ地獄のような日々、死と隣り合わせの日常であっても、透明な眼差しで未来を切り開こうとする人間の意志力にあふれている。そしてこの強靭なヴァイタリティこそ、交響曲第五番の根底を貫いている本質的な原動力でもあったのだが、肝心な交響曲の改訂は相変わらず迷路にはまってしまい、時間ばかりが過ぎていった。

一九一八年冬、シベリウスはトゥルクに設立予定のオーボ・アカデミーより落成記念カンタータの委嘱を受ける。翌一九年二月初旬、アカデミーと打ち合わせをするため、カンタータ《大地の歌》作品九三（ヤール・ヘンメル詩。落成が半年ほど延期されたため、初演は同年秋まで持ち越される。なお破格の報酬六〇〇〇マルッカのお陰で、ようやくアイノラに電気が供給されるようになる）を携えてトゥルクに赴いたシベリウスは、病に伏せていたカルペランと久しぶりに顔を合わせている。しかしこれが二人の最後の面会になってしまった。交響曲第五番との壮絶な格闘ですっかり疲れ果てた様子のシベリウスを見かねたカルペランは、作曲家がトゥルクを去った後、彼に励ましの手紙を何通も送り続ける。そこには、二年前に聴いた第五番の中間稿の印象について、鮮烈なコメント――第一楽章と第二楽章の結合は本当に素晴らしい、緩徐楽章は少し単調ではないか、全体的にみて形式構成がとても革新的である、など――が節々に記されていた。手紙を受け取ったシベリウスは友人のアドヴァイスに心から感謝し、交響曲の改訂に拍車をかけることにする。

だが一九一九年三月下旬、ついにカルペランは力尽きてしまう。危篤に陥った彼は、シベリウスに「酷い痛みだ。もう薬ではどうしようもない。親愛なるヤンネ、これまで本当にあり難う。そして、さようなら。君とアイノに心からの祝福を」と書いた最後の葉書を送り、同月二十四日、永遠の眠りにつくのである。愛する友人の訃報に接して愕然としたシベリウスは、「カルペランがいなくなってしまった。これから私は、いったい誰のために作曲すればよいのだろう」（一九一九年三月二十九日）と絶望的な心境を日記に綴っている。交響曲第五番の改訂にようやくピリオドが打たれ、最終稿が完成したのは、その一ヵ月後のことだ。

シベリウス五十歳の誕生日に華々しく披露された祝祭的な交響曲第五番は、かくして長期にわたる改訂の結果、図らずも「カルペランへのレクイエム」（イギリスの音楽学者アンドリュー・バーネットの言葉）という形で完結する。悲劇的な第一次世界大戦と自国の内戦を経験した円熟期の作曲家は、苦渋の数年間、第五番の困難きわまる修正作業とともに世界と向き合い続けた。この傑作交響曲に見出される巨大なサウンド、型破りの形式構成、そして祝祭的な音調の奥に佇む深い悲しみ、その実存的奥行きは、上記の特異な創作背景と無関係ではあるまい。第五番の最終稿は一九一九年十一月二十四日、フィンランド初代大統領カールロ・ストールベルィが臨席するなか、ヘルシンキ大学講堂で厳かに初演されている。

晩年の創作活動（一九一九〜一九二六）

海外遠征の再開とアメリカからの招聘

一九一五年三月のエーテボリ公演以来、シベリウスはフィンランド国内での「孤立」を余儀なくされていたが、ようやく四年ぶりに海外遠征の機会を得ることになる。一九一九年六月にコペンハーゲンで開催される北欧音楽祭への参加であった。この盛大な音楽祭にはカヤヌスやシベリウスのほか、若手のメラルティンやパルムグレンらも加わり、「新しいフィンランド音楽」が北欧諸国に紹介されている（特に注目を集めたのはパルムグレンのピアノ協奏曲第三番《変容》〔一九一五〕）。当然ながらシベリウスは、一ヵ月前に完成したばかりの自信作、交響曲第五番（最終稿）を披露したかった。ところが旧態依然とした主催者側の強い意向で第二番の指揮が求められたため、音楽祭の間中、鬱屈していたという。ちなみに同音楽祭のクライマックスを華々しく飾ったのはシベリウスの第二番ではなく、デンマークの作曲家カール・ニルセンの鮮烈な交響曲第四番《不滅》（一九一六）だった。なお、この機会にシベリウスとニルセンは久しぶりに顔を合わせているが、気質の相違からだろうか、両者の親交が大きく進展することはなかった。

この北欧音楽祭に参加してから、シベリウスは再び海外諸国へ積極的に目を向けるようになる。

そうした折、ベルリン留学時代の旧友で、アメリカに移住していたノルウェー人ピアニスト、アルフ・クリンゲンベルク（一八六七〜一九四四）が突然シベリウスにコンタクトを取ってきた。その用件は、「来年、開校予定のイーストマン音楽学校に作曲の教授として貴殿を招聘したい」（シベリウス宛の手紙、一九二〇年一月十九日付）というものだった。クリンゲンベルクはニューヨーク州ロチェスターのイーストマン音楽学校の初代校長に就いた人物（彼の後任は「アメリカのシベリウス」の異名で知られる作曲家ハワード・ハンソン）であり、シベリウスに年間二万ドルという破格の条件を提示する。第一次世界大戦後の極端なインフレにより、年金や印税が当てにできなくなっていたシベリウスにとって、その申し出は——かつてウィーン音楽院から打診された作曲教師ポストの一件を思い起こさせるが——とてもあり難い話だったに違いない。アイノラまで訪れて執拗に説得するクリンゲンベルクの熱意に押されたシベリウスは翌一九二一年一月、熟考の末、何と彼の申し出を受け入れている。当時の彼の経済状態は、それほどひっ迫していたのである。

数週間後、クイーンズ・ホールの支配人ロバート・ニューマンの招待を受けたシベリウスは、交響曲第三番、第四番、第五番を含むタイトな公演スケジュールをこなすため、イギリスへと向かった。それを支援したのはニューマーチだったが、彼女はシベリウスがイギリスに滞在している間、「イーストマン音楽学校の招聘を絶対に受けてはいけません」と作曲家をしぶとく説き伏せ続ける。そして仕舞いには、以下の手紙をシベリウスに送るのだった。「若いアメリカ人にシベリウス風の和声やオーケストレーションを教えることに何の意味があるのでしょう。それは、彼らがあなたの作品を勉強すればよいだけです。あなたは私たちの時代のもっとも偉大な作曲家であって、教育者ではありません。自分の使命を自覚してくださ い。タバコもお酒も控えて交響曲第六番に集中すること、それを 私たちは望んでいるのです」(一九二一年三月七日付)。ニューマー チの率直な言葉が後押しとなったのか、アメリカ行きを心の底で 望んでいなかったシベリウスは結局、クリンゲンベルクの申し出 を断ることにする(なお同ポストはシンディングが得るものの、すぐに パルムグレンへと引き継がれている)。

ローザ・ニューマーチ

シベリウスはこの一ヵ月あまりにわたるイギリス滞在の間、若 き天才ピアニスト、ハリエット・コーエンやヴォーン・ウィリアムズと面識を持ったほか、徐々 に頭角を現してきた指揮者エイドリアン・ボールトとも交流している。またシベリウスと同じよ うに、戦後のインフレで経済的窮地に陥り、イギリスやフランスでのコンサート活動に忙しく追 われる羽目になったブゾーニと久しぶりに会って、旧交を温めてもいる。今回の遠征公演でシベ リウスは、これまで不評だった交響曲第四番がイギリスの聴衆に理解され始めたことを喜んだ。 しかし第五番に関してはいささか状況が異なり、才気あふれるコーエンに向けて「あなたは間違 いなく、私の第五番を分かってくださる半ダースの人物の一人です」と語らざるをえなかった。 第五番の表現世界が広く受け入れられるには、シベリウスを敬愛するイギリス音楽界においてさ え、もうしばらくの時間を要することになる。

シベリウスにとっては今回が最後のイギリス訪問になったが、その後ボールトをはじめ、トーマス・ビーチャム、ヘンリー・ウッド、アンソニー・コリンズ、マルコム・サージェント、ジョン・バルビローリら、優れたイギリス人指揮者がシベリウス音楽の解釈に続々と新たな息吹をもたらすようになる。ただし遠征公演を無事に終えてイギリスを心地よく後にしたシベリウスが、旧友ブゾーニやニューマーチ、バントック、ウッドらと再び相見えることは二度となかった。

弟クリスティアンの死とフリーメイソンへの入会

イギリス訪問の帰路、シベリウスはノルウェーでもコンサートを行い、トロールハウゲンまで足を延ばしてグリーグの家を訪れている。そして四月初旬にようやく帰国し、フィンランドで初めて開催されることになった北欧音楽祭にて自作を指揮するなど、多忙な日々が続く。その後も経済的な事情から小品の創作に追われたため、懸案となっていた交響曲第六番の創作になかなか集中できないでいた。

そうしたなか、一九二二年にはシベリウス晩年の創作活動にかなりの影響をおよぼすことになる出来事が立て続けに起こっている。一つ目は、愛する弟クリスティアンの死である。三年前にカルペランが亡くなってから、シベリウスは耐え難い喪失感に苛まれていた。それに追い打ちをかけるように、今度は働き盛りの弟が不治の病に侵されたことを知るのである。三歳半年下の温和な弟が自分よりも早く亡くなるなど、シベリウスはまったく想像できなかったろう。しかし同年七月二日、ついにクリスティアンは五十三歳の若さでこの世を去ってしまう。弟を失ったシベリウスの悲しみは相当なもので、ようやく真剣に向かい始めた交響曲第六番の創作にも深刻な支障をきたしてしまうほどだった。

二つ目は、友愛結社フリーメイソンへの入会である。かつてスウェーデン統治時代の一七五六年、フィンランドで初めてフリーメイソンが結成されるが、一八二二年以降、ロシア帝国がその活動を厳しく禁止。同結社が「スオミ・ロッジNo.1」として再び活動を開始したのは、フィンランド独立後の一九二二年八月十八日のことだ。それに伴いシベリウスは、その日の内に二十六名のメンバーと一緒にさっそく同結社へ入会している。創作活動や海外公演で多忙な彼は、フリーメイソンの活動に必ずしも積極的なわけではなかった。しかし儀式の際、オルガニストを数回務めたほか、同結社のために特別な音楽を提供する約束もしている（後に《フリーメイソンの儀式音楽》作品一一三〔一九二七、後に改訂・増補〕として結実）。

どうしてシベリウスは、何の躊躇もなくフリーメイソンに入会したのか。その真相は不明だが、忌まわしい戦争体験、カルペランやクリスティアンの死、あるいは日々増大していく孤独感が老齢に向かいつつあった作曲家の宗教観、死生観に何らかの影響を与えた可能性も考えられる。ちなみに当時のシベリウスの内面世界が端的に表れているのは、同年十二月に発表された弦楽四重奏曲《アンダンテ・フェスティヴォ》JS三四aだろう。このささやかな作品は、フィンランド中部の都市ユヴァスキュラ近郊にあるサウナトサロ製作所の祝賀行事のために創作された委嘱作である（依頼主は当初、祝祭カンタータを希望したが、シベリウスの意向で弦楽四重奏曲に変更）。したがって厳密にいえば、作曲者の内的衝動から生まれた音楽ではない。だが、この作品全体を貫いている要素、たとえば天空に大きな弧を描くようなみずみずしい旋律、オルガンの響きを思わせる清らかさ、慈しみ、その軽やかさ、透明感は、円熟期以降のシベリウスが目指し続けてきた表現世界の一端を指し示していよう。

交響曲第六番

上記の要素は、《アンダンテ・フェスティヴォ》発表直後に完成した交響曲第六番にもはっきり見て取れる。この清澄な交響曲が初演されたのは一九二三年二月だが、具体的な着想から完成までに要した期間はきわめて長く、およそ八年半にもわたる。その間、第六番の楽想のいくつかは並行して取り組まれた交響曲第五番のほか、ヴァイオリン協奏曲第二番（ヴァイオリン協奏曲Ⅱ／コンチェルト・リリコ〈叙情的協奏曲〉）や、『カレワラ』を題材とした《クータル》（「月の乙女」の意味）というタイトルの交響詩などにも次々と転用（二曲とも構想倒れに終わる）。素材としての潜在的可能性、さらにはその詩的イメージが、あらゆる角度から探求されている。大作の場合、精選した楽想を長期にわたり熟成させながら徹底的に推敲するのがシベリウスの基本的な方法であり、その意味で第六番の創作プロセスは、彼の作曲手順のいわば縮図のような様相を呈しているのである。

交響曲第六番は、前作の第五番と対照的な佇まいをみせている。そのためだろうか、ヘルシンキでの初演に臨んだ聴き手のなかには、劇的コントラストとクライマックスの欠如を指摘しつつ、新作交響曲にネガティヴな見方をする者もいた。それに対して、評論家カティラは次の印象深い批評を寄せている。「第五番の堂々たる祝祭的ドラマと違い、柔らかく、しなやかな性格の第六番は純粋に牧歌的だ。第六番は、交響曲という衣をまとった一編の詩である。全体の雰囲気は静穏で、フィンランドの晩夏のような光輝を仄（ほの）かに放っている」。カティラが第六番に抱いた詩的イメージ。それは、同交響曲の構造が古典的な調性システムとは本質的に異なるドリア旋法にもとづいていることと深く関係していよう。

　作曲者自身によると、「〔交響曲第六番の各楽章は〕形式的にまったく自由です。それらは、いずれも慣習的なソナタ形式の図式にしたがっていません」（『スヴェンスカ・ダーグブラーデット』誌、一九二三年三月のストックホルム遠征公演でのインタヴュー）という。確かにソナタ形式やロンド形式に代表される従来の構成においては、いくつかの対照的な調域の配置（たとえばハ長調とト長調、ニ短調とヘ長調など）とそのコントラストを主軸に、メリハリある展開を構築するのが一般的であった。しかし第六番の発想は上記と根本的に異なり、ドリア旋法のそれが大胆に応用されたことで、明確な調的コントラストの形成と慣習的な形式デザインの踏襲が退けられている。その結果、交響曲全体が光と影の織りなす幻想的な風景画のような趣きをたたえることになったのである。

　最初期の《クレルヴォ》以降、シベリウスはさまざまな旋法を巧みに用い、時空を超えた「遥かな響き」を生み出そうと試みてきたが、第六番はその集大成である。この交響曲においてシベリウスは、ついに伝統的な時代の枠組みを音楽の構造レヴェルで超越したといってよい。

スウェーデン、イタリアへの演奏旅行

交響曲第六番の初演後、シベリウスはアイノと一緒にスウェーデン、イタリアへ長期の演奏旅行に出掛けている。一九二三年三月初旬に行われたストックホルム公演では《エン・サガ》や交響曲第二番、第六番などが取り上げられたが、意外にもこれがシベリウスにとってスウェーデンでの指揮者デビューだった。その後シベリウス夫妻はベルリンを経由してイタリアへ向かい、ローマで再び第二番をメインにしたコンサートを開催。ローマの聴衆は、アルトゥーロ・トスカニーニやヴィクトル・デ・サバタの指揮で、《エン・サガ》と〈トゥオネラの白鳥〉の二曲をすでに耳にしていた。しかし同地の批評を参照すると、イタリアの評論家がシベリウス自身の指揮による第二番の演奏に心を傾けることはなかったようだ。

イタリアからの帰路、シベリウス夫妻はもう一度ベルリンに立ち寄り、病床にあったブゾーニを訪ねることにする。ところがアイノの回想によると、ブゾーニ宅を訪問した夫妻はイェルダ夫人から「夫の具合はとても悪く、お会いすることができません」と告げられ、玄関先で面会を断られてしまう。それに気を悪くしたシベリウスは、しばらくして「フェルッチョの調子がよくなったので、是非ともお会いしたいとのことです」と夫人が電話で伝えてきたにもかかわらず、ブゾーニに会いに行かなかった。翌二四年七月、友人が亡くなったことを知ると、シベリウスはその時の無礼を恥じて激しい後悔に苛まれたという。

続いてシベリウス夫妻は、エーテボリで予定されていたコンサートのため再度スウェーデンに

滞在するが、ここで一つの「事件」が起こる。コンサート当日の午前中、《オセアニデス》や交響曲第二番のリハーサルをスムーズに終えたシベリウスは街に繰り出し、レストランで好物の牡蠣とシャンパンを楽しむことにした。しかし、本番の時刻が近づいてもシベリウスの姿が見当たらず、パニックに陥った主催者は作曲家の捜索に奔走。ようやくシベリウスを見つけ、大急ぎで会場に連れ戻したものの、酩酊状態の彼はリハーサルと本番を取り違えてしまい、オーケストラの演奏を途中で中断するという大失態を演じてしまったのである。それを客席で目の当たりにしたアイノは、あまりの恥ずかしさに全身が凍り付いたらしい。この出来事を機に、アイノは夫の海外遠征の同伴をいっさい拒否するようになる。一方、シベリウス側は「かつて止めた酒だけれども、今や唯一の忠実な伴侶だ」（一九二三年十一月十一日の日記）というような状態で、作曲時でさえしばしばアルコールが手放せなくなる。数年前から酷く悩まされていた手の震えも、酒を飲めば沈静したという。このように異様な状況だったため、家庭を切り盛りするアイノの気苦労が絶えることはなかった。

交響曲第七番

一九二三年四月中旬に演奏旅行から帰国したシベリウスは、ヴィープリでのコンサートをもう一つこなした後、長らく計画していた交響曲第七番に集中して取り組み始める。彼が第七番の構想に日記で初めて触れたのは一九一七年十二月十八日だが、翌年カルペランへ向けて以下の具体的絵図を伝えているから、それは五年越しの創作ということになる。「第七番は人生の喜びとヴァイタリティに満ちあふれ、情熱的な部分も伴うでしょう。三つの楽章からなり、フィナーレは『ヘレニック〔ギリシャ的な〕・ロンド』の予定です。〔中略〕第六番と第七番に関しては、楽想次第で計画が変わるかもしれません。私は楽想の潜在的可能性と、その〔形式化への〕要求にしたがうつもりです」（一九一八年五月二十日付の手紙）。なお、この手紙でも触れられている第七番の楽想の一部は、一九一四年から一五年にかけて書き留められたスケッチの内に早くも見出すことができる。例によって熟成に多大な時間を要した第七番の楽想のいくつかに第五番や第六番、未完の交響詩《クータル》などの素材が転用された可能性も指摘されているのは、そのためである。

カルペラン宛の手紙からうかがえるように、交響曲第七番は当初、三楽章構成になる予定だった。しかし一九二〇年代初頭に書き記された草稿は、第七番の創作の筆が実際には四楽章構成で進められたことを示している。この時点でシベリウスは、緩やかな第二楽章をハ長調、それ以外の楽章をト短調でイメージしていた。ところがその後一九二三年の段階で、彼は楽想を厳しく推敲した結果、第二楽章を全体から切り離し、独立した曲として扱う決心をする。そして同作品（同楽章）の内に上記計画の第一および第四楽章の素材の一部を導入することで、単一楽章ではあるものの、他楽章の要素も精妙に取り入れた音楽へと曲全体の形を大きく変貌させるのである。

かくして作品は一九二四年三月に完成する。だが最後に一つのきわどいジレンマがシベリウスを悩ますことになった。曲の名称である。おそらくシベリウスは、単一楽章形式というユニークな構成が従来の交響曲の範疇を超えてしまった、と考えたのだろう。同年三月二十四日にストックホルムで初演された際、作品には交響曲第七番ではなく、「交響的幻想曲」というタイトルが与えられるのである。また、その半年後に行われたコペンハーゲン公演でも、同じタイトルが用いられている（いずれも作曲者自身の指揮）。しかしながら翌年、熟考を重ねた彼は曲の出版に際して、「もっとも妥当な名称は交響曲第七番（単一楽章による）です」（一九二五年二月二十五日付の手紙）とハンセン社に伝え、結局それを番号付き交響曲の系列へと正式に取り入れるのだった。

交響的問題の解決と新しい方向の模索

こうした経緯で成立した交響曲第七番は、シベリウスの創作活動全体に興味深い光を投げかけているので、ポイントをいくつか整理しておこう。

最初に挙げたいのは、交響曲としては珍しくも単一楽章形式が取られた点である。この独自のデザインは、「音楽を凝縮する」という難問を長年にわたり探求し続けたシベリウスの必然的到達点、あるいは究極の解答と一般にみなされている。確かに同様の試みは、すでに交響曲第三番の第三楽章（スケルツォ＋フィナーレ）や第五番の第一楽章（冒頭楽章＋スケルツォ）にも見出すことができる。しかし先にも指摘したが、シベリウスは実際のところ、最初から単一楽章形式を目指して第七番に取り組んだわけではない。それは創作プロセスで試行錯誤を重ねた結果、たどり着いた解答の一つに過ぎなかった。したがって第七番においてむしろ注目すべきは、シベリウスの発想の柔軟性と、楽想の潜在的可能性を見きわめる洞察力の方であろう。また、そもそも第七番の構成に関しては「複数の楽章が合体、融合して単一楽章に至った」というより、「緩徐楽章を全体の素地とし、そこに両端楽章の要素を導入することで他楽章の性格も織り込まれた」とみる方が正しい。

次に挙げられるのは、作品の名称をめぐる複雑な経緯が示唆するように、熟達した作曲家シベリウスでさえ、近代交響曲のコンセプトが最後まで決して自明なものではなかった点である。シベリウスは交響曲第七番の創作時に至るまで、「交響曲とはいったい何なのか」という根源的な疑問をひたすら抱き続けた。そしてこの美学的問題に一つの重要なヒントを与えてくれたのが、件（くだん）の交響的幻想曲のアイデアなのである。

シベリウスが「交響的幻想曲」という言葉を日記や手紙にしばしば書き綴るようになるのは一九〇五年頃からであり、やがてそれは彼の創作活動を力強く導く羅針盤の役割を果たし始める。残念ながらシベリウスはその意味をはっきり定義しなかったが、交響曲第五番の最終稿が完成した際、「第一楽章〔初稿の第一と第二楽章を融合したもの〕を他と切り離し、独立させて『交響的幻想曲I』と呼ぼう」（一九一九年四月二十八日の日記。なお同着想は取り下げられた）と記した事実が伝えられている。この興味深いエピソードから、シベリウスにおける交響的幻想曲の名称は、大規模な管弦楽曲――特に標題を持たない交響曲――の創作で「慣習的な図式」を大幅に逸脱した場合、伝統的なジャンルの内実と自分の創作実践を明確に区別するために用いられた、と考えてよいだろう。しかし第七番の創作を通して、結局シベリウスは交響的幻想曲のアイデアを交響曲の観念の内に発展的に取り入れる形で解消し、積年の問題に最終的な決着を図ったのである。

そして最後に指摘しておきたいのは、第七番との闘いにピリオドを打ったシベリウスが、次なる交響曲に挑戦すべく直ちに新たな構想を描いた点である。しかも彼はシュネーヴォイクトに向けて、「交響曲第八番は第七番の延長上ではなく、第二番に近い規模とスタイルを持つことになろう」と告げたらしい。シベリウスの構想がシュネーヴォイクトを大いに驚嘆、混乱させたことは想像に難くない。しかし逆にいうと、その言葉は作曲者が第七番の出来栄えに確たる自信を抱いていた証拠でもある。交響曲において一つの創作段階を乗り越えた場合、次の作品ではそれと異なる新たな表現世界へ大胆にシフトするのが、いわばシベリウス流だった。かくして第七番で一つの大きなハードルを超えたシベリウスは、まったく別の視点から第八番の創作に挑むのだが、その詳細は次章で改めて触れることにしよう。

劇付随音楽《テンペスト》

一九一四年から二四年まで継続的に集中した交響曲第五番、第六番、第七番の創作に決着をつけたシベリウスは、強烈なストレスからようやく解放される。だがそれと同時に、精神的な虚脱感にも襲われるのだった。およそ十年もの長期にわたり一連の交響曲に並行して挑み続け、それらを完成させたシベリウスは、続いてどのような音楽の作曲を心の底で求めたのだろう。おそらくそれは——急いで絵図を描いてみたものの——第八番ではなく、交響曲とはまったく違うジャンルだったに違いない。

シベリウスがハンセン社から以下の手紙を受け取ったのは、ちょうどそうしたタイミングだった。「［シェイクスピアの］『テンペスト』に何か付曲されたことはございますか。実はコペンハーゲン王立劇場が同劇を上演するにあたり、貴殿に付随音楽を依頼したいそうです」（一九二五年五月一日付）。異例にもその後、コペンハーゲン王立劇場の演出家で俳優のヨハンネス・ポウルセン（一八八一〜一九三八）がシベリウスとプロジェクトの中身を話し合うため、数週間ほどヘルシンキを訪れている。演出家としては斬新な解釈で知られるポウルセンだったが、《スカラムーシュ》作品七一の初演で主役を演じたこともあり、シベリウスとの関係性は築かれていた（ちなみにアダム・エーレンシュレーヤーの戯曲『アラジン』をめぐり、付随音楽を作曲したニルセンとそれに独特な解釈を加えたポウルセンの激しい衝突は有名。なお《スカラムーシュ》の作曲は一九一三年だが、初演は大幅に遅れて一九二二年に行われている）。

シベリウスはシェイクスピアのロマンス劇への付曲に何か運命的なものを感じたのか、ポウルセンと会う前、興奮しながら「『テンペスト』の付随音楽にはとても興味がございます」（一九二五年六月二日付の手紙）とデンマークの音楽評論家グンナル・ハウフに書き送っている。もしかしたらシベリウスは、二十四年前にカルペランが述べた「プロスペロ（魔術師）、ミランダ、大地や大気の精など――『テンペスト』はあなたにとって理想的な題材です」（一九〇一年二月二十八日付の手紙）という言葉を思い出したのかもしれない。確かにシェイクスピアの『テンペスト』は、シベリウスを惹きつける要素に満ちあふれていた。絶海の孤島で魔術を使う公爵プロスペロは『カレワラ』の英雄ヴァイナモイネンに通ずる佇まいをみせているし、その娘ミランダは無垢なもの、

シベリウス（1923年）

精霊エアリエルと怪物キャリバンはそれぞれ霊的なものとデモーニッシュなものを象徴している。そして自分を追放した者に向けられたプロスペロの憎悪と復讐、王子ファーディナンドとミランダの愛、最後に訪れる和解、精神的な束縛からの解放……。『カレワラ』同様、あらゆる時代に共通する事象のエッセンスを鋭く捉え、普遍的に訴えかけるシェイクスピアの古典性にシベリウスが深く共鳴したのは、むしろ当然だった。

管弦楽のほか、独唱、合唱、ハーモニウムも加わる《テンペスト》JS一八二は、演奏におよそ一時間を要する巨大な劇付随音楽である。だがコペンハーゲン王立劇場の要望（締切）もあって驚くほどの速筆で作曲され、一九二五年五月末から九月初旬の三ヵ月で三十曲あまりが一気に書き上げられている。しかも自筆譜（フィンランド国立図書館所蔵）の筆致は整然としており、後期交響曲のそれに見出されるような試行錯誤の痕跡がいっさい認められない。その理由は、シベリウスがこれまで書き留めてきた楽想の数々を、《テンペスト》に惜しみなく注ぎ込んだからだろう。また各曲は珠玉の小品であり、交響曲のように複雑な構成が求められることもなかった。

《テンペスト》の初演は大幅に遅れたが、後にシベリウスがヴィルヘルム・ハンセンに語った以下の言葉が創作の裏事情を伝えてくれる（ハウフの説明によると、初演の遅延は王立劇場がドビュッシーの《ペレアスとメリザンド》とストラヴィンスキーの《ペトルーシュカ》を先に取り上げなければならなかったため。なお作曲者は初演に携わっていない）。「《テンペスト》には綿密に展開すべきモティーフ〔楽想〕がたくさんございました。劇の縛りもあり、ほんのスケッチ程度にしかそれらを扱うことができなかったのが心残りです」。もっとも、この言葉はシベリウスが《テンペスト》の仕事に満足しなかったという意味ではなく、年々厳しさを増していく芸術家の自己批判の現れとみるべきだろう。これまで何度も述べたように、シベリウスは作品の質に対して絶対に妥協を許さず、徹底的に推敲を重ねるタイプの作曲家だが、一九二〇年代に入るとその傾向がいっそう強まっていく。そしてついには「仕事が以前のようにはかどらないし、強烈な自己批判がコントロールできないレヴェルに達してしまった」（一九二四年一月六日の日記）ようで、それがシベリウス晩年の作曲活動、とりわけ大規模な管弦楽曲の創作を大きく鈍らせる要因の一つになったと思われる。

交響詩《タピオラ》

一九二五年十二月八日、シベリウスは六十歳を迎えた。誕生日の前後は家族だけで静かに過ごそうとした作曲家だが、もちろんそうもいかず、カヤヌスが大々的な祝賀コンサートを開催。またフィンランド大統領ラウリ・レランデルが誕生日当日、ヘルシンキの長女エヴァ宅に滞在していたシベリウスを公式に訪れて白薔薇勲章を授与している。一方、経済的な支援もあった。市民より二七万五〇〇〇マルッカもの寄付が集まったほか、フィンランド議会がシベリウスの年金を大幅に引き上げる決定を行ったのである。当初三〇〇〇マルッカだった彼の年金額は一九一二年に五〇〇〇、第一次世界大戦後の一九年に八〇〇〇、そして二一年に三万マルッカへと段階的に増額されたが、今回の決定で二六年から一〇万マルッカに引き上げられることになった（ただしフィンランド独立後のインフレで貨幣価値が三分の一以下になったので、実際は額面通りの増額ではない）。こうした支援により、シベリウスの財政状況はようやく好転している。

その余韻も冷めやらぬ翌一九二六年初頭、一通の電報がシベリウスに送られてきた。差出人はニューヨーク交響楽団の指揮者ダムロッシュで、「今年十一月に開催予定のコンサートに向けて貴殿に新作交響詩を依頼します」（一九二六年一月四日付）という内容だった。それはまったく突然の申し出にもかかわらず、シベリウスは依頼を快く引き受けることにする。喜んだダムロッシュは直ちに返信し、「題材の選択と曲の形式につきましては、もちろんお任せします。ただし規模は十五分程度か、少なくとも二十分を越えないようにしてください」（同年一月十一日付の手紙）と伝えてきた。このように思いがけない経緯で着手することになったのが、交響詩《タピオラ》作品一一二である。

シベリウスは《タピオラ》の作曲をイタリアで行うことに決め、同年三月二十日、スケッチを携えてローマに向かう。出発を数日早めれば《テンペスト》の初演（指揮はヨハン・ヒュエ＝クヌーセン）に立ち会えたのだが、シベリウスがどうしてコペンハーゲンを訪れなかったのか、その理由は不明だ。ローマでは幼馴染みのコノウと一緒に過ごし、二人でカプリまで足を延ばすなど、南国の春を心おきなく満喫している。そして五月中旬に帰国する頃には「《タピオラ》はほとんど書き終えたよ」（アイノ宛の手紙、同年四月二十九日付）という状況で、とても順調な仕事ぶりにみえた。

ところがその後、厄介な問題が生じてしまう。別の委嘱作《ヴァイノの歌》作品一一〇（『カレワラ』第四三章にもとづくカンタータ）の作曲に追われ、八月末まで完成がずれ込んでしまった《タピオラ》の自筆譜を出版元のブライトコプフ社に送った直後、シベリウスは曲の出来栄えに底知れぬ不安を覚えるのである。さらに彼はダムロッシュの依頼を引き受けたこと自体、酷く後悔してしまう。コントロールできないレヴェルに達した自己批判――作曲家の心を突き刺すように襲ったのは、まさにそれであった。シベリウスは急いで行動に移す。曲に修正を加えるため至急、印刷を中止して自筆譜を送り返すよう、ブライトコプフ社に連絡するのである（同年九月十六日・十七日付の電報）。スコアのみならずパート譜もほぼ仕上がっていたが、同社は作業をいったん中断。スコアの校正刷りをアイノラに送付する。《タピオラ》の小包が届けられたのは、シベリウスがコペンハーゲンへの演奏旅行に向けてあわただしく準備に追われていた時だった（このコンサートはハウフの招聘によるもので、シベリウス最後の海外遠征公演となる）。さっそく彼は曲の手直しに着手。しかし実のところ数日かけて施されたのは、「ほんのわずかな修正」に過ぎなかった……。ドイツの老舗出版社をも巻き込んだこの騒動は、晩年シベリウスの異様に神経質な心理状態をうかがわせる興味深いエピソードといえるだろう。

《タピオラ》の初演は一九二六年十二月二十六日、ダムロッシュ指揮、ニューヨーク交響楽団によって行われた。しかし聴衆の反応は芳しくなく、シベリウスを敬愛するアメリカの音楽評論家オリン・ダウンズ（一八八六～一九五五）でさえ積極的な評価をためらっている。陶酔や官能をいっさい拒否し、一貫してモノクロームな峻厳さが際立つ《タピオラ》の世界観を直ちに理解するのは、確かに至難の業だろう。そのストイックな音調に比肩しうるのは、シベリウスの全作品のなかでも交響曲第四番をおいて他にない。網目のように張り巡らされた緻密な動機連関、楽想それ自体が永遠に自己生成していくような有機的変奏、太古の悠然とした時間感覚（テンポ）、それらを根底で支える巨大なエネルギー――《タピオラ》の表現世界には、事象の背後に存在する大地や大気の生命力、根源力がみなぎるように息づいている。その意味で《タピオラ》は、シベリウスの描いた究極の心象風景と、彼の高度な作曲技法が見事に一致した稀有なる傑作といってよい。

創作の苦悩とヤルヴェンパーの沈黙（一九二七〜一九五七）

新たな方向を目指して

六十歳で交響詩《タピオラ》を作曲した後もシベリウスは創作意欲を失わず、さらに未知なる世界を力強く切り開こうとしていく。これから先、およそ三十年にわたる彼の苦悩に満ちた——しかし必ずしも実り豊かなものではなかった——創作活動を描写するには、数少ない新作、改訂作のほか、発表を望まなかったため作曲者により破棄されたという大作、交響曲第八番について触れなければならない。そこで第八番は後で個別に扱うことにし、まずは一九二七年以降に発表、改訂された作品に着目しながらシベリウス最晩年の状況を追ってみよう。

一九二七年、年金の増額と市民の寄付で経済的な安定を得たシベリウスは、これまで長年苦しめられてきた借金の重圧からついに解放される。加えて同年夏、フィンランドで著作権の法律が整えられ（翌二八年、同国はベルヌ条約に加入）、より確実に印税収入が見込まれるようになる。こうして人生で初めて経済的余裕に恵まれたシベリウスは、懸案となっていた《フリーメイソンの儀式音楽》を同年一月十二日に発表した後、アイノとパリへ向かうのだった。その目的の一つは創作の刺激を得るためであり、夫妻は数々のコンサートに出向いている。シベリウスは今回、とりわけアルベール・ルーセルとフローラン・シュミットの作品に興味を抱いたようだが、自分と異質の音楽をシャワーのように浴びて視点を切り替えるのが、新たな創作段階に入ったシベリウスの習慣でもあった。アイノの回想によると、パリでの数ヵ月間、夫はきわめて創作意欲にあふれていたという。

帰国後、シベリウスはコラール《高貴なる天》JS五八aを作曲。また、劇付随音楽《テンペスト》をコンサート組曲へと改編する作業に従事する。《序曲》作品一〇九の一と、それぞれ九つの小品からなる二つの《テンペスト組曲》作品一〇九の二および三は、オリジナルの素晴らしい部分が奇妙に短縮、省略（特に〈プロスペロ〉の中間部の省略は惜しい）されてしまった上、各曲の配置も劇の流れに即していない。その意味で完全に成功しているとはいい難いが、一瞬一瞬に凝縮された作曲家のインスピレーションは、もちろん組曲でも随所に味わうことができる。

続く一九二八年、シベリウスはベルリンへ赴いて交響曲第八番の創作に勤しむものの実り少なく、同年に完成した新作はテノール歌手ヴァイノ・ソラの要望で着手した《橋の守り》JS一七〇だけである。しかし翌二九年にはいぶし銀のような小品が集中的に手掛けられ、ピアノのための《五つのスケッチ》作品一一四、ヴァイオリンとピアノのための《四つの小品》作品一一五と《三つの小品》作品一一六、ヴァイオリンと弦楽合奏のための《組曲》JS一八五が次々と生み出されている。なお同年十二月、イギリスの音楽評論家セシル・グレイがヘルシンキを訪れ、作曲家と面会していることが注目されよう。その二年後にグレイは有名な伝記『シベリウス』をオックスフォード大学出版局から上梓し、本格的なシベリウス研究の端緒を開くことになるからである（ただしグレイの著作は同時代イギリスの反ドイツ感情を反映しており、ワーグナーの影響を過小評価するなど、シベリウス像の描写に偏りが認められる点に留意しておきたい）。

一九三〇年代に入るとフィンランドも世界恐慌の波に襲われ、再び保守化、右傾化の動きがみられるようになる。そうしたなか、共産党の非合法化を求める「ラプア運動」が全国的に広がっていった。一九三〇年、同運動の熱烈な支持者から行進曲の創作を依頼されたシベリウスは、男声合唱曲《カレリアの運命》JS一〇八を発表する。ちなみに、みるみる過激さを増すようになったラプア運動はファシズム的様相を帯びるようになり、最終的に禁止されている。翌三一年三月七日、友人ガッレン＝カッレラが亡くなると、親族の強い要望でシベリウスはオルガンのための《悲しみの調べ》作品一一一bを作曲。その後、彼はベルリンへ赴いて交響曲第八番の創作に打ち込むが、滞在の終盤で胸膜炎を患うなど体調に不安な日々が続く（これがシベリウス最後の海外旅行となる）。フィンランドに帰国したシベリウスは同年八月十日、六十歳の誕生日を迎えた妻に四手連弾用ピアノ曲《愛するアイノへ》JS一六一をプレゼント。微笑ましいタイトルからはとても想像できないこの晦渋な作品は、シベリウス最後のピアノ曲となった。

なお、この頃注目されるのは七十歳を超えたカヤヌスの精力的活動であり、彼は一九三〇年と三二年、イギリスでシベリウスの交響曲第一番、第二番、第三番、第五番、《ポヒョラの娘》や《タピオラ》、劇付随音楽のいくつかを世界初録音している（オーケストラはロンドン交響楽団など）。これはグレイの伝記出版と並び、シベリウス作品の普及に大きく貢献した歴史的事業といえるだろう。かくしてシベリウス演奏史に輝かしい足跡を残したカヤヌスは一九三三年四月、五十年間勤め上げたヘルシンキ・フィルの指揮者ポストをライバルのシュネーヴォイクトに譲り、翌三三年に亡くなった。

一九三五年以降

一九三五年、シベリウスは二つの大きな記念イヴェントに関わることになる。まずは、フィンランドのカレワラ協会が企画した『カレワラ』出版百年祭だ。その目玉の一つとして、同叙事詩を題材にしたさまざまなシベリウス作品が演奏されることになったのである。しかも一連のコンサートでは、《カレリア序曲》《ポヒョラの娘》《火の起源》《ヴァイノの歌》《キュッリッキ》などのほか、驚くべきことに《クレルヴォ》の第三楽章〈クレルヴォとその妹〉と《レンミンカイネン》全曲も久しぶりに取り上げられている。それらのなかで特に好評を博したのは、未出版のまま埋もれていた〈レンミンカイネンと島の乙女たち〉と〈トゥオネラのレンミンカイネン〉の蘇演だったという（いずれも一八九七年稿が用いられた）。

そしてもう一つの記念イヴェントは、シベリウス七十歳の祝賀コンサートである。アルマス・ヤーネフェルト指揮、ヘルシンキ・フィルとフィンランド放送交響楽団の混成メンバーによるコンサートのプログラムは、前半に《フィンランディア》と交響曲第一番、後半に《テンペスト組曲》（抜粋）と《解放された女王》が組まれた。なお前半の二曲はアメリカにもラジオでライヴ中継されたが、コンサート後の祝宴にて今度はオットー・クレンペラー指揮、ニューヨーク・フィルがシベリウスの第二番（二つの楽章のみ）をフィンランドにサプライズ中継するという、大変手の込んだ内容だった。またリヒャルト・シュトラウス、ヴォーン・ウィリアムズ、オットリーノ・レスピーギら、各国の作曲家より祝電が届けられたほか、ドイツからはゲーテ・メダルも贈られている。

その四年後の一九三九年、ニューヨーク万博の開催に伴い、シベリウスは再び二つの重要なプロジェクトに携わる。一つ目は、アメリカに向けた自作指揮のラジオ中継である。これはダウンズの提案により同年一月一日に実現したもので、新年の挨拶とニューヨーク万博の祝賀という両意味合いがあった。この時、選ばれた作品は《アンダンテ・フェスティヴォ》JS三四b（ラジオ中継に合わせて弦楽合奏用に改編。オーケストラはフィンランド放送交響楽団）。幸いにも、そのライヴ演奏はフィンランド放送局が録音しており、シベリウス唯一の自作指揮として、今なお世界中で愛聴されている。

二つ目は、一九三五年の蘇演が好評だった《レンミンカイネン》全曲をニューヨーク万博で演奏するため、未出版だった前述二曲の改訂に踏み切ったことである（出版は大幅に遅れて一九五四年）。なかでも〈レンミンカイネンと島の乙女たち〉の手直しはきわめて大規模であり、シベリウスの最晩年におけるもっとも重要な仕事に数えることができる。もしこの修正が施されなかったら、ヴァイタリティあふれる同曲が今日、広く普及することもなかったろう。ちなみに、新たに生まれ変わった《レンミンカイネン》に関しては興味深いエピソードが伝えられている。一九五二年春、アイノと一緒にそれをレコードで聴いて大きな感銘を受けたシベリウスは、「この音楽にはアイノと私の二人だけに通ずる、かけがえのない何かがある」と妻に語ったというのである。夫から鮮烈な言葉を投げかけられたアイノもまた、「そう、私の一番大切な宝物よ」と返している。なお彼女の記憶によると、夫妻が聴いたのは〈レンミンカイネンと島の乙女たち〉と〈トゥオネラのレンミンカイネン〉の二曲で、ユージン・オーマンディ指揮、フィラデルフィア管弦楽団の演奏だった（したがって一九五一年盤であろう）。

だが皮肉なことに、「明日の世界の建設」「平和と自由」をテーマに掲げたニューヨーク万博開催中、全世界を巻き込んだ未曾有の第二次世界大戦が勃発する。この六年にもわたる大戦の間、フィンランドでは「冬戦争」「継続戦争」（対ソ連）、「ラップランド戦争」（対ドイツ）が立て続けに起こり、人びとは厳しい窮乏生活に再びあえぐことになる。大戦が始まった一九三九年から四一年にかけて、シベリウス夫妻は娘家族の住むヘルシンキにアパートを借り、アイノラと行き来しながら束の間の都会生活を送っていた。しかし継続戦争によるソ連側の無差別爆撃が始まる直前、夫妻はヘルシンキでの生活を切り上げざるをえなくなる。強大なソ連軍に抵抗するため、フィンランドはやむをえずドイツと政治的関係を深めるようになるが、シベリウスはヒトラー率いるナチスに対して終始、批判的な立場を取った。

こうした苦しい状況だったので、第二次世界大戦中にシベリウスが手掛けたのは、《五つのクリスマスの歌》作品一（第四・第五曲）や《急流下りの花嫁》作品三三のわずかな改編に止まった。そして悲惨な大戦も終局を迎えつつあった一九四四年か四五年のある日、一つの重大な決断を下したシベリウスは、ついに自ら破壊的な行動を取る。夫の死後、アイノが音楽学者タヴァッシェルナに伝えたところによると、その時の様子はこうだった。「一九四〇年代、アイノラでは大規模な『火刑』が行われました。夫が洗濯かごにたくさんの自筆譜をかき集めて、居間の暖炉に焼べ始めたのです。〔中略〕私はその恐ろしい光景に目を向けることができず、部屋を立ち去りました。だから夫が何の楽譜を焼いたのか、よく分かりません。でも、それから夫の表情は落ち着くようになり、気持ちも明るくなったのです。それはとても幸せな一時でした」。

手の震えと白内障を伴う眼の衰弱のため、この頃シベリウスは作曲時に大きな五線紙を用い、インクの代わりに鉛筆で音符を書くようになっていた。迫りくる老衰は作曲家の創作力を確実に奪いつつあったが、それにもかかわらず、前述の「火刑」後も彼は筆を取っている。その多くは《主よ、汝は偉大なり》JS五八bや《忘れ難きタイスへの賛歌》JS九七など、声楽曲のささやかな改編であった。しかし一九四六年、彼は《フリーメイソンの儀式音楽》に〈友愛の賛歌〉と〈賛歌〉（作品一一三の八・九）の二つを追加で作曲。それらはシベリウス最後の新作と考えられている（一九四八年には《フリーメイソンの儀式音楽》数曲に手直しも加えられた）。また、親しかった詩人グリペンベルィの死を悼んで手掛けられた《孤独なシュプール》JS七七bの弦楽合奏用への印象深い改編も忘れてはならない。

さらに一九五七年春、死を迎える数ヵ月前にシベリウスはフィンランドのバス歌手キム・ボルィの要望で、《クレルヴォの嘆き》と《来たれ、死よ》作品六〇の一に修正の手を加えている。その際、彼はもはや老衰で筆記できなかったので、ヤラスが口述を五線紙に書き写したという。これが作曲家シベリウス最後の仕事であった。

交響曲第八番の創作と作品像

交響曲第八番ＪＳ一九〇は、一九二〇年代半ばから三〇年代にかけて主に手掛けられたシベリウス最後の大作である。創作はかなりのところまで進んだとみられており、世界中がその発表を待ち望んでいた。ところが最終的に作曲者自身の手で破棄されてしまい（ダールシュトロームの作品目録では「紛失」と記載）、現在に至っている。もっとも、第八番は作曲に費やされた期間がきわめて長く、世に発表こそされなかったものの、その取り組みはシベリウスの創作活動においても決して無視できない重みがある。そこで再び三十年前に立ち返り、第八番の創作プロセスと作品像、破棄の理由に目を向けながら、シベリウス最晩年の状況をこれまでとは別角度から探ってみることにしよう。

残された手稿譜に鑑みると、シベリウスが交響曲第八番のスケッチを始めたのは、一九二三年か二四年頃とみられる。その頃取り組んでいた第七番の草稿の一部に、「Ⅷ」と記された楽想が含まれているからである。ただしシベリウスは創作に際し、ローマ数字とアラビア数字の両方を楽想の区別に用いる習慣があったので、「Ⅷ」の印が本当に第八番を示したか否かは実のところ不明だ。その後、彼は《テンペスト》や《ヴァイノの歌》、《タピオラ》などの作曲に追われたため、第八番の仕事に本腰を入れ始めたのは一九二六年秋頃だった。創作に集中したシベリウスは翌二七年九月、フィンランドを訪れたダウンズに対し、「二つの楽章はもう完成しましたよ」と伝えている。しかし二八年十二月、今度はハンセンに向けて「新作交響曲の全体像ですが、まだ頭のなかで構想中です」と語っていることから、当初より創作は思いのほか難航し、「構想」と「作曲」、そして「破棄」の一進一退を繰り返していたのではないかと推察される。

そうしたなか、プロジェクトの鍵となる人物がにわかに現れる。ボストン交響楽団の名物指揮者、セルゲイ・クーセヴィツキー（一八七四〜一九五一）である。一九二〇年代後半、シベリウスの交響曲第三番や第七番をアメリカで取り上げて大成功を収めたクーセヴィツキーは、新作の演奏機会を作曲者に求めることにする。その手紙を受け取ったシベリウスは大変喜び、後に第八番初演の権利を彼に与えるのである。やがて作品の進捗状況をめぐり両者のやり取りが始まるが、新作交響曲に対するクーセヴィツキーの期待は作曲者に相当のプレッシャーをかけたようだ。シベリウスは彼との約束を果たすため、精力的に仕事を続ける。そして困難な作業の途上、第八番は部分的にだが「完成」の域に達したという。

セルゲイ・クーセヴィツキー

それを裏付けるのが、コピスト（楽譜筆写業者）として長年シベリウスを献身的に支えてきたパウル・ヴォイクトの手紙である。一九三三年、ヴォイクトは交響曲第八番の第一楽章、全二十三頁分の浄書代金をシベリウスに請求している（九月四日付）。これは曲の一部が間違いなく完成段階に達した証拠といえる。さらに興味深いのはヴォイクトの手紙の裏面であり、そこには第一楽章がフェルマータで終わること、ラルゴの音楽が休みなく続くこと、作品全体の規模が今回の浄書分のおよそ八倍になることが、作曲者の手でメモ書きされているのである。そこからイメージすると、同作品は少なくとも三つ以上の楽章を有し（ただし三楽章構成の場合、フィナーレだけで全体の四分の三ほどを占める非常にアンバランスな曲となってしまう）、規模においても第二番に匹敵するか、あるいはそれを上回る超巨大な作品であったと考えられる。

しかし交響曲第八番がクーセヴィツキーに送られることはついになかった。そして十数年におよぶ格闘の末、シベリウスはあの「火刑」時に——目撃者がいないので断定できないが——第八番の楽譜を燃やしてしまうのである。それについては、後にレヴァスが耳にした作曲者の言葉を参考にしよう。「一九四五年八月、シベリウスは第八番をすべて破棄したらしい。さらに彼は、『第八番は括弧付きだが何度も完成した。それを燃やしたことさえある』と私に語った」。現在残されている同作品の自筆譜が、わずかな楽想とスコアの断片（それに多数の未識別スケッチ）のみという不可解な状況なのは、そのためだろう。

ところが前述の言葉と矛盾するようだが、「火刑」後もシベリウスは交響曲第八番に取り組んでいる姿勢を周りに示し続け、その創作を決してあきらめようとしなかった。それはとても奇妙な事態にみえるが、一九四七年にアイノラを訪れたフィンランドの指揮者ニルス＝エリク・フォグシュテットの、「合唱パートを伴う第八番の楽譜が間違いなく棚の上におかれていた」という目撃証言もある。とすると実は「火刑」で失われたのは同作品の不要な初期稿であり、それ以後、シベリウスがまったく別の発想で再び第八番の創作に向かった可能性も考えられる。その真相は闇のなかだが、いずれにせよ「第八番の作曲を試みたものの、シベリウスは発表を望まなかった

（または発表できなかった）」という一点については、事実として認めざるをえない。

なお二〇一一年、フィンランドの音楽学者ティモ・ヴィルタネンとヴェサ・シレンの調査にもとづき、交響曲第八番の一部と推定される「三つの断片」が公開された。さらにヨン・ストルゴールズ指揮ヘルシンキ・フィルがそれらを演奏し、話題に上った（現在、複数のオーケストラでCD化されている）。三つの断片の演奏時間は全部合わせても三分に満たないが、確かに興味深い音楽である。しかしヴィルタネンも認めるように、それが第八番の素材と断定できる証拠はどこにもない。残念ながら現時点でシベリウスの第八番を復元することは物理的に不可能であり、作曲者が望まなかった発表の是非も含め、今後は公開の在り方をしっかり議論すべきだろう。

交響曲第八番が失われた理由

シベリウスはどうして交響曲第八番の創作に行き詰まってしまったのか。そもそも作品が完成したかどうかも甚だ疑わしいが、楽譜がほとんど破棄されたとすれば、作曲者はその具体的痕跡をこの世からいっさい消し去ろうとしたようにもみえる。

そこで創作の停滞と破棄の理由について考えてみよう。まずは外的要因。シベリウスの創作活動が停滞した背景に、手の震えおよび眼の衰弱という身体的条件を指摘する者がいる。確かに晩年のシベリウスにそうした特徴が認められたことは事実だ。しかし部分的とはいえ交響曲第八番がコピストと交渉するほどの「完成」段階に至ったこと、一九三九年に《レンミンカイネン》の改訂作業が見事に成し遂げられたことを考慮するなら、上記が停滞の決定的理由とは考えにくい。また借金の返済や年金の増額など、経済状況の好転がさらなる創作意欲を鈍らせたとする見方も十分な説得力に欠ける。もとより交響曲の創作は決して「儲かる仕事」ではないが、これまでのシベリウスのストイックな作曲姿勢を踏まえると、同ジャンルへの取り組みは経済的な問題云々ではなく、きわめて精神的なレヴェルのそれに関わるものといえる。

とするならば、本当の理由は作曲家の内的要因ではなかろうか。そこで槍玉に挙げられるのが作風の問題、すなわち交響曲第八番における時代潮流との様式的乖離(かいり)である。無調や十二音技法の登場など、急激に変化する同時代の音楽動向から外れ、孤立を余儀なくされた作曲家の絶望感が創作断念の主たる要因とみる向きがその典型といえる。だが、この見方も決定的ではない。というのも第四番の創作以降、シベリウスは時代潮流からの孤立をまったく恐れていなかったからである。すでに述べたように、第四番でエポックとの同調を果たした後、彼は一貫して「あらゆる不毛な競争に加わらないこと」をモットーに作曲活動を展開してきたが、その透徹した姿勢は晩年シベリウスにおける創作上の美学であった。

さらに付け加えるなら、「時代潮流から外れた作曲家の絶望感」というのはあくまでも一つの進歩史観、あるいはドイツ中心主義的な音楽史観にもとづく見解であって、「晩年のシベリウスは芸術的に孤立していた」と主張すること自体、一面的な捉え方というべきだろう。たとえばアメリカの若き俊英サミュエル・バーバー(一九一〇〜一九八一)は一九三八年、有名な《弦楽のためのアダージョ》(一九三六)と《オーケストラのためのエッセイ第一番》(一九三八)の楽譜をシ

1940年代、アイノラでのシベリウス

ベリウスに謹呈し、次の感謝を伝えている。「〔第一次世界〕大戦の実験主義後に物心がついた私たち作曲家にとって、あなたの音楽はとても大きな意味を持っています。あなたの作品は大変美しく、そして私たちを力強く励ましてくれるのです」（同年十二月十六日付の手紙）。また一九三〇年代から四〇年代にかけて、イギリスの作曲家バックスとヴォーン・ウィリアムズがそれぞれ自らの交響曲第五番をシベリウスに献呈していることも特筆に値する。要するに、シベリウスの音楽は決して孤立した現象ではなかった。それどころか一九三〇年代以降も才能ある理解者が次々と現れたし、彼はそれを心から喜んだのである。

上記に関しては、次の興味深いエピソードが伝えられているので紹介しておこう。シベリウスは晩年、アイノラでしばしばラジオを聴いて過ごしたが、戦火の広がりつつあった一九四三年九月二十九日、スウェーデンから流れてきたヴォーン・ウィリアムズの交響曲第五番（一九四三）を耳にする。それに大きな衝撃を受けた彼は、翌日の日記にあふれる思いを書き綴るのである。「昨日、光り輝く世界に抱かれたような素晴らしい体験をした。ヴォーン・ウィリアムズが私に献じてくれた交響曲をマルコム・サージェントの指揮で聴いたのだ。何と気高く、人間性に満ちた音楽だろう！　感謝の念に堪えない。ヴォーン・ウィリアムズは、想像を遥かに超えるものを私にもたらしてくれた」（同年九月三十日）。これはちょうど例の「火刑」が行われる前であり、自分の芸術の真なる理解者、それも円熟の境地にあったシンフォニストの活躍が、停滞していた老シベリウスの創作活動に何らかの心理的影響を与えた可能性も考えられる。もちろん、それが第八番の作曲にピリオドを打たせる契機の一つになったかどうかは分からないが……。

一方、純粋に内面的な要因で指摘されるべきは、シベリウスの厳しい「自己批判」である。交響曲第八番に対する期待が高まれば高まるほど、無神経な周囲の注目は作曲家を精神的に追い詰めていった。四女カタリーナは、そうしたシベリウスの苦悩を次のように伝えている。「第八番への馬鹿げた大騒ぎが問題でした。激しい重圧のなか、想像を絶するほど困難な仕事に向き合い続けた父は、苦しみ抜いたと思います。第八番はこれまでに書いた七つの交響曲を超えるものでなければならない、と父は考えていました。作品はほとんど仕上げられていたのですが、最終的に大きな重荷となってしまったのでしょう」（日付不明だが、一九三五年頃と考えられる）。

大規模な交響曲や交響詩、協奏曲などの場合、シベリウスは往々にして数年にわたる改訂を施し、改めて世に問い直している。未成熟な作品に修正の手を加え続け、新たな姿に生まれ変わらせようとする努力はこれまで何度も見出された。しかし残念ながら、交響曲第八番のケースでは発表や改訂、出版どころか——少なくともいっさいの妥協を許さない作曲者の視線からすると——リハーサルに値するレヴェルにも到達できなかったのだろう。したがって「火刑」後に示したシベリウスの不可解な態度は、創作力の枯渇に向かい合わざるをえなかった芸術家の矜持（きょうじ）、あるいは精神的抵抗とみることもできる。シベリウスの強烈な自己批判が最後の大作を容赦なく破棄させ、永遠の沈黙を導いてしまったとすれば、何と皮肉で悲劇的な結末であろうか。

永遠の沈黙

「『カレワラ』の与えてくれる音楽的可能性は、何と無尽蔵なのだろう」——一九四四年一月十四日に綴られたシベリウス最後の日記の一文である。この含蓄のある言葉をもって、彼は長い間したためてきた日記の筆をそっとおく。

一九四五年、八十歳を迎えたシベリウスはもはや外部の行事に参加することもなく、アイノラで妻と穏やかな生活を送るようになっていた。やがて一九五一年より「シベリウス・ウイーク」（現在のヘルシンキ・フェスティヴァル）が毎年開催され始めると、ビーチャムやオーマンディ、アイザック・スターン、ダヴィッド・オイストラフ、ユーディ・メニューイン、ユッシ・ビョルリング、エリーザベト・シュヴァルツコップら、著名な演奏家が続々とフィンランドを訪問。八十五歳を超えたシベリウスはアイノラ訪問者を丁重に断ることが多かったが、シベリウス・ウイークに迎えられた演奏家は例外で、可能な限り歓待した。音楽界の第一線に立つ彼らとの接触は、世俗を離れた老作曲家にとって望外の喜びだったのだろう。

最晩年のシベリウスに寄り添ったヤラスによると、「老齢にもかかわらず彼はとても壮健で、本を読み、森を散策し、ラジオを通して世界中の出来事、とりわけ音楽界のそれに興味を抱き続けていた」という。それでも最後の数年間、シベリウスは書斎の片隅に腰を下ろし、物思いに沈むことが多くなった。また清々しい夏の季節も快い日以外、外出を控えるようになってしまう。そんな日々を静かに過ごしていたシベリウスだったが、どんよりと厚い雲に覆われた一九五七年九月十八日の朝、南方に向かう鶴の群れをアイノラのベランダで目にする。その美しい光景に心打たれた彼は気持ちが高まり、「ほら見てごらん、鶴が飛んできた。私の青春の鳥たちが！」と五女マルガレータに語った。

二日後、その日は不意にやってきた。一九五七年九月二十日の朝、シベリウスは少し目まいを感じたものの、いつも通りベッドで新聞を読み、着替えを済ませた。しかし午後一時頃、昼食時に突然倒れてしまう。すぐに二十年来の担当医ヴィルホ・ライネ＝ユリヨキが駆けつけ、脳出血と診断。長女エヴァと四女カタリーナが急いで呼び出される。シベリウスはまだ意識があったので、娘たちが「お父さん、エヴァとカイ〔カタリーナ〕はここにいるよ」と語りかけると、彼はかすかな声で「エヴァとカイ……」と応えた。これがシベリウス最後の言葉であった。やがてシベリウスの意識は朦朧（もうろう）としていき、夜九時頃ついに帰らぬ人となる。奇しくもちょうどその時、ヘルシンキではサージェントが彼の交響曲第五番を指揮している最中で、それがラジオ放送されていた。第五番を耳にすれば夫が再び目を覚ますのではないか——一瞬そう感じたアイノはラジオのスイッチを入れようとしたが、思い止まった。

その翌日、長女エヴァが「皆さんの待ち望んでいた未公開の作品は家族の下に残されておりません」と発表し、人びとを驚かせた。その真意は、交響曲第八番に対する無用な期待と果てしない論争に最終的な決着を図るためであった。さらに注目を集めたのは、同年九月二十四日に掲載されたシベリウスの死亡告知だろう。そこには夫の遺志を継いだアイノの意向で、「音楽は悲しみから生まれるのです」という言葉が刻まれていたのである。この印象深い言葉ほど、シベリウスの音楽にふさわしいものはない。

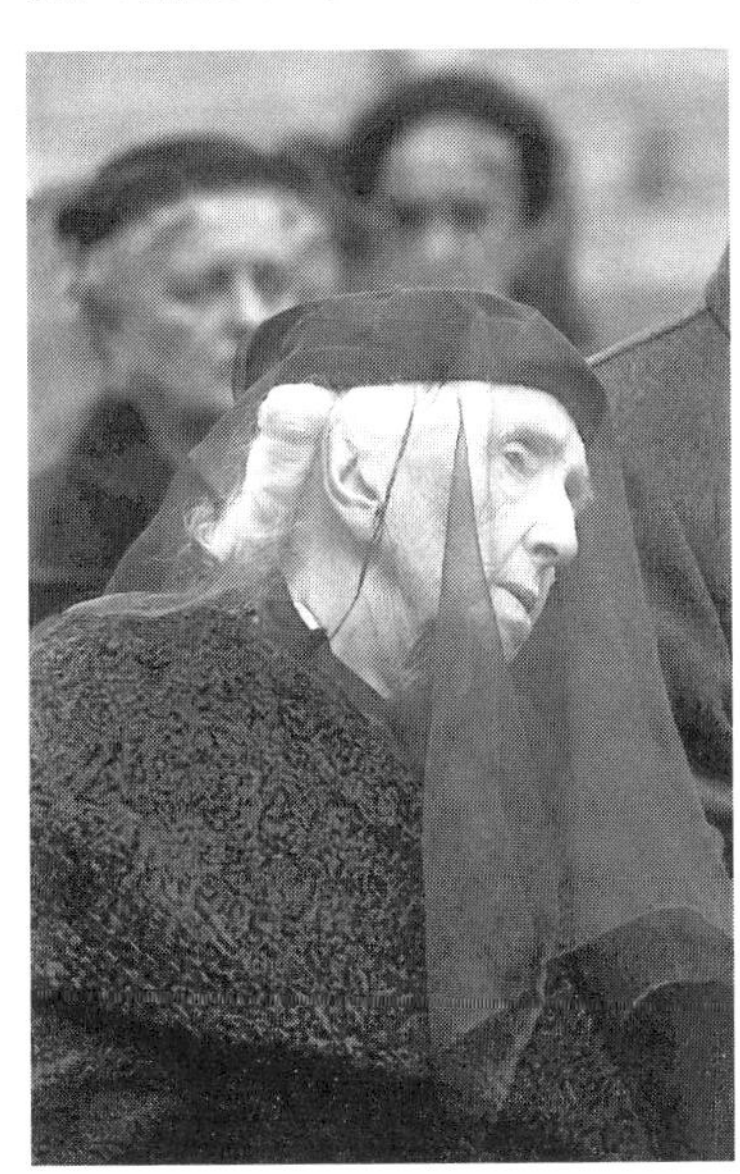
アイノ・シベリウス。夫の葬儀にて（1957年）

作品篇

■交響曲

生涯にわたり交響曲の創作を大きな目標にしたシベリウスは、一八九九年から一九二四年にかけて七つの番号付き交響曲を発表している。彼は最晩年、「私の交響曲は一つひとつが独自のスタイルを持っている。それらを生み出すためにどれだけ長い時間を要し、多くの困難を乗り越えなければならなかったか」と私設秘書のレヴァスに語ったという。そんなシベリウスにとって同ジャンルへの取り組みは、まさに自らの人生をかけた芸術的挑戦であったといえよう。

シベリウスが活躍した世紀転換期は、交響曲の在り方が劇的な変化を迎えた時代だった。その理由は、同ジャンルをこれまで支え続けた伝統的スタイル、形式構成、音楽語法、さらには調性の枠組みそのものが根本的に問われ始めたからである。そうしたなかマーラーやニルセン、スクリャービンら、同時代を代表するシンフォニストがそれぞれ独自の方法で交響曲の分野に新たな息吹をもたらしている。

シベリウスのアプローチも彼らに劣らずユニークであった。一八九〇年代のシベリウスは、『カレワラ』などから題材を得た数々の交響詩の作曲を通して、標題音楽の可能性を徹底的に追求している。だがその後、いっそう普遍的な方向を目指した彼は、満を持して番号付き交響曲に取り組むことにする。ただし前述のシンフォニストと異なり、シベリウスが同ジャンルで求めた表現世界はきわめて抽象度の高いものだった。実際、彼の七つの交響曲では声楽の導入はおろか、タイトルや標題もいっさい退けられている。そこにおいては、純粋器楽による抽象的な形式構成を生み出そうとした作曲家のストイックな思索の足跡が、はっきり認められるのである。

七つの交響曲はスタイルが少しずつ変化していき、第一番と第二番は荘重な後期ロマン主義的音調に貫かれているが、第三番以降は古典的作風に向かい始め、より簡素で軽快、透明な響きが求められている。特筆に値するのはそれらに見出される音楽作法であり、主として次の特徴が指摘されよう。一つ目は「旋法の応用」。シベリウスの交響曲の独特な色合いは、さまざまな旋法（第三番や第四番のリディア旋法、第六番のドリア旋法など）の効果的活用により生まれたものである。しかもそれは単にエキゾティックな味付けのレヴェルに止まらず、曲の深奥部で構造的に作用している。その結果、対照的な調域のコントラストを主軸とする従来の思考法（たとえばソナタ形式やロンド形式）とは異なる、斬新なロジックを打ち出すことに成功した。二つ目は「形式構成の凝縮」。シベリウスの交響曲では二つの楽章を結合、融合させたり（第二番、第五番）、複数の楽章の要素を一つに織り込んだり（第三番のフィナーレ、単一楽章形式の第七番）するなど、楽章数を圧縮する傾向がみられる。これはシベリウスが交響曲全体の有機的統一を極限まで押し進めようとしたからだろう。そのアイデアを根底で支えているのは、余計な成分を削ぎ落としつつ、構成上の「重心点」あるいは「極点」――いわゆる曲の「クライマックス」に近いが、音楽学者ヘポコスキはそれを「究極の目的〔grand telos〕」と呼んでいる――を厳しく指向する彼独自の形式感であった。

交響曲第一番 ホ短調 作品三九　シンフォニックな絶対音楽の領域で独自の表現世界を切り開こうとしたシベリウスの、文字通り出発点となった作品。一八九八年春に着手、翌九九年四月二十六日に初演された。チャイコフスキーやボロディンの影響も指摘されるが、幻想的でラプソディックな曲調の内に堅固な論理の糸を張り巡らせるなど、すでに作曲者の個性は刻印されている。ちなみにシベリウス最晩年の言葉によると、「柔軟で感傷的なチャイコフスキーの音楽に対して、自分の交響曲は『硬質』である」という。

第一番の初演は大成功を収めたものの、その後シベリウスは曲に修正の手を加えている。理由の一つとして、一九〇〇年夏に挙行されたヘルシンキ・フィルのパリ万博遠征公演を指摘する者もいる。同公演のメイン・プログラムに第一番が選ばれたため、急いで手直しされたのではないか、という見方である。しかしシベリウスが曲の改訂について、同公演と関連付けて語ったことは一度もない。初稿のスコアは紛失してしまったため改訂の詳細については不明だが、第一楽章が拡大された一方、第二、第三楽章は逆に短縮されたことが分かっている。またオーケストレーションも見直され、初稿では控え目だったハープの積極的活用が注目される。さらにタンバリンとカスタネットが取り除かれた代わりに大太鼓が加わったことで、全体的に響きが力強く引き締まったといえるだろう。かくして一九〇〇年夏、第一番の改訂稿（現行版）はスウェーデンやドイツ、フランスなどヨーロッパ各地で広く演奏され、シベリウスの国際的評価の確立に大きく寄与することになった。

第一楽章はアンダンテ・マ・ノン・トロッポの序奏部とアレグロ・エネルジコの主部からなるソナタ形式。序奏部で静かに登場するクラリネット・ソロの寂寞（せきばく）とした旋律の内に、交響曲全体の基本楽想が織り込まれている。第二楽章は叙情的な緩徐楽章。曲の後半における素材の巧妙な展開処理、劇的なクライマックスの構築がシベリウスらしい設計。第三楽章はソナタ形式の発想が取り入れられたスケルツォ。「幻想曲風に」という曲想記号が付された第四楽章では、まず序奏部で第一楽章冒頭の旋律が力強く回帰した後、あわただしい動きを伴う楽想と長大な旋律が交互に現れる。やがて曲は終盤のクライマックスに向けて大きなうねりを形成し、悲劇的な結末を迎える。

交響曲第二番 ニ長調 作品四三　シベリウスが第二番の創作に本腰を入れ始めたのは一九〇一年夏である。その数ヵ月前、彼は家族と一緒に南国イタリアへ旅行しており、同地でスケッチした楽想が曲に取り入れられている。作品は一九〇二年初頭に完成。同年三月八日に初演の運びとなり、大成功を収めた。

交響曲全体の構成は古典的な四楽章制が取られているが、ベートーヴェンの第五番のように、第三楽章のスケルツォと第四楽章のフィナーレがアタッカで結合している。部分的には粗削りな筆致がみられるものの、あらゆる表現の限りを尽くして壮大なフィナーレへと向かうエネルギッシュな推進力、それを支える大地のように悠然とした時間感覚は、この交響曲の揺るぎない魅力である。特に、朗々たる賛歌の内に決然と世界が結ばれるフィナーレのコーダは圧巻という他ない。

第一楽章はソナタ形式にもとづく。ただし展開部の雄大なクライマックスの最中で主調に回帰する異例の調設計、同部分に見出される各モティーフのダイナミックな成長や素材同士の結合、圧縮された再現部など、さまざまな工夫が施されている。第二楽章は激しいパトスを内側に秘める長大な緩徐楽章。主題の再現に伴う素材の大胆な展開処理は、シンメトリックなバランスの構築よりも開放的、漸次的発展のプロセスを指向している。第三楽章は、抜群の推進力を示す「動」的な主部と「静」的なトリオが交互に登場するスケルツォ。二回目のトリオで次第に高潮していき、その頂点に達すると同時にアタッカでフィナーレへと流れ込む。壮大な第四楽章の構成は、「明」と「暗」を象徴する二つの主題の性格的対比が顕著なソナタ形式。まったく異質な二つの世界を構成上の対立軸としながらドラマティックに進行した後、コーダにおいて「明」が「暗」を超克する形でピリオドが打たれる。

交響曲第三番　ハ長調　作品五二　シベリウスの交響曲に作風の質的転換をもたらした重要な作品。アイノラへ移転する直前の一九〇四年九月に着手され、一九〇七年秋に完成。当初、イギリスで初演の予定だったが、作曲が半年ほど遅れたためヘルシンキで行われている。

初期交響曲と違い、第三番は古典的な均整感と規模の短縮による清澄で抑制された作風が特徴だ。コンパクトな三楽章制が取られているが、特筆すべきは「軽快なスケルツォ」と「賛歌風のフィナーレ」という、二つの異なる要素が巧妙に織り込まれた第三楽章のデザインである。それを考慮すると、同作品には伝統的な交響曲の四つの楽章（アレグロ楽章、緩徐楽章、スケルツォ、フィナーレ）すべての性格が認められるのであり、その意味で第三番の内実は規模の縮小というよりも、むしろ形式構成の凝縮とみなす方が妥当だろう。

ソナタ形式の第一楽章は、ウィーン古典派の器楽曲を思わせる軽やかな推進力が特徴。リズミカルな主要主題とメランコリックな副次主題の配置は定式通りだが、両者を媒介する「要へ」（主要主題部で執拗に登場し、続く口短調の副次主題を導く）の要素が全体の構成上、きわめて重要な役割を果たしている。第二楽章は、内省的な調べが聴き手に淡い寂寥感を覚えさせる緩徐楽章。ロンド形式と変奏曲の原理が取り入れられている。第三楽章は前述のように、スケルツォとフィナーレの両性格を導入したユニークな構成。ただしスケッチや草稿からは、「複数楽章の融合」という興味深い設計図にもとづいてシベリウスが創作を進めた痕跡は認められない。曲は前半のスケルツォ部でドラマティックな葛藤を繰り返しつつ、後半のフィナーレ部を目指して有機的に進行していく。全体の要となるのは賛歌風、あるいは行進曲風のフィナーレ主題の提示だが、その生成プロセスはすでにスケルツォ部の内に組み込まれている。ちなみにシベリウスは最晩年、「フィナーレを締め括る『最後の行進曲』（フィナーレ部）は決して速過ぎてはいけません。敬虔な気持ちで演奏するように」とヤラスに伝えたという。

交響曲第四番 イ短調 作品六三 作曲者が人生上の困難を抱えた時期に取り組まれた大作であり、一九一一年四月三日に初演されている。当時の彼を悩ませていたのは、天文学的な数字に達した借金額と咽喉腫瘍の疾病に伴う健康の悪化だった。幸いなことに、借金は一九一〇年頃をピークに少しずつ減り始め、病気の方も手術で回復に転じてはいる。それでも術後に経験した苦しい禁欲生活は、シベリウスの心を著しく内省的にした。晦渋な第四番は、彼のそうしたメンタリティを反映しているといわれる。しかし、この作品における作曲者の潜在意識は、「個人的な苦悩」よりも「悲劇的な宿命を帯びた人間存在」そのものへ向けられているようにみえる。

第四番の作風は表現主義的であり、その意味でシベリウスの創作姿勢は後期マーラーや初期シェーンベルクのそれを思わせる。とはいえシベリウスの場合、たとえ自己の内面世界を強烈にえぐり出すような主観的表現であっても決して端正な筆致を失わない。逆に、ぎりぎりまで研ぎ澄まされたその厳しいフォルムは、無限の空間に向けて力強く広がる巨大な造形美を生み出しているのである。

緩やかなテンポの第一楽章は、再現部が大幅に圧縮されたソナタ形式。シベリウスによると、曲の冒頭は「運命のように過酷に」響かなければならない。そこに聴かれる不気味な「増四度」の音程は、曲全体の重要な統一要素として働くことになる。第二楽章のスケルツォは、フィンランドの清々しい風になびくようなオーボエの楽想が印象的。第三楽章は、二つの微細なモティーフが少しずつ成長しながら、次第に壮大な音空間を形成していく緩徐楽章。第四楽章はロンド・ソナタ形式風の快活なフィナーレ。軽やかなグロッケンシュピールの導入が斬新だが、全体の音調はいぶし銀のように深い。なお演奏によっては、グロッケンシュピールの代わりにチューブラーベルが用いられるケースもある。これは出版譜に「グロッケン」と記されたために生じた誤解であり、作曲者はチューブラーベルの響きを「あまりにも東洋的過ぎる」として忌避した。

交響曲第五番　変ホ長調　作品八二　一九一五年、五十歳を迎えた作曲者の祝賀コンサートで発表された第五番は大変な難産であり、二度の大改訂を経て最終稿（現行版）が完成したのは一九一九年である。その創作は、シベリウスがフィンランドでの孤立を余儀なくされた第一次世界大戦の時期と重なる。目まぐるしく変化するヨーロッパ音楽界の最前線と冷静に距離をおき、フィンランドの大自然から清新なインスピレーションを得ようとする作曲者の姿勢が同作品に見出されるのは、そのためだろう。

第五番の創作時、シベリウスは森に包まれたアイノラ近辺での散策を日課にしていた。当時の彼の日記には、大地や大気、飛来した白鳥や鶴、木々や草花、小さな虫などに向けられた感嘆の眼差しが、以前よりも印象的に綴られるようになる。そうして得られたみずみずしい創作気分——雄大な自然との交感、存在の無限性に対する畏怖の念、全身を包み込む大気との渾一感——は、第五番以降のシベリウスの作曲活動を支える根本的な原動力になった。

数々の困難を乗り越え、ようやく完成した第五番は、強靭なヴァイタリティに満ちている。とはいえ、この交響曲は単なる「自然描写」ではないし、「明朗な祝祭音楽」「人間賛歌」というわけでもない。生涯篇でも述べたように、悲劇的な第一次世界大戦と自国の内戦を目の当たりにしたシベリウスは、第五番の改訂作業とともに地獄のような現実と向き合い続けた。その苦渋の数年間は、究極の試練を作曲家にもたらしたはずである。さらに第五番の最終稿が完成するわずか一ヵ月前、シベリウスは二十年間にわたり自分を精神的、経済的に支えてくれた親友カルペランの死にも見舞われ、強烈な喪失感を味わっている。

なお、一連の改訂で曲は徐々にその姿を変えている。もっとも大きな変化は、初稿の四楽章構成が一九一六年の修正で三楽章へと圧縮されたことだろう。これは初稿の際に分離していた冒頭楽章とスケルツォを一つに融合させたからである。それと合わせて、最終稿の冒頭に登場するホルンの清々しい楽想が同段階で加えられた。また一九一九年の改訂では、フィナーレがおよそ三分の二の規模にまで凝縮され、より峻厳な響きがもたらされている。

最終稿の第一楽章は、巨大なソナタ形式風デザインの内にスケルツォの要素を取り入れた独創的な構成。冒頭ホルンの楽想が節々に現れて、曲全体の骨格を形成している。第二楽章は主題が次々と輪郭を変えていく牧歌的な緩徐楽章。第三楽章は、壮大な響きのなかにシベリウスの宇宙観が込められた、堂々たるフィナーレである。

交響曲第六番 ニ（短）調 作品一〇四　具体的な着想から完成までに八年半かかり、一九二三年二月十九日に初演された。創作がこれほど長期におよんだ理由の一つは第五番と第七番に並行して取り組んだためだが、「旋法のシステムを交響曲の構造レヴェルで応用する」というアイデアの集大成に、多大な労力を要したからでもあろう。

第六番はきわめて清澄な音楽である。シベリウス自身、「他の多くの現代作曲家が色鮮やかなカクテルの制作に夢中な一方、私は聴き手に一杯の清らかな水を提供するのだ」と皮肉交じりに述べたという。作曲者が作品の出来栄えに強い自信をにじませ、その歴史的意義さえ冷静に認識していたことをうかがわせる言葉である。確かにコンパクトな第六番はモーツァルト張りの透明で軽やかな印象とは対照的に、数々の工夫が施されている。なかでも交響曲全体にアルカイックなドリア旋法のシステムを取り入れたことで、これまでの調性音楽の枠組みを大胆に乗り越えようとしている点は特筆に値するだろう。

伝統的な四楽章制が取られているものの、従来の慣習を打ち破る各楽章の自由な構成には驚かされる。全曲を通してポリフォニックな書法を特徴とし、主軸の「ニ〔短〕調」と明確な対立軸を形成する調は存在しない。ただし重要な箇所で明滅する「ハ長調」の響きが、作品全体に仄かな灯りを添えている。第一楽章は、冒頭に現れる弦楽器の下降音型、それに続く木管楽器の断片的な楽想を中心として自在に展開していく。第二楽章は、室内楽のような趣きをたたえた淡い緩徐楽章風の音楽。スケルツォ的な性格の第三楽章では、一貫して勇壮な付点リズムが用いられる。第四楽章は、これまでに登場した楽想が姿を変えて結合しながら緻密に進行していく。最後はあらゆる現実的な想念を超越し、遥かな世界を憧憬するかのように優しく、そして静かに幕が下ろされる。

交響曲第七番 ハ長調 作品一〇五　交響的形式に対するシベリウス独自の考え方が、きわめて鮮明な形で現れた作品。紆余曲折の末、最終的に単一楽章形式が採用される。伝統を逸脱するユニークな構成により、一九二四年三月二十四日の初演時からしばらくの間、交響曲第七番ではなく「交響的幻想曲」というタイトルが付されていた。その後、出版に際して番号付き交響曲の系列に取り入れられている。

シベリウスが交響的幻想曲のタイトルを撤回した要因の一つに、初演当時の評論家たちの保守的な反応も指摘されるべきだろう。たとえば、シベリウスに対してつねに敵対的な態度を取ったスウェーデンの音楽家ペッテション＝ベリエルは、「この作品は『カレワラ』を題材としたこれまでの交響詩と似た雰囲気を持っているので、詩的想念を指し示す具体的なタイトルが付けられたら、曲の内容がいっそう明快になるだろう」と述べている。そうした無粋な見方に対して、「磨き抜かれた抽象性」こそが作品の生命線と考えたシベリウスは、聴き手に誤解を与えかねないタイトルを厳しく封印。あえて第七番に変更したとみられるのである。

作品の規模は二十分あまりだが、伝統的な交響曲の各楽章の要素、性格（緩徐楽章、スケルツォ、フィナーレなど）が巧みに内包されている。曲の前半と中盤、終盤に登場する雄々しいトロンボーン主題の「提示」「展開」「再現」を柱としながら精妙に進行していき、最後はハ長調の和音で神々しく結ばれる。すべての楽想は凝縮された構成のなかで生命体のように力強く息づくと同時に、堅固な形式の構築にも寄与しており、その鮮やかな筆致は幽玄なる趣きさえたたえている。シベリウスの第七番は、交響曲史上でも他に類例がないほど研ぎ澄まされた造形美を誇る傑作といえるだろう。

■管弦楽曲

交響曲を除くシベリウスの管弦楽曲（本書において、管弦楽曲は「オーケストラの音楽」の意味で広く用いている）は、交響詩、協奏曲、組曲、即興曲、バラードなど、きわめて多岐にわたっている。交響曲に向かう時のシベリウスは、いわゆる「絶対音楽」の姿勢を決して崩さなかった。しかし上記の管弦楽曲では、『カレワラ』からインスピレーションを得たり、民族的アイデンティティを模索したり、フィンランド語やスウェーデン語のテクストを自由に取り入れたりしつつ、さまざまな角度から音楽的実験を試みている。

それは各曲のネーミングにも明確に表れており、たとえば一般に交響詩とみなされるジャンルの作品に対して、シベリウスは「音詩」「音画」「交響的幻想曲」など、多様な名称を用いている。さらに注目されるのは、声楽を伴う管弦楽曲——「音詩」「即興曲」「バラード」「カンタータ」など——の意外なヴァラエティである。その曲数は純粋な器楽曲に迫るほどであり、声楽の種類も独唱、合唱だけでなく朗唱を取り入れた曲もある。こうした試みはジャンルの伝統に対するシベリウス独自の世界観、その革新性を表すものといえよう。

以下では、管弦楽曲を「交響詩」「ソリストまたは合唱と管弦楽」「その他」の三つに分けて解説する。なお交響詩以外の名称が与えられていても慣習的に同ジャンルへ分類される曲と、ソリストや合唱を伴うものの《クレルヴォ》《火の起源》《ルオンノタル》の三曲に関しては交響詩に含める。またメロドラマやカンタータなど、一般に声楽曲へ分類される作品であっても本項で扱う。ただし劇付随音楽より改編されたコンサート組曲は、劇音楽で触れることにする。

◆交響詩

《クレルヴォ》作品七　ウィーン留学時、『カレワラ』の「クレルヴォ神話」（第三一〜三六章）を題材とした交響曲として着想。ただし一八九二年四月二十八日の初演時は、交響詩という形で発表されている。数回の再演後、シベリウスは存命中の演奏を原則的に認めない方針を取った（部分的には何度か取り上げられた）。彼の出世作として広く知られるようになったのは、作曲者没後のことである。全五楽章、演奏時間七十分あまりの記念碑的作品であり、男声合唱のほか、クレルヴォ役のバリトンと妹役のメゾソプラノを要する。

ソナタ形式の第一楽章〈導入〉は、再現部における副次主題の力強い「成長」が構成上のポイント。牧歌的な第二楽章〈クレルヴォの青春〉は、二つの対照的な領域が交互に現れるＡＢＡＢＡの構成。作曲技法的には、短小フレーズに微細な変化を加えつつ何度も繰り返す方法が取られているが、それはカレワラ歌謡のモノクロームな変奏手法を思わせる。作品全体の中軸を成すのは第三楽章〈クレルヴォとその妹〉で、生き別れになった兄妹の「近親相姦」にスポットが当てられる。従来はタブー視されてきた近親相姦という限界状況にあえて着目している点が、《クレルヴォ》の最たる芸術的特徴といえるだろう。楽章は大きく二部分に分けられ、前半はクレルヴォと妹の運命的な出会い、後半は男女の関係を持ってしまった兄妹の内的葛藤が描かれる。ロンド・ソナタ形式風の第四楽章〈戦闘に赴くクレルヴォ〉ではクレルヴォの残忍な復讐劇が取り上げられるが、曲調は不気味なほど平明である。第五楽章〈クレルヴォの死〉では〈導入〉の楽想が回想され、苦悩の末に自害を選択する英雄の悲劇が荘厳に奏でられる。

《エン・サガ》作品九　初稿は一八九二年に手掛けられ、翌九三年二月十六日に初演。演奏時間二十分を超える意欲的な音詩だが、初演に臨んだフロディンとオスカル・メリカントは突然の転調や不自然なテンポ変化、曲の冗長さを指摘し、否定的な評価を下した。その後、同様の欠点を認めざるをえなかったシベリウスは一九〇二年、曲全体の構成とオーケストレーションに大胆な修正の手を加えている（現行版。初演はカヤヌス）。ただしアイノは「荒々しいパッセージ」に満ちた初稿の方を好んだようで、改訂稿の洗練を残念がった。曲はソナタ形式を下敷きにしているが、素材の展開を優先させた柔軟な発想が随所にみられる。

《春の歌》作品一六　一八九四年六月二十一日、《即興曲》のタイトルで初演。翌九五年に修正が加えられ、《春の歌》と改題。その後、頻繁に演奏されるようになる。一九〇二年に再び改訂、翌〇三年に出版された。なお、ある時点から「春の哀しみ」というフランス語の副題が付されるようになり、出版譜もそれを反映している。心に染み入る旋律が朗々と歌い上げられる曲だが、カルペランは「楽譜のタイトルページに、忍耐強くゆっくり訪れる北国の春、切ない哀愁について記したらどうだろう。さもないと、他国の人びとは《春の歌》の本当の意味が分からないのではないか」と作曲者に伝えている。おそらく、このアドヴァイスが出版譜にも副題を記す理由の一つになったと思われる。

《森の精》作品一五　リュドベルィのバラード『森の精』（一八八二）にもとづく。一八九五年四月十七日に初演、成功を収める。その後も何度か演奏機会を得たがシベリウスの存命中に出版されることはなく、半世紀以上もの間、人びとの記憶から忘れ去られていた。音楽学者カリ・キルペライネンの調査により、フィンランド国立図書館所蔵の膨大な自筆譜から同作品が「再発見」され、ヴァンスカ指揮、ラハティ交響楽団が六十年ぶりの蘇演を行ったのは一九九六年である。二十分ほどの交響詩で、全体の構成は四つのエピソード的部分からなる。妖艶な森の精に魂を奪われた青年ビョルンの悲劇的運命を描いたリュドベルィのバラードにしたがい、第一部は「ビョルンの雄姿」、第二部は「森のなかのビョルン」、第三部は「森の精の誘惑」、第四部は「すべての希望を失ったビョルンの悲嘆」が奏でられる。

《レンミンカイネン》作品二二　一八九四年のワーグナー危機後、交響詩のジャンルで再起を図ったシベリウスが、オペラ《船の建造》（未完）の一部を再活用する形で完成させた大作。『カレワラ』の「レンミンカイネン神話」（第一四、一五、二九、三〇章より）にもとづき、四つの曲からなる。一種の組曲あるいは連作交響詩であり、各曲の間に緩やかな動機連関が認められるほか、第一曲と第四曲は変ホ長調で統一されている。初稿の初演は一八九六年だが、一八九七年、一九〇〇年、一九三九年の改訂を経て、四曲すべてが出版されたのは一九五四年である。なお三九年の改訂に伴い、シベリウスは中間の二つの楽章の演奏順を変更するよう指示している。

第一曲〈レンミンカイネンと島の乙女たち〉は、好色な英雄レンミンカイネンと島の乙女の艶事を綴った第二九章にもとづく。ソナタ形式で書かれており、曲の終盤に巨大なクライマックスを迎える。第二曲〈トゥオネラの白鳥〉は、黄泉の国トゥオネラにたゆたう神秘的な白鳥の姿を描いた第一四章を題材としている。第三曲

〈トゥオネラのレンミンカイネン〉はトゥオネラで絶命したレンミンカイネンと、英雄の母による息子の蘇生を描いた第一五章を扱ったもの。第二九章と三〇章による第四曲〈レンミンカイネンの帰郷〉の題材は第一曲の続きであり、駿馬に乗ったレンミンカイネン（第三〇章）の故郷を目指す姿（第二九章）が描かれている。

《フィンランディア》作品二六　一八九九年に初演された舞台劇『歴史的情景』より、第六の情景「フィンランドは目覚める」の付随音楽が原曲。翌一九〇〇年、ヘルシンキ・フィルのパリ万博遠征公演のプログラムに載せるため、単独の音詩《フィンランディア》へと改編。ただし同年七月二日にヘルシンキで初演された際は、ロシア側の検閲を配慮して《スオミ》（フィンランド語で「フィンランド」の意味）のタイトルが用いられている。

「フィンランドは目覚める」の情景は、「ロシアの圧政に抗するフィンランド、その輝かしい未来」を描いたものであり、《フィンランディア》も同内容を受け継いでいる。曲は激しい金管楽器の咆哮で始まり、やがて闘争のファンファーレも聞こえてくる。すると一転して明るい曲調になり、勇壮な調べと敬虔な賛歌の対比を軸にしながら終結部のクライマックスへ向けて力強く駆け上がっていく。なお有名な賛歌の部分は後に合唱曲《フィンランディア賛歌》へと改編され、人びとに大変親しまれるようになるが、指揮者レオポルド・ストコフスキーはその美しい旋律を「全世界の国歌」と呼んだ。

《火の起源》作品三二　フィンランド国立劇場の落成記念に作曲され、一九〇二年四月九日に初演。バリトン独唱と男声合唱を要するカンタータ風の音詩で、テクストは月と太陽の幽閉を記した『カレワラ』第四七章の第四一〜一一〇行から取られている。曲は二つの部分に分けられ、バリトン独唱を伴う前半は、光を失った常闇の世界に疑問を抱いた至高の神ウッコの様子がメランコリックに歌われる（第四一〜六六行）。勇壮な男声合唱が受け継ぐ後半は激しい曲調に変わり、ウッコの起こした火を大気の乙女が誤って落としてしまったため、天空が火花とともに裂けていく様子が奏でられる（第六七〜一一〇行）。なお、シベリウスは一九一〇年に修正を加えて現行版としている。

《ポヒョラの娘》作品四九　『カレワラ』第八章を題材とした色彩豊かな作品で、出版譜には「交響的幻想曲」の文字が刻まれている。美しいポヒョラ（北国）の乙女に一目惚れし、求愛したヴァイナモイネンの冒険と失敗を描いたもの。そのため当初、シベリウスは曲に《ヴァイナモイネン》というタイトルを付けようとしたが、リーナウ社の強い反対にあい、やむをえず《英雄の冒険》へと変更。しかし出版社がそのタイトル案にも難色を示したことから、結局、同社の意向で《ポヒョラの娘》が採用された。

初演は一九〇六年十二月二十九日、ロシアの音楽家アレクサンドル・ジロティの招待により、ペテルブルクのマリインスキー劇場で行われている。全体の構成はソナタ形式の原理が応用されているが、明確な主題や安定した調の提示よりも、つねに変化し続ける形式プロセスの方に重心がおかれている。また、オーケストラ・パレットの拡大（ハープやピッコロのほか、バス・クラリネット、イングリッシュホルン、コントラ・ファゴットも取り入れられている）に伴う多彩な響きには、フランス印象主義に対するシベリウスの技法的関心も表れている。

《夜の騎行と日の出》作品五五　一九〇八年に完成。翌〇九年一月二十三日、ジロティの指揮によりペテルブルクで初演された。喉頭腫瘍の手術後、闘病生活を始めたシベリウスが最初に手掛けた大規模な音詩。「死」の観念と向き合わざるをえなかった当時のシベリウスの不安な心理、救済願望が作品に反映しているという見方もあるが、それを裏付ける作曲者のコメントは残されていない。

タイトル通り、曲は前半の「夜の騎行」と後半の「日の出」に分けられる。唐突なファンファーレで始まる「夜の騎行」では、駿馬の疾走を思わせる八分の六拍子の執拗なリズムに乗って、孤独な旅人が夜の森を駆け抜けていく。途中から息の長い旋律が加わり、曲調が悲哀を帯びてくると、ついには弦楽器が切々と訴えるようにその旋律をラルガメンテで奏する。続く感動的な「日の出」は、シベリウスによる夜明けのイメージが巧みなオーケストレーションで綴られる。徐々に差し込む朝日、そのみずみずしい陽光がやがて曲全体を暖かく包み込み、最後は穏やかな変ホ長調の和音を導く。

《樹の精》作品四五の一　一九一〇年十月八日、オスロにて初演。タイトルはギリシャ神話に登場する樹の精「ドリュアス」に由来する。ドリュアスは樹を無用に傷つける人間を懲らしめ、時には美しい娘の姿に変わって男たちを誘惑し、樹のなかへ引きずり込んでしまうという。出版譜には「音画」とも記されており、シベリウスの筆致からは苔むした森の芳香、その湿り気まで伝わってくるようだ。曲は神秘的に始まり、終盤でリズミカルなワルツへと変貌するが、最後は何事もなかったかのように再び最初の調べに戻って静かに閉じる。

《吟遊詩人》作品六四　初稿（紛失）の初演は一九一三年三月二十七日。その後、ブライトコプフ社の意向を受け、シベリウスは組曲に再編成しようとした。しかし熟考の末、結局、単独の交響詩として出版。それに伴い、作品に修正の手を加えている（現行版。初演は一九一六年一月九日）。なお上記の組曲はかなり筆が進んだとみられており、《吟遊詩人》以外の二つの曲は後に《オセアニデス》の初期計画（当初は三曲からなる組曲として構想）で活用されることになる。

交響詩のタイトルについては、ルネベルィの詩『吟遊詩人』（一八七〇）からの影響を指摘する者もいたが、シベリウスはそれを明確に否定。強いていえば、遥かヴァイキング時代の北欧バラードのイメージだという。淡い寂寥感とノスタルジーに満ちた作品で、吟遊詩人の竪琴を思わせるハープが終始、重要な役割を果たしている。曲は上下運動する微細な動機が明滅しながら控え目に進んでいき、やがて大きな盛り上がりを迎える。しかし最後はタムタム（銅鑼）の余韻を残しつつ、柔らかなメゾピアノで消えていく。

《ルオンノタル》作品七〇　フィンランドの名歌手アイノ・アクテの依頼で手掛けられたソプラノ独唱付きの音詩。テクストは、ルオンノタル（大気の乙女）の七〇〇年にわたる孤独な漂流と宇宙創成を描いた『カレワラ』第一章の第一一一〜二四二行から自由に抜粋されている。一九一三年九月十日、イギリスのグロスター音楽祭にて初演（ヘルベルト・ブリューア指揮）。曲はＡＢＡＢの構成で、前半は「ルオンノタルの漂流」と「乙女の悲嘆」、後半は「さまよえるカモの飛来」と「卵の破砕による宇宙創成」が歌われる。音楽上のクライマックスは後半のＡ部分に設定されており、それに続く二回目のＢ部分、すなわち宇宙創成の箇所はテクスト上のハイライトにもかかわらず、没論理的な無常観を漂わせている。

ソプラノには高度な技術が要求されるほか、フィンランド語の歌詞やその内容の奇抜さも相まって、演奏機会は少ない。しかし一九五五年、この音詩をヘルシンキで取り上げたドイツの名ソプラノ歌手シュヴァルツコップは、「《ルオンノタル》という驚くべき傑作の演奏ができたことは人生最高の喜びでした」と述べている。

《オセアニデス》作品七三　アメリカの大富豪シュトッケルの委嘱により作曲。一九一四年六月四日、アメリカのノーフォーク音楽祭にて作曲者自身の指揮で初演された。当初シベリウスは三曲からなる小さな組曲を計画したが途中で変更し、その三曲目の楽想を用いて音詩の初稿（イェール稿）に取り組む。その後、アメリカ訪問の直前に大幅な修正を加えて現行版とした。なお曲のタイトルについて、シベリウスは《波のロンド》と《オセアニデス》のどちらにするか大いに悩んだが、最終的に後者を選んでいる。

初演後、ダウンズが「海をイメージさせる音楽作品のなかでも群を抜いた傑作」と評したように、内省的な「暗黒期」を経て再び雄大な自然に心の眼を向け始めたシベリウスが、印象主義風の筆致で新機軸を打ち出した意欲作である。曲は二つの主題を交互に提示、展開しながらロンド形式のように進んでいく。終盤は巨大なクライマックスを目指して力強く高潮していくが、その強烈な推進力を支えるのはあくまでも音楽それ自体の内発的エネルギーであり、表現の作為性や虚勢などいっさい感じさせない。

《タピオラ》作品一一二　ニューヨーク交響楽団の指揮者ダムロッシュの委嘱で作曲。一九二六年十二月二十六日、ダムロッシュの指揮によりニューヨークで初演された。シベリウス最後の交響詩であり、フィンランド語のタイトルは「森の神タピオの住むところ」を意味する。『カレワラ』に直接依拠した曲ではなく、神話世界のエッセンスを作曲者独自の眼差しで自由にイメージした音楽である。『カレワラ』にもとづくこれまでの交響詩と異なり、具体的な物語性、ナラティヴな要素が退けられたこの曲は、凛とした抽象画の佇まいをみせている。北国の凍てついた大地、太古の森の姿がこれほど峻厳な音調で表現された作品は西洋音楽史上、類例がない。

曲の構成に関してはソナタ形式の発想――楽想の提示や展開、再現など――を見出すこともできるが、従来のステレオタイプな図式にはしたがっていない。冒頭の力強い楽想から次々と多様な素材を派生させ、動機連関の網目をタイトに形成していく手法が取られている。生命を吹き込まれた動機が、まるで自らの意志で自在に姿を変化させていくような有機的生成のプロセスは、「変奏の原理」のユニークな応用とみることもできるだろう。また調もわずかな例外を除き一貫してロ短調の響きで覆われるなど、きわめてストイックかつモノクロームな作品だが、終盤で猛々(たけだけ)しい「森の嵐」を通過した後は、悠久なる大地の息吹に優しく包まれながら清々しいメゾピアノで終結する。

◆ソリストまたは合唱と管弦楽

《レンミンカイネンへの歌》作品三一の一　一八九六年十二月十日に初演（ヤルマリ・ハール指揮。初演時のタイトルは《レンミンカイネンの歌》）された男声合唱を伴う明朗な管弦楽曲。フィンランド語のテクストは『カレワラ』ではなく、若き詩人ユリヨ・ヴェイヨラによるもの。同時期に創作された〈レンミンカイネンの帰郷〉（初稿）のコーダと同一の素材が用いられており、男声合唱の勇ましい調べが作品全体を貫く熱烈な「レンミンカイネン賛歌」である。

《急流下りの花嫁》作品三三　バリトンまたはメゾソプラノ独唱と管弦楽のためのバラードで、オクサネンの同名の詩にもとづく。フィンランド語のテクストは、渡し守のヴィルヘルミが花嫁アンナと一緒に小舟で川の急流を下っていると、密かにヴィルヘルミを慕っていたヴェラモ（『カレワラ』に登場する「水の女神」）の娘が激しく嫉妬し、二人を水底に引きずり込んで死なせてしまうというもの。

初演は一八九七年十一月一日、《レンミンカイネン》の改訂稿（一八九七年稿）と一緒に行われた。バラード冒頭に力強く現れる四音音型は、〈トゥオネラのレンミンカイネン〉や〈レンミンカイネンの帰郷〉でも用いられた素材であり、同時期に手掛けられた両作品の類縁性を示している。曲全体の流れにおいて前述の音型は重要な役割を担い、悲劇的な結末へ向けて徐々にデモーニッシュな力を発揮していく。急流のうねりを思わせる半音階のせわしないパッセージも、曲調に不気味な雰囲気を添えている。

《サンデルス》作品二八　一八九八年に着手された男声合唱と管弦楽のための即興曲。男声合唱団ムントラ・ムシカンテルが開催した作曲コンクールの応募作である。コンクールでは優勝を飾ったものの、残念ながら作品が普及することはなく、一九一五年に修正の手が加えられた。スウェーデン語のテクストは、スウェーデンの名将ヨハン・サンデルスのフィンランド戦争（一八〇八～一八〇九）における活躍を描いたルネベルィの名作、『旗手ストールの物語』から得ている。全体の構成と曲調はテクストの情景描写に即し、「快活なサンデルスの様子」で軽やかに幕を開けた後、「ロシア軍との戦闘」を経て華々しい「勝利」へと導かれる。

《オウル川の氷砕》作品三〇　一八九九年十月二十一日、注目の舞台劇『歴史的情景』発表のわずか二週間前に初演された朗唱、男声合唱と管弦楽のための即興曲。曲のジャンルは、語りと背景音楽からなる「演奏会用メロドラマ」の一種である。同スタイルを応用してシベリウスは興味深い作品をいくつか残しているが、《オウル川の氷砕》はその好例といってよい。

スウェーデン語のテクストは、アレクサンドル二世の寛容な治世を称えた四十数年前のトペリウスの詩による。しかしこの曲の文脈では、フィンランド中部を流れる凍てついたオウル川が大きなうねりとなって融氷していく姿の内に、「ロシアの政治的弾圧からの解放」というメッセージが織り込まれている。曲は高まる感情を抑え込んだ朗唱で始まり、やがて《フィンランディア》冒頭を思わせる管弦楽のフレーズが唐突に乱入する。中間部では男声合唱のユニゾンが激しく咆哮するものの、最後は再び朗唱が加わって明るく堂々と幕を下ろす。

《スネフリード》作品二九　リュドベルィの詩による朗唱、混声合唱と管弦楽のための即興曲。一九〇〇年十月二十日、パリ万博遠征公演で財政的にひっ迫していたヘルシンキ・フィルの支援コンサートにて初演された。シベリウスが抜粋したスウェーデン語のテクストは、美しい乙女スネフリードの登場、妖精たちが青年グンナルに仕組んだ誘惑の罠、財宝か苦難の二者択一、現世的な幸福よりも自己犠牲の道を選んで勇敢に血を流そうとするグンナルの雄姿が描かれている。

その流れに則り、曲の前半はスネフリードの可憐な姿とグンナルへの誘惑が躍動感あふれる混声合唱、管弦楽で綴られる。しばらくすると官能的な響きに変わり、「甘い夢をみるがよい！」とグンナルにささやく声が聞こえてくる。ここでスネフリード役の朗唱へと場面転換し、潔い生き方を選ぶよう若者に語りかける。それを受けて混声合唱に戻り、賛歌風の調べが苦難の道を選択する気高いグンナルを称えつつ力強く高揚していく。テクストの内容は教条的で魅力に乏しいが、生気みなぎるダイナミックな音楽表現は感動的であり、シベリウスのメロドラマ（ただし同作品の場合、朗唱の部分がとても短い）を代表する作品といえる。

《即興曲》作品一九　女声合唱を伴う管弦楽曲で、スウェーデン語のテクストはリュドベルィの『人生の悦楽と無聊（ぶりょう）』による。一九〇二年三月八日、交響曲第二番とともに初演。八年後の一九一〇年に改訂された。古代ギリシャの若者たち、その未来ある輝かしい人生を賛美する女声合唱が四分の十二拍子を基調とした優美な管弦楽に乗り、軽やかに舞い上がっていくような音楽。シベリウスにしては珍しく、曲の後半に何度も現れるリズミカルな伴奏音型を、一八九三年頃に作曲した弦楽三重奏曲JS二一〇の第二楽章（断片）から借用している。

ヴァイオリン協奏曲 ニ短調 作品四七 初稿は一九〇四年二月八日、改訂稿（現行版）は翌〇五年十月十九日に初演。シベリウス唯一の協奏曲であり、かつてヴァイオリニストを目指したこともある作曲者の情熱が青白い炎のように煌く幻想的な作品。きわめて高度な演奏技術が要求され、それが初稿の失敗要因の一つであったが、大幅な改訂によりヴァイオリン独奏の技巧性と緻密な論理性が見事に融合した真の傑作へと生まれ変わっている。

ヴァイオリンという楽器をすべて知り尽くしたシベリウスならではの協奏曲である。管弦楽のストイックな響きを全体の基調としつつ、ヴァイオリン独奏があらゆる技巧を駆使してファンタジックに飛翔していく。その出来栄えに強い自信を抱いたシベリウスは、「単調で不快、飽き飽きする」と皮肉って作品を痛烈に批判した有名なヴァイオリニスト、ヨーゼフ・ヨアヒムに珍しくも次の反論を加えている。「尊敬すべきヨアヒム氏は本当に気の毒な人物です。彼は私たちの時代精神をまったく理解しようとしません。過去に囚われたままなのです」。

長大な第一楽章は協奏曲の要となる楽章で、ソナタ形式を土台とした独自の構成を有している。冒頭の清冽な主題により全体が統一されているが、展開部を兼ねる独奏ヴァイオリンのカデンツァや壮絶な終結部ではソリストの演奏技巧にも光が当てられる。第二楽章は最初に木管楽器が奏する断片的な楽想と、続いて登場する朗々とした旋律の二つにもとづくロマンス風の緩徐楽章。第三楽章は大地の息吹を感じる力強いリズムに乗って、圧倒的な力量が要求される独奏ヴァイオリンが自在に天空を駆け巡るような、ヴィルトゥオーゾ風のフィナーレ。

《解放された女王》作品四八 混声合唱と管弦楽のためのバラード。フィンランドの哲学者、政治家で、フェンノマン運動の草分け的存在だったヨハン・スネルマンの生誕百周年を記念して創作。一九〇六年五月十二日に初演された（ロシア側の検閲に配慮したため、初演時のタイトルは《そこで女王は歌う》）。フィンランド語のテクストは、パーヴォ・カヤンデルの同名の詩から得ている。

ロベルト・リーナウに伝えられたところによると、作曲者自身は「単なる機会音楽に過ぎません」と述べて同作品をあまり評価しなかったようだが、ドラマティックな表現の振幅には注目すべきものがある。曲はまず、墓のように寂しい城に閉じ込められた女王の様子が、硬直した伴奏音型と苦痛に満ちた旋律で表現される。続いて王子が現れ、城から聞こえてくる美しい歌が祖国のそれであることに気付く。曲は少しずつ豊かな広がりをみせ始め、王子が命懸けで女王を救い出す決意を固めると大きな頂点に達する。音楽はいったん静まるものの、やがて行進曲風の調べがどこからともなく響いてきて女王の救出劇が展開。華々しいハッピーエンドを迎える。

《われらの国》作品九二　混声合唱と管弦楽のためのカンタータ。国立ヘルシンキ青年合唱団の委嘱で、フィンランド内戦中の一九一八年春、ヘルシンキ市内のラピンラハティ心療病院へ避難している折に創作された。初演は同年十月二十五日（アルマス・マーサロ指揮）。フィンランド語のテクストは、一八三二年に書かれたカッリオの同名の詩による。

きわめて強靭なヴァイタリティに満ちあふれた音楽である。フィンランド内戦当時の悲惨で重苦しい空気感は、作品の表現世界にまったく影響をおよぼしていない。カッリオの素朴な詩は一人の人間の純粋な眼差しを通してフィンランドの美しい自然を淡々と綴ったものであり、それに対してシベリウスはいっさいの虚飾を排した賛歌風の曲調で堂々と応えている。初演時は必ずしもポジティヴな評価ばかりでなく、作曲者を落胆させた。しかしマデトヤのように「和声的革新」と「多彩なオーケストレーション」を指摘する者もおり、作曲技法的に無視できない要素を含んでいる。同時期の交響曲第五番とともに、円熟の境地に達したシベリウスの自然賛歌といってよい。

《大地の歌》作品九三　混声合唱と管弦楽のためのカンタータ。トゥルクのスウェーデン語系大学オーボ・アカデミーの設立を記念して委嘱され、一九一九年十月十一日に初演。スウェーデン語のテクストは、若き詩人ヤール・ヘンメルの書き下ろしである。シベリウスは最晩年、「しぶしぶ引き受けた依頼。ヘンメルの詩もそれほど好みではなかったし、経済的理由から創作したものです」とヤラスに伝えている。確かに同カンタータは、現在までほとんど演奏されたことがない。しかし、そのみずみずしい生命力とダイナミックな躍動感にはシベリウスという作曲家の美質すべてが織り込まれており、今後は取り上げられる機会も増えていくだろう。

ヘンメルの詩は、「大地」「弱き者」「闘う者」「心」「永遠の夢」「エピローグ」の六つの部分からなる。シベリウスの音楽はそれぞれの部分に応ずる形で自在に変化していくが、エピソードの連続という散漫な印象は与えない。「大地」の強靭な旋律を全体の柱とし、そこから生まれた素材が多様に変化しながら音楽の印象を次々と塗り替えていく。なかでも「弱き者」と「心」の静穏な楽想が決然とした姿に変容する「永遠の夢」と、「大地」の旋律が壮大に回想される「エピローグ」はインスピレーションに満ち満ちており、とても味わい深い。

《大地の賛歌》作品九五　混声合唱と管弦楽のためのカンタータ。スオメン・ラウル合唱団の創立二十周年を記念した委嘱作で、一九二〇年四月四日に初演された（ヘイッキ・クレメッティ指揮）。フィンランド語のテクストは、「命の守護者」であると同時に「死の魔術師」でもある大地、その豊かな恵みを印象深く綴ったエイノ・レイノの手による。曲は険しいハ短調の和音で幕を開けた後、三連符を伴う混声合唱の旋律が重々しく歩み始める。しばらくするとハ長調の薄日が差し込んできて、足取りが軽くなる。そこに賛歌風の調べも加わり、少しずつクレッシェンドしていくが、最後は「慈悲深い大地、大地、聖なる大地よ！」という歌声とともに優しく閉じる。

《ヴァイノの歌》作品一一〇　混声合唱と管弦楽のためのカンタータ。ラドガ湖北端に位置するソルタヴァラ（現ロシア連邦カレリア共和国内）で音楽祭を企画した一般教育協会の委嘱作。初演は一九二六年六月二十八日（カヤヌス指揮）。フィンランド語のテクストは、激しい争奪戦の末、海に砕け散った神器サンポの破片を岸辺で見つけたヴァイナモイネンが、その破片の力をもって大地の繁栄を願う『カレワラ』第四三章の第三八五〜四三四行から得ている。曲の前半はカレワラ歌謡のように、女声と男声が言葉を掛け合いながらリズミカルに進んでいく（第三八五〜四〇〇行）。後半は一転してコラール調になり、「創造主よ、われらが幸福でいられるよう守りたまえ」と、ヴァイナモイネンの祈りが切々と歌われる（第四〇一〜四三四行）。

◆その他

《カッサシオン》作品六　演奏時間十分ほどの管弦楽曲で、一九〇四年二月八日、ヴァイオリン協奏曲（初稿）や《お前に勇気はあるか？》作品三一の二などと一緒に初演。一九〇五年頃、オーケストラを縮小する改訂（曲の規模は逆に三五小節拡大）が行われている。その後シベリウスは再び改訂を計画したものの、結局それが果たされることはなく、作曲者の存命中に出版もされなかった。晩年の劇付随音楽《テンペスト》の〈エピローグ〉に《カッサシオン》の旋律の一部が借用されているのは、後者を出版する意向がシベリウスになかったからだろう。

カッサシオンというジャンルは、一八世紀後半に流行した多楽章形式の軽やかな管弦楽曲である。シベリウスの作品もいくつかのエピソード的部分からなるが、それぞれが結合しているので、外見は単一楽章形式の様相を呈している。重厚でメランコリックなシベリウス流のカッサシオンであり、曲全体は「急－緩－急」の構図を大枠にしつつ、哀愁を帯びた旋律が次々と表情を変えながら登場する。

《ロマンス　ハ長調》作品四二　一九〇四年三月二十六日に初演された弦楽合奏曲（初演時のタイトルは《アンダンテ》）。グリーグやチャイコフスキーを思わせる叙情的小品だが、曲の冒頭でホ短調を匂わせたり、中間部で悲劇的な衣をまとったり、憧れに満ちた旋律が突然現れたりするなど、さまざまな要素が織り込まれている。「ロマンティックな気分がハ長調で素朴に奏でられる曲」というわけではなく、むしろ作曲者の複雑な内面世界がにじみ出たような音楽である。ちなみにこの作品が初演された三ヵ月後、ボブリコフ総督の暗殺事件が起こっている。

《パンとエコー》作品五三　一九〇六年に作曲された舞踏的間奏曲。同年三月二十四日、ヘルシンキの新コンサートホール建築の支援を呼びかける夜会にて、活人画の付随音楽という形で初演された。作品のタイトルは、歌と踊りの上手な精霊エコーに求愛するものの拒絶された牧神パンが、仕返しに羊飼いたちを使って彼女を八つ裂きにすると、砕け散ったエコーの声は哀しい「木霊（こだま）」になってしまった、という神話的題材から得ている。この悲しくも壮絶な題材とは対照的に、シベリウスの音楽は地中海の芳香と春の陶酔を思わせる夢幻的な曲調で始まり、華々しい舞曲へと一気に変貌していく。コスモポリタンな芸術サークル、エウテルペの嗜好を色濃く反映した作品といえるだろう。

《イン・メモリアム》作品五九　一九〇九年作曲、翌一〇年に改訂された葬送行進曲。初演は一九一〇年十月八日。シベリウスの長女エヴァによると、同作品の計画は一九〇四年にボブリコフ暗殺事件を単独で起こした青年オイゲン・シャウマンの追悼と関係しているという。しかし、なぜかシベリウスは数年間、その計画を具体化しなかった。実際に着手されたのは、喉頭腫瘍の疾病で自ら死の不安を抱えることになる「暗黒期」に入ってからである。音楽学者タヴァッシェルナのように、この作品を「シベリウス自身の葬送行進曲」とみる向きがあるのはそのためだろう。どこにも行き場のない重苦しい曲調の音楽で、シベリウスの葬儀の際、タウノ・ハンニカイネンの指揮により厳かに演奏されたことでも知られている。

《歴史的情景第二番》作品六六　〈狩り〉〈愛の歌〉〈跳ね橋にて〉の三曲からなる組曲で、一九一二年三月二十九日に初演。その後、出版に際して大幅な修正が加えられた。初演に臨んだ評論家のなかには、「交響曲第四番の方向性を継承する作品」（オットー・コティライネン評）とコメントする者もいたが、それよりむしろ、「暗黒期」の引力圏から一歩踏み出そうとする作曲者のヴァイタリティを感じさせる音楽である。

祝祭的な雰囲気の〈狩り〉は、ホルンの力強いファンファーレで幕を開けた後、一気にテンポを上げてギャロップ風に展開していく。〈愛の歌〉はヴィオラと木管楽器が奏でる優しい旋律に続き、曲全体をオブラートで包み込むようにハープが加わる。なおスケッチの段階において、シベリウスが上記の旋律に「アイノ」という言葉を添えているのも興味深い。軽やかな〈跳ね橋にて〉は、弦のピッツィカートに乗って木管楽器が牧歌的な旋律を奏でる前半と、メヌエット風の調べをハープが印象的に彩る後半に分けられる。

■劇音楽

シベリウスの創作活動において、劇付随音楽は重要な位置を占めている。ポピュラーな《カレリア組曲》《フィンランディア》《悲しいワルツ》も、元をたどれば同ジャンルから生まれた曲である。シベリウスが取り上げた劇作品は、義兄や友人の手による戯曲から、メーテルリンク、ストリンドベルィ、ホフマンスタール、シェイクスピアの名作に至るまで幅広い。しかしその一方、シベリウスはオペラのジャンルで大きな成果を上げることができなかった。この寡黙な作曲家にとって、劇付随音楽とオペラの相違は決定的なものだったといえる。声高に自己主張するのではなく、作品の世界観を支えるため、あえて一歩奥に下がった慎ましい眼差し——シベリウスの資質を最大限に引き出したのは、そうした創作姿勢が求められる劇付随音楽だったのである。

◆オペラ

《塔のなかの乙女》ＪＳ一〇一　シベリウス唯一のオペラで、一八九六年十一月七日に初演された。ラファエル・ヘルツベルィによるスウェーデン語の台本は、「悪者バイリフの策略で城の塔に閉じ込められた美しい乙女を恋人が救い出そうとする。やがて女城主が現れ、バイリフを懲らしめてハッピーエンドとなる」という大変シンプルなもの。一幕八場からなり、上演時間は三十五分ほどである。台本こそ通俗的ながら、シベリウスの音楽はドラマ全体をコンパクトにまとめ上げ、スムーズな場面転換や小気味よいテンポ感など、注目される要素も認められる。しかし作曲者自身は失敗作とみなしたようで、再演後、お蔵入りにしてしまった。ヤラスの指揮により、ようやく日の目を見たのは一九八一年のことである。

生涯にわたりオペラの分野に強い関心を抱いたシベリウスだったが、《塔のなかの乙女》以外、作品として結実することはなかった。その理由は、彼の内向的な資質が、仰々しい作為性や演技性を本領とする同ジャンルの表現世界に向いていなかったからだろう（ただし、オペラと性質が異なる劇付随音楽は除く）。

◆劇付随音楽

《カレリア》ＪＳ一一五　一八九三年十一月十三日に初演された舞台劇『カレリア』は、日々厳しさを増していくロシアの政治的弾圧を背景に、フィンランド南東部カレリア地方との精神的絆を深める目的で企画されたものである。そのプロジェクトに賛同したシベリウスが序曲および八つの「情景」の付随音楽を創作したことで、同舞台劇の存在は広く後世に知られるようになった。

舞台劇は、十三世紀から十九世紀までのカレリア地方、およびヴィープリ城で起こったさまざまな歴史的出来事を流行の活人画で表現する、という内容であった。シベリウスの音楽は、カレリア地方の民俗歌謡を直接借用した第一の情景から、フィンランド国歌《わが祖国》で華々しく幕を閉じる第八の情景まで、スペクタクル映画のように効果的で親しみやすい旋律にあふれており、興趣が尽きない。なお声楽が導入される第一と第四の情景はそれぞれ『カレワラ』第一四章、アドルフ・アルヴィドソン編纂の『スウェーデンの古い民謡』（一八三七）からテクストを得ている。

『カレリア』初演後、作曲者は直ちに付随音楽をコンサート組曲へと改編する作業に取りかかる。そして最終的に序曲のほか、第三、第四、第五の情景に手を加え、前者を《カレリア序曲》作品一〇、後者の三曲――〈間奏曲〉〈バラード〉〈行進曲風に〉と命名――を《カレリア組曲》作品一一として別々に出版する（一九〇六年。なお第四の情景にもとづく〈バラード〉のバリトン独唱は、イングリッシュホルンに置き換えられている）。シベリウスが《カレリア序曲》のみ単独で出版した理由は、「作品があまりにも若書き過ぎるから」であったという。

《クリスティアン二世》作品二七　アドルフ・パウルの歴史劇『クリスティアン二世』の付随音楽。一八九八年二月二十四日に初演され、大ヒットを記録した。スウェーデン語によるパウルの劇は、デンマーク、スウェーデン、ノルウェーの三国を支配下においた十六世紀の人物、クリスティアン二世の波乱に富んだ人生を描いたもの。寵愛する美しい乙女デューヴェケが宮廷貴族の策略で毒殺（史実は不明）されると、クリスティアン二世は嫌疑がかけられた者を冷酷に処刑。有力者たちとの対立を深めていき、ついには対抗勢力をことごとく虐殺してしまう（いわゆる「ストックホルムの血浴」事件）。しかしそれが引き金となって、後にスウェーデン王となるグスタフ一世の反乱を招いてしまい、晩年は長い幽閉生活を送ることになる。

シベリウスが創作した七曲（初演当時は四曲）の付随音楽は、寂寞とした〈エレジー〉とデモーニッシュな〈バラード〉を除き、意外にも南欧の暖光を思わせる伸びやかな響きにあふれている。唯一テクストが導入されているのは幽閉中の王の傍らで道化師が淡々と歌う〈蜘蛛の歌〉だが、その突き抜けた調べはクリスティアン二世の最後の心境を象徴的に綴ったものだろう。なお組曲化にあたってはバリトン独唱を要する〈蜘蛛の歌〉、および〈メヌエット〉の二曲が外され、曲順も入れ替えられている。

《歴史的情景》ＪＳ一三七　ロシアの「二月宣言」発布後、フィンランドでは検閲がいっそう強化され、言論や表現、報道の自由も急速に奪われていった。そうした異様な状況下、同国の知識人たちは『歴史的情景』と題する舞台劇を急きょ企画する。神話の時代から十九世紀末までのフィンランドの歴史を壮大な活人画で描く同舞台劇のコンセプトは、六年前の『カレリア』のそれをさらにスケールアップさせたものであり、文化的手段によるロシアへの抗議という意味合いを含んでいた。その制作に加わったシベリウスは、前奏曲と六つの「情景」の付随音楽を創作。一八九九年十一月四日に初演されると、人びとの熱狂的な支持を集めるのだった。

その後シベリウスは作品を普及させる目的で、いつものように付随音楽をコンサート組曲へと改める仕事に携わる。そして上記より五曲を抜粋し、《情景の音楽》という形でまとめることにした。しかし翌一九〇〇年、ヘルシンキ・フィルのパリ万博遠征公演プログラムに載せるため、第六の情景〈フィンランドは目覚める〉にもとづく《情景の音楽》の終曲〈フィナーレ〉を組曲から切り離して修正。音詩《フィンランディア》作品二六として単独で世に送ることにする。さらに一九一一年、シベリウスは第一、第三、第四の情景にも修正を加え、〈序曲風に〉〈情景〉〈祝祭〉の三曲からなる《歴史的情景第一番》作品二五とした。こうして付随音楽の個性的な四曲が、ポピュラーな音詩および組曲という新たな装いで広く人びとに親しまれるようになったのである。

《クオレマ》ＪＳ一一三　『クオレマ』（「死」の意味）は、シベリウスの義兄アルヴィッド・ヤーネフェルトが一九〇三年に発表したフィンランド語の劇である。その上演に伴い、シベリウスは六曲の付随音楽を提供。同年十二月二日、フィンランド国立劇場で初演の運びとなった。物語は、パーヴァリというたくましい男の一生を綴ったもの。トルストイの人道思想から大きな影響を受けたアルヴィッドの作品らしく、社会への奉仕を貫き通すパーヴァリの理想主義的な生き方が時に幻想的、時に写実的な筆致で描かれている。シベリウスの語り口は驚くほど簡素で淡白だが、各場面の状況を鋭く捉えており、単独で聴いてもまったく色あせない。

シベリウスは『クオレマ』の付随音楽（第二、第三曲には独唱を導入）を組曲化しなかった。しかし一九〇四年、死の床につくパーヴァリの母親の幻影を描いた第一曲に修正を加え、《悲しいワルツ》作品四四の一として出版。空前の大ヒットを飛ばしている。続いて一九〇六年、第三と第四曲にもとづき、凛とした《鶴のいる情景》作品四四の二も発表（出版は一九七三年）。一九一一年にはアルヴィッドの劇改訂に伴い、〈カンツォネッタ〉と〈ロマンティックなワルツ〉の二曲（作品六二）を新たに追加した。なお淡く切ない情感が印象的な〈カンツォネッタ〉は半世紀後の一九六三年、珍しくもストラヴィンスキーにより編曲の手が加えられている。

《ペレアスとメリザンド》JS一四七　メーテルリンク作『ペレアスとメリザンド』（グリペンベルィ訳のスウェーデン語版）の劇付随音楽。一九〇五年三月十七日にスウェーデン劇場で初演され、大きな反響を呼んだ。物語はアルモンド王国の神秘的な城が舞台。ある時、老王アルケルの孫ゴローが森の泉のほとりで謎めいた乙女メリザンドに出会う。二人は結婚するが、やがてメリザンドはゴローの異父弟ペレアスと愛し合うようになる。それに激しく嫉妬したゴローはペレアスを刺し殺す。弱り果てたメリザンドも女の子を産み落とした後、「ペレアスを愛していましたが、罪は犯しませんでした」とゴローに語り、そっと息を引き取る……。

この夢幻的、暗示的な名作劇に、シベリウスは十曲の付随音楽を創作。第三幕第二場でメリザンドが寂しげに歌う〈三人の盲目の姉妹〉のみテクストが導入され、それ以外はすべて性格のくっきりした簡潔な器楽曲である。その控え目だが厳しく洗練された書法は、二年半後に発表される交響曲第三番の第二楽章にも通ずる要素であり、アイノラ移住後のシベリウスが目指した新しい作風の一端をのぞかせている。

なお付随音楽をコンサート組曲の形にさっそく改編したシベリウスは一九〇五年十一月、《ペレアスとメリザンド》作品四六を出版する。それに伴い、作曲者は付随音楽の第九曲を削除したほか、〈三人の盲目の姉妹〉の女声独唱をクラリネットに置き換えることにした。さらに、糸を紡ぐメリザンドを描いた付随音楽の第五曲を七番目に移したが、それ以外はほぼ原曲のままで組曲版としている。

《ベルシャザールの宴》ＪＳ四八　旧約聖書より、『ダニエル書』第五章「壁に字を書く指」を題材としたヤルマル・プロコペの異色作『ベルシャザールの宴』の劇付随音楽。一九〇六年十一月七日、スウェーデン劇場にて初演。スウェーデン語による劇の内容は、バビロン王朝を舞台に、ベルシャザール王をめぐるユダヤ人の陰謀と愛憎、予言、そして殺害を描いている。

シベリウスの付随音楽は十一曲だが、宴の時にユダヤの奴隷少女カドラが命懸けで踊る〈生の踊り〉と〈死の踊り〉は劇中で何度か繰り返される。また第二曲ｂ〈ユダヤの少女の歌〉はテクストを伴い、「エルサレム！そなたの門はどれほど遠いのか？」と、バビロニアに捕らえられたユダヤ人の悲しみが透明な旋律で歌われる。全体を通して東洋的な色彩感が特徴で、ベルシャザール王の行列を描いた第一曲および宴で騒々しく奏でられる第三曲は、とりわけ「オリエンタル・ムード」に満ちあふれている。

一方、シベリウスは一九〇七年九月二十五日、四曲からなる《ベルシャザールの宴》作品五一を発表。この組曲化に際し、〈ユダヤの少女の歌〉の女声独唱をヴィオラ独奏とチェロ独奏に置き換え、第二曲〈孤独〉へと改めている。また〈生の踊り〉と〈死の踊り〉の二つを組み合わせて、第四曲〈カドラの踊り〉と命名した。

《白鳥姫》ＪＳ一八九　ストリンドベルィ作『白鳥姫』の劇付随音楽で、一九〇八年四月八日、スウェーデン劇場にて初演された。不思議な世界で繰り広げられる童話風の物語は、困難に立ち向かい、人生を力強く切り開こうとする若い白鳥姫の健気な姿を描いたもの。邪悪な魔女の継母によるさまざまな妨害に屈することなく、白鳥姫は彼女を改心させ、恋に落ちた隣国の王子――その溺れ死んだ亡骸――を愛の力で蘇らせる。

シベリウスが残した十四曲の付随音楽はきわめて繊細、寡黙である。白鳥姫の危機を救う魔法の角笛とハープが物語の重要な鍵を握っているが、それらの響きはホルンや弦のピツィカートで巧みに模される。また劇を彩るファンタジックな動物たち、たとえば孔雀（第二曲）やこまどり（第六曲）の鳴き声も聞こえてくる。その「過度な表現と洗練を退けたシンプルな音調」（初演時のヴァァセニウス評）こそ、逆に大きな魅力であろう。

一九〇八年夏、シベリウスは付随音楽の各曲を巧妙につなぎ合わせて凝縮し、七曲からなる組曲版《白鳥姫》作品五四に着手する。その際、ハープやカスタネット、オーボエ、ファゴットを新たに取り入れるなど、オーケストラの規模を拡大した。そのため組曲版の方が遥かに色彩豊かである。ただし付随音楽の第一三、第一四曲に導入されたオルガンは取り除かれている。

《とかげ》作品八　エウテルペのメンバーでシベリウスの友人、ミカエル・リューベックによる『とかげ』（一九〇八）の劇付随音楽。一九一〇年四月六日、スウェーデン劇場にて初演された。スウェーデン語で書かれたリューベックの劇は、二十三歳の過敏な青年アルバンを主人公に、善と悪の葛藤を心理ドラマ風の筆致で描いたもの。アルバンは純情な乙女エリシフと許嫁（いいなずけ）の仲だったが、魅惑的な悪女アドラ（とかげのような服を身に着けている）から官能の誘惑を受けてしまう。苦悩の末エリシフは命を落とし、アルバンはアドラを殺して発狂する。

シベリウスの付随音楽は第二幕の第一、第三場の二曲のみであり、小編成の弦楽合奏が用いられている。演奏時間は前者が三分、後者が十五分程度。全体的に暗く謎めいた曲調で覆われているが、第一曲の冒頭と第二曲の後半には輪郭のある旋律がくっきりと現れる。それ以外は半音階や増四度、シンコペーションを多用した陰鬱なフレーズが延々と続くなか、登場人物たちの心理的葛藤、おぞましい幻覚が不気味に奏でられる。

《スカラムーシュ》作品七一　デンマークの作家ポウル・クヌーセンのパントマイム劇『スカラムーシュ』（一九一二）に付曲した音楽。完成は一九一三年末だが、コペンハーゲン王立劇場での初演は八年半後の一九二二年五月十二日である（ゲーオア・フベア指揮）。クヌーセンの台本は、「醜いせむしのヴィオラ弾きスカラムーシュが舞踏会でレイロンの妻を誘惑するものの、逆に彼女に短剣で殺される。錯乱した妻はレイロンの奏でる音楽に合わせて激しく踊り続け、ついには力尽きて死んでしまう」という悲劇的な内容。
ハンセン社からの委嘱後、予想より遥かに長大な曲の創作に困難をきたしたシベリウスは、受諾したことを酷く後悔する（二幕からなり、演奏時間は七十分程度）。しかし作品は比較的コンパクトなオーケストラ編成が幸いし、すみずみまで神経の行き届いた彫の深い音楽に仕上がった。とりわけ注目に値するのは、優雅なメヌエット、ワルツ、ボレロから、デモーニッシュな「死の舞踏」に至るまで、作品の節々に散りばめられた舞曲的要素だろう。その洒落たニュアンスは、円熟期シベリウス特有の軽妙なダンディズムに満ちている。

《イェーダーマン》作品八三　ホフマンスタール作『イェーダーマン』（使用されたテクストはフーゴ・ヤルカネンのフィンランド語訳）の劇付随音楽。一九一六年十一月六日、フィンランド国立劇場で初演された（カヤヌス指揮）。ホフマンスタールの作品は中世イギリスの道徳劇を改作したもの。主人公の拝金主義的なイェーダーマン（「あらゆる人」の意味）が恋人や友人たちと楽しく宴に興じていると、突然「死神」が現れて彼を連れ去ろうとする。誰もイェーダーマンを助けようとしない。しかし唯一、病んだ女「善行」が手を差し伸べ、自分の姉「信仰」に救いを求めるよう助言する。ついに悔悛（かいしゅん）したイェーダーマンは「善行」と墓に赴き、その魂が救済されるという寓話。
シベリウスの十六曲の付随音楽は劇の流れにしたがい、以下の三つのグループに分けられる。第一は、死神がイェーダーマンを獲るよう命ぜられる最初の場面（第一～二曲）。強烈な金管楽器とティンパニ、鐘の音が「審判の日」を巧みに演出する。第二は、テクストが導入される宴の場面（第三～一〇曲）。「さあおいで、一緒に踊ろう。甘い快楽とともに時は過ぎゆく」と、独唱や合唱が現世的な愉悦を歌う。第三は付随音楽の白眉であり、「善行」「信仰」「悪魔」が次々と現れた後、イェーダーマンが墓へ向かい、最後に天使が神の栄光を称えるまでの一連の場面（第一一～一六曲）。そこでは合唱のほかオルガンも加わり、この世のものと思えぬ恐ろしい気配（第一一、一四曲）から魂の浄め（第一二、一三、一五、一六曲）まで、多彩な音楽が幅広く奏でられる。

なお《イェーダーマン》は組曲化されなかった（ただしピアノ用に三曲が改編）。そのため演奏機会こそ恵まれないが、宗教的題材に対するシベリウスの鋭い感性を存分に味わうことのできる稀有な音楽といえるだろう。

《テンペスト》JS一八二 シェイクスピア作『テンペスト』（エドヴァルト・レンブケ訳のデンマーク語版）の劇付随音楽。一九二六年三月十六日、コペンハーゲン王立劇場にて初演された（ヨハン・ヒュエ＝クヌーセン指揮）。

「復讐と束縛から赦しと解放へ」という人間の普遍的なテーマをファンタジックに描いた『テンペスト』は、シェイクスピア晩年の傑作ロマンス劇である。シベリウスの付随音楽は三十六曲を数え、そのほとんどは三分にも満たない。しかし公爵プロスペロ（第八曲）、娘ミランダ（第一四曲）、怪物キャリバン（第一一曲）ら、主要な登場人物たちのキャラクターを一瞬で描き出す作曲者の手腕は、見事の一言に尽きる。一方、人びとを包み込む海や森、大気は決して彼らに優しい存在ではなく、超越的な佇まいをもって人間を厳しく支配しようとする。「嵐の海」（第一曲）、「風」（第四曲）、「木」（第九曲）、「虹」（第一三曲）などに託されたシベリウスの眼差しは、聴き手に強烈なインパクトを与えるに違いない。

生涯篇でも述べたが、一九二七年に行われた《テンペスト》の組曲化の際、シベリウスは付随音楽を大胆に切り刻み、それら「断片」を組み合わせてばらばらに配置してしまった（独唱、合唱はすべて削除）。そのため組曲から劇全体の流れをイメージすることはできない。組曲の聴き手に対してシベリウスが強調したかったのは、劇の整合性よりも、一つひとつの曲に込められた事柄の象徴的意味合いだったのだろう。

■室内楽曲

シベリウスの作曲活動は、室内楽曲の創作からスタートしている。ハメーンリンナ時代、ピアノとヴァイオリンを習い始めた少年シベリウスは、姉弟や友人たちと室内楽の演奏を大いに楽しんだ。一八八一年頃より手掛けるようになったいくつかの室内楽曲は、主に彼らとのアンサンブルを念頭において作られたものである。ただしハイドンやシューベルト、メンデルスゾーンを思わせるそれら優しい習作の内に、シベリウスの独自性を見出すことは未だできない。

ヘルシンキ音楽院時代も、シベリウスは室内楽曲を中心に創作活動を継続していく。一八八七年春、ヴェゲリウスの下で作曲のレッスンを本格的に受け始めると習作の数は格段と増え、より規模の大きい組曲や変奏曲、フーガにも取り組むようになる。音楽院時代の作品は現在でもレパートリーに定着しているわけではないが、シベリウスの個性的な音調の萌芽をそこに垣間見ることはできよう。

なお上記の習作のほとんどは、一九八二年にシベリウスの親族がヘルシンキ大学へ寄贈した膨大な自筆譜（フィンランド国立図書館所蔵）の調査でようやく明らかになったものである。作曲者の存命中に出版されなかった初期の室内楽曲に対し、シベリウス自身は後年、批判的な態度を示した。しかし若き日のシベリウスがそれらの習作を通して古典的な音楽論理や様式感を身につけたことは間違いなく、彼の作曲家としての成長において無視できない意味を持っている。

ベルリンおよびウィーン留学時代に着手された作品で注目に値するのは、ピアノ五重奏曲ＪＳ一五九と弦楽四重奏曲作品四（いずれも一八九〇）の二曲である。とりわけ後者は初期の室内楽曲で唯一、作品番号が与えられており、その朗々たるヴァイタリティにはシベリウス独自の歌心が明確に刻まれている。ところがその後シベリウスの関心が管弦楽に向けられるようになると、彼の創作意欲はそちらに奪われてしまった。一八九二年から一九〇八年にかけて発表された室内楽曲は数少なく、しかも作品番号が付いているのはチェロとピアノのための《マリンコニア》作品二〇（一九〇〇）のみという状況である。

そうした不毛を打ち破るかのように、円熟期を迎えたシベリウスは弦楽四重奏曲《親愛なる声》作品五六（一九〇九）に着手する。きわめて内省的な気分に彩られた作品だが、弦楽合奏を思わせる重厚な曲調、そして緩徐な第三楽章を中心にした五楽章構成のデザインは同ジャンルの伝統を超えており、新しい表現世界に向かおうとする作曲家の意欲に満ちている。その意味でシベリウスの《親愛なる声》は、ドビュッシー、ラヴェル、レーガーらの弦楽四重奏曲と同様、世紀転換期のそれを代表する重要な作品といえるだろう。

一方、一九一四年に勃発した第一次世界大戦はシベリウスの創作活動に大きな変化をもたらした。戦争の影響による経済的打撃で日銭を稼がなければならず、小品の作曲に忙しく追われるようになったからである。ピアノやヴァイオリンのためのアンコール・ピースがこの時期、大量に生み出されているのはそのためだ。ちなみに一九一五年から一八年にかけて創作された作品七八〜八一は、すべてヴァイオリン（一部はチェロで代替可）とピアノのための小品集、ソナチネである。なかでも機知に富んだソナチネ作品八〇（一九一五）は、かつてヴァイオリニストを目指したこともある作曲家の淡いノスタルジーがにじみ出たような曲で味わい深い。

一九二〇年代は晩年の創作期に入るが、交響曲第六番、第七番の発表と前後してシベリウスはヴァイオリンとピアノのための《ノヴェレッテ》作品一〇二（一九二二）や《五つの田園舞曲》作品一〇六（一九二四〜二五）、弦楽四重奏曲《アンダンテ・フェスティヴォ》ＪＳ三四ａ（一九二二）を作曲している。さらに第八番との壮絶な格闘の最中、ヴァイオリンとピアノのための《四つの小品》作品一一五と《三つの小品》作品一一六（いずれも一九二九）を創作。静かな余韻のなかにも澄み切った表情をたたえながら室内楽への取り組みにピリオドを打つ。

■ピアノ曲

ハメーンリンナ時代から一九三〇年代初頭に至るまで、シベリウスはすべての創作期でピアノ曲を手掛けており、その総数はおよそ百五十曲に上る（三十五曲ほどはJS番号。その他、劇付随音楽などのピアノ編曲版も数多い）。比較的長い創作の空白期は一九〇五〜〇八年と一九二五〜二八年のみであることから、この作曲家にとってピアノはつねに身近な存在だったことがうかがえる。

だがシベリウスによると、「ピアノは歌えないし、表現に不十分な楽器である」という。また「ピアノ曲の多くは経済的理由で創作したに過ぎない」とも述べている。確かに第一次世界大戦中、厳しい財政状況に伴い、数多くのピアノ曲を売らなければならなかったことは事実である。フィンランドの出版社から世に出した上記の小品に対し、シベリウスはあくまでも同国内でのささやかな用途を望んだ。しかし後にその版権がブライトコプフ社とハンセン社に移行したため、作曲者の意向に反して世界中に広まってしまったという事情もある。軽いアンコール・ピースの創作によって、シンフォニストとしての名声をおとしめたくない——円熟期のシベリウスが自らのピアノ曲をあえて過小評価しようとしたのは、そうした考えが脳裏をよぎったからだろう。

もっとも、最晩年のシベリウスは以前の見方に縛られることなく、「シューマンの作品と同様、将来それらのピアノ曲は必ず愛され、ポピュラーなものとなるでしょう」とレヴァスに伝えている。おそらく、それが彼の本心だったと思われる。実際のところ、シベリウスのピアノ曲は短編ながらいずれも個性豊かであり、この作曲家の楽興を何ら飾らぬ姿で写し出しているのだから。

ハメーンリンナ時代、ヘルシンキ音楽院時代、留学時代に手掛けられた最初期のピアノ曲にはJS番号が付されている。それらのほとんどは、変奏曲やソナタ形式などの習作、あるいは《フロレスタン》JS八二や《ベッツィー・レルヒェに》JS一（いずれも一八八九）のように友人らへのプレゼントとして作られたもので、いわゆる「作品」としての感覚は未だ薄い。

シベリウスが最初に創作した作品番号付きのピアノ曲は、ピアノ・ソナタ作品一二（一八九三）と考えられている。習作を除くと、これはシベリウス唯一のピアノ・ソナタであり、この作曲家独自の豪快なピアノ書法、「生命力あふれるヴィルトゥオジティ」（フィンランドのピアノ音楽界を牽引したイルマリ・ハンニカイネン評）が鮮明に見て取れる。とりわけ興味深いのは、カレワラ歌謡を思わせるメランコリックな旋律と急速な舞曲の両要素により、民族的色調が彩られた第二楽章であろう（『カレワラ』第四〇章にもとづく未完の合唱曲から素材を得ている）。上記と同様の方向性は続いて着手された《六つの即興曲》作品五（一八九三）にも見出すことができるが、この素朴な曲集はシベリウスが出版した最初の作品番号付きピアノ曲としても知られている。

《一〇の小品》作品二四は、一八九五年から一九〇三年にかけて創作された十曲を、後にブライトコプフ社がまとめて出版した曲集である。重厚なロマン的情緒とピアニスティックな書法が融合した、初期シベリウスを代表するピアノ曲といってよい。「三つの叙情的小品」の副題を持つ《キュッリッキ》作品四一（一九〇四）の表現手法は、作品二四の延長上に位置付けることができよう。その高度な技巧性とスケールの大きさは、シベリウスの全ピアノ曲においても群を抜いている。なお『カレワラ』第一一章に登場するキュッリッキは、レンミンカイネンの心を射止めた島の美しい娘の名前である。作品のタイトルは何らかの標題的要素を示唆しているものの、なぜか作曲者は『カレワラ』からのインスピレーションを明確に否定している点が興味深い。

それに対し、《キュッリッキ》に先駆けて創作（編曲）された《フィンランド民謡》JS八一（一九〇二〜〇三）は、後の作風を予感させる透明な響き、簡潔な音調、抑制されたテクスチュアに向かっている。その特徴は一九〇九年に完成した《一〇の小品》作品五八において、いっそう内省的な世界へと変貌を遂げていく。ポリフォニックな書法と大胆な和声に縁取られた作品五八は晦渋な印象を与えるが、円熟期シベリウスのピアノ書法をもっとも充実した形で伝えてくれる曲集である。その後、シベリウスは上記の方向性をさらに突き詰めていった。そしてついには曲のタイトルも切り捨て、より抽象的な音楽表現をきわめていくのだが、それが《三つのソナチネ》作品六七と《二つのロンディーノ》作品六八（いずれも一九一二）である。両作品はコンパクトながら、シベリウスのピアノ曲が到達しえた一つの究極的な姿を呈している。

一方、シベリウスのピアノ曲は一九一四年以降、一気に数が増える。先にも述べたように、経済的な事情からアマチュア向け小品の出版を余儀なくされたからである。作品二四と同様、これまで書き留めてきた数々のピアノ曲を一つにまとめ、作品番号を付して出版した曲集には《バガテル集》作品三四（一九一三〜一六）、《パンセ・リリック》作品四〇（一九一二〜一六）、《一三の小品》作品七六（一九一一〜一九）の三つがある。また比較的短い期間で創作、あるいは特定のテーマでまとめた曲集としては、《叙情的な小品》作品七四（一九一四）、《五つの小品》作品七五（一九一四。第五番は一九一九年改訂。「樹」がテーマ）、《五つの小品》作品八五（一九一六〜一七。「花」がテーマ）、《六つの小品》作品九四（一九一九。第二番のみ一九一四）、《六つのバガテル》作品九七（一九二〇）、《八つの小品》作品九九（一九二二）が挙げられよう。それらはいずれも一〜三分程度の小品であり、高度な演奏技術や特別な集中力を要することもない。しかし軽やかで親密、粋な曲調に満ちあふれ、近年はその意外な魅力が広く知られつつある。

その後、一九二三年から二四年にかけて着手された《五つのロマンティックな作品》作品一〇一と《五つの性格的印象》作品一〇三、作品番号付きのピアノ曲としては最後のものとなる《五つのスケッチ》作品一一四（一九二九）の創作を通して、晩年期シベリウスはさらに新しい境地へと向かう。そこにおいては、より緊密に各曲を関連付け、曲集全体を組曲のように統一しようとする傾向が見出される。各曲のテクスチュアも個性的で、シンフォニックな〈村の教会〉作品一〇三の一から、ピアニスティックな〈嵐〉作品一〇三の四、さらには印象主義的な〈夕べの歌〉作品一〇一の二や〈森の歌〉作品一一四の四に至るまで、きわめて多彩だ。その飄々とした世界は、シベリウスのピアノ曲の総決算といっても過言ではない。

■歌曲

シベリウスは生涯に歌曲を百曲以上手掛けている。作曲者がレヴァスに伝えたところによると、それらは「内的自己の純粋な表現」として創作、出版されたものである。ただし、その創作意欲を駆り立てる優れた演奏家が彼の周囲にいたことは指摘されるべきだろう。フィンランド人歌手、イダ・エクマンとアイノ・アクテの二人である。著名なソプラノ歌手だった両者はいささかタイプが異なり、エクマンが繊細で叙情的な表現を得意としたのに対し、オペラでも活躍したアクテはドラマティックな声質で本領を発揮している。シベリウスは両者の芸術性に配慮して数多くの歌曲を創作したが、そのほとんどを初演したのも彼女たちだった。

シベリウスが主に付曲したのは、ルネベルィ、トペリウス、ヨセフソン、リュドベルィ、ヴェクセル、カール・タヴァッシェルナらによるスウェーデン語の詩である。続いてドイツ語、フィンランド語、英語（一曲のみ）のテクストが選ばれている。この選択はシベリウスの母語に注目すれば当然だろう。心の機微や内面世界を親密に表現する歌曲のようなジャンルにあっては、言葉の微妙な陰影、抑揚、さらにはそれが醸し出すイメージ作用に精通していることが根本的に求められるからである。ちなみに、シベリウスは『カレワラ』をテクストとした歌曲を一つも書いていない（《ルオンノタル》や《クレルヴォ》第三楽章の一部のピアノ伴奏版などは除く）。

ヘルシンキ音楽院時代の《セレナード》JS．六七（一八八八）から《ルネベルィの詩による六つの歌》作品九〇（一九一七）までの三十年間、シベリウスは継続的に歌曲（曲集）を発表している。それらは作曲、出版の仕方によって大きく二つのグループに分けられよう。第一のグループは一九〇四年までに手掛けられた歌曲。まず個別に創作後、五〜七曲を一つにまとめ、作品番号を付して出版した曲集である（作品一三、一七、三六、三七、三八）。第二のグループは一九〇六年以降の歌曲であり、一つの曲集として出版するため、短い期間で集中的に創作したものである（作品三五、五〇、五七、六一、八六、八八、九〇。ただし作品一と七二は例外）。いくつかの曲集には統一的な要素が認められ、作品五〇はすべてドイツ語のテクストに拠っているほか、作品一三と九〇はルネベルィ、作品五七はヨセフソンの詩でまとめられている。とはいえ作曲者自身が「連作歌曲」とみなしたのは、花をテーマにした作品八八のみである。

歌曲というジャンルに対するシベリウスのセンスは大変研ぎ澄まされており、最初期の《セレナード》でさえ、すでに十分洗練された佇まいをみせている。その後、作品一三（一八九〇〜九二）と一七（一八九一〜一九〇四）においてシベリウスは、さまざまなスタイル――伝統的なドイツ歌曲、印象主義風のシャンソン、劇的なバラード、カレワラ歌謡など――から刺激を受けながら「自らの声」を追い求めていく。ピアノ伴奏も独特であり、息の長いトレモロ、繊細なアルペッジョ、分厚い和音、アルカイックな響きなど、多彩な書法を自在に駆使することで各詩の雰囲気を効果的に醸し出している。そうした手法は、作品三六（一八九九〜一九〇〇）、三七（一九〇〇〜〇二）、三八（一九〇三〜〇四）に受け継がれていくが、その一方、一九〇三年に作られた〈秋の夕べ〉や〈海辺のバルコニーで〉（作品三八の一・二）の険しい音調を耳にすると、さらに斬新な響きを求めようとするシベリウスの変化が見て取れる。

作品五〇（一九〇六）以降の歌曲集も、多様なスタイルが複雑に混在している。そうしたなか、曲調が一貫しているのは〈ユバル〉と〈テオドラ〉の二つからなる作品三五（一九〇八）で、その極度に切り詰められた書法は交響曲第四番のそれを思わせる。作品五七（一九〇九）も、渋みのある〈私は一本の木〉や〈水の精〉（第五、八曲）が表現主義的な音調を際立たせていよう。上記の歌曲は、作品三八の一・二をさらに蒸留した厳しさをたたえており、「暗黒の深淵」をのぞいてしまった作曲家の絶望感がにじみ出ているかのようだ。それに対して、作品六一（一九一〇）と七二（一九〇七・一九一五。第一次世界大戦の混乱により、第一曲〈別れ〉と第二曲〈オリオンの黄道〉〔いずれも一九一四〕は紛失）はピアノ伴奏に実験的な書法がみられ、印象主義風の軽やかさ、ウイットやユーモアも目立つようになる。なお、同時期にまとめられた曲集としては《五つのクリスマスの歌》作品一（一八九七〜一九一三）が愛らしい。また単独で出版された《アリオーソ》作品三（一九一一）も流麗な歌曲である。

第一次世界大戦の混乱期、立て続けに創作された作品八六（一九一六〜一七）、八八（一九一七）、九〇（一九一七〜一八）はすべて、全盛期が過ぎ去ろうとしていたエクマンのために書かれた歌曲集である。明澄な古典性、透き通った叙情性が前面に押し出されているのは、シベリウスが「親密で自然、知的なエクマンの歌声」を具体的に想定して各曲集を手掛けたからだろう。そこにはノスタルジックな響きがしばしば見出されるが、〈そして一つの考えが〉作品八六の四や〈北国〉〈誰がお前をここに導いたのか？〉（作品九〇の一・六）のように、時として鬼気迫る瞬間に出会うこともある。憧れに満ちた感情が大きく高ぶっても、端正な歌声は決してその輪郭を崩さない——そうした厳しい自己抑制が、かえって作曲家の突き抜けた眼差しを映し出しているようにみえる。

一九一〇年代末、エクマンとアクテはともにキャリアの終焉を迎えた。それと歩調を合わせるように、シベリウスも歌曲集の創作に幕を引く。以後、手掛けられた歌曲の新作はわずかだが、そのなかでも《若い娘たち》JS一七四（一九二〇。プロコペ詩）と《水仙》JS一四〇（一九二五。グリペンベルィ詩）は、とても魅力あふれる作品である。

■合唱曲

本項では、シベリウスの無伴奏合唱曲を主に取り上げる。それらの多くは男声合唱、次いで混声合唱（ただし男声合唱を混声用に改編したものがかなりある）のために書かれ、女声合唱と児童合唱の数は非常に少ない。テクストはフィンランド語、スウェーデン語がほとんどであり、わずかだがラテン語、英語も見受けられる。こうした傾向は、シベリウスが特定の男声合唱団――フィンランド語系のヘルシンキ大学男声合唱団、スウェーデン語系のムントラ・ムシカンテルなど――の委嘱で作品に取り組む機会が多かったからだろう。その他、友人へのプレゼントとして創作された曲もかなりある。

シベリウス最初期の合唱曲は一八八八年頃、ヘルシンキ音楽院時代に作られたスウェーデン語の混声合唱曲である（JS七二、九六、一三九、一九一など）。また、彼はヴェゲリウスやベッカーの下で膨大な数のコラールも習作している（一八八七〜九〇。手稿譜がフィンランド国立図書館に所蔵されており、現在ではCDで耳にすることもできる）。もちろん、それら合唱曲に円熟期のシベリウスらしい響きを期待することはできない。だが、もし上記の訓練を地道に積んでいなかったら、壮大な男声合唱を伴う《クレルヴォ》（一八九二）の成功もなかったろう。個性的な音楽を生み出すためには、それ以前に作曲技術の厳しい修練が求められる所以である。

その後《クレルヴォ》の創作を転機としてシベリウスは、いわゆる民族アイデンティティの問題へと向かっていく。実際、ラリン・パラスケやペトリ・シェメイッカからの歌声に接し、強烈なインパクトを受けた彼は、それをヒントにさまざまな実験を行うようになる。合唱曲のジャンルでその成果が最初に現れたのは、『カレワラ』第四〇章をテクストとする〈船旅〉作品一八の三（一八九三）であった。この作品に見出される四分の五拍子のリズム（カレワラ韻律）、旋律の独特な躍動感やノリには、シベリウスという作曲家のフィルターを経た「フィンランド的なもの」のイメージが明確に刻印されている。その意味で、〈船旅〉を含む《六つの歌》作品一八（一八九三～一九〇二）は、シベリウスのフィンランド語合唱曲の金字塔といってよい。また同分野において作品一八と双璧をなすのは、ヘルシンキ大学男声合唱団が企画した作曲コンクールの応募作《ラカスタヴァ》JS一六〇a（一八九四）だろう。『カンテレタル』よりテクストが採られたこのナイーヴな曲はきわめて奥ゆかしく、洗練された佇まいだが、〈船旅〉とはまったく異なる趣きで「フィンランド的なもの」のイメージを聴き手に喚起している。

一方、当時シベリウスはヘルシンキ大学の臨時教師をしていたため、その祝賀行事の折に荘厳なカンタータをいくつか創作している。《一八九四年の卒業式典カンタータ》JS一〇五（一八九四）、《ニコライ二世の戴冠カンタータ》JS一〇四（一八九六）、《一八九七年の卒業式典カンタータ》JS一〇六（一八九七）の三曲である。シベリウスはそれらカンタータの一部を後に無伴奏合唱曲へと改編しているが、なかでもJS一〇六から十曲を抜粋してまとめ直した作品二三はエネルギッシュで聴きごたえがある。同様に、ヘルシンキ大学の産科学教授を務めたヨゼフ・ピッピングショールドの記念碑除幕式で初演された清澄な《賛歌》作品二一（一八九六）も、大学の仕事の一環として作曲されたものである。

アイノラ移住後、第一次世界大戦が勃発するまでの十年間にシベリウスが手掛けた合唱曲は少ない。そのなかで注目されるのは、「望郷」と「祈り」をテーマにした作品六五の二曲だろう。エルンスト・クナーペの詩による第一曲〈平野と海辺の人びと〉六五a（一九一一）は、シベリウスのスウェーデン語合唱曲の頂点をなす傑作である。ノスタルジーあふれる静穏な作品だが、流麗なポリフォニック書法、遠隔調への絶妙な転調、それに伴う豊かな色彩効果は特筆に値する。第二曲〈カッリオ教会の鐘〉作品六五b（一九一二）は、ヘルシンキのカッリオ教会（一九一二年竣工。設計はアイノラをデザインしたラルス・ソンク）のカリヨンの調べを作曲したシベリウスが、その旋律にフィンランド語の歌詞（ヘイッキ・クレメッティ作）を付して混声合唱曲へと改編したもの。心に染み入る敬虔な旋律と祈りの余韻が、聴く者に静かな感動を与える作品である。

第一次世界大戦の混乱期に創作された《五つの歌》作品八四（一九一四〜一七）は、作品六五aと並んでシベリウスのスウェーデン語合唱曲の代表作といってよい。第五曲〈海で〉を除き、ムントラ・ムシカンテルのために書かれたもので、シベリウスの全合唱曲においても圧倒的に高度な演奏技術を要する作品である。初演を行った指揮者の一人オロフ・ヴァッリンは、「曲の独創性、斬新なスタイルが男声合唱曲の歴史に新たな扉を開いた」と述べているが、シベリウス自身もその革新性に相当の自信をのぞかせたようだ。半音階で微細にスライドする旋律と和音、長・短二度の不協和なぶつかり合いが随所に盛り込まれ、これまでのシベリウスの合唱曲とは異なる妖艶で謎めいた響きを生み出している。

一九二四年から二五年にかけて取り組まれた《二つの歌》作品一〇八は、作品番号付きの合唱曲としてはシベリウス最後のものである。ラリン・キョスティによるフィンランド語の詩に付されたこの男声合唱曲は、同時期のシベリウス作品にしては意外なほど諧謔（かいぎゃく）的な雰囲気に包まれている。しかし演奏の難易度は高く、初演後に「合唱曲の限界値を超えてしまった音楽」（オットー・コティライネン評）とコメントする者さえいた。キョスティの詩はさすらう旅人の生き様を肯定的に描いたものだが、この合唱曲によって晩年のシベリウスは自分自身の姿を投影しようとしたのかもしれない。

■その他

《フリーメイソンの儀式音楽》作品一一三 一九二七年一月十二日の初演時は八曲で構成されていた。その後、シベリウス存命中の二度にわたる出版（一九三六・一九五〇）に伴い、新作の追加や曲順の変更が加えられて現在に至っている（作曲者没後も版が重ねられた）。これまで十分な録音に恵まれず一種の「秘曲」とされてきたが、今では一九五〇年版の全十二曲をCDで聴くことができるようになり、最晩年シベリウスの創作活動に興味深い光を投げかけている。

実に充実した作品である。テノール独唱とオルガン（ハーモニウム）の組み合わせを中心としつつも、オルガン独奏や合唱の導入された曲もある。注目のテクストはゲーテ、フランツ・フォン・ショーバー、リュドベルィのほか、アウクスティ・シモヨキやサムリ・サリオらフィンランドの知識人、さらには中国の鮑超（ホウ・チョウ）のものまで含まれており、選択の幅が広い。テクストの点からすると、作品全体を締め括る第一二曲〈フィンランディア賛歌〉に、フリーメイソン会員でテノール歌手だったヴァイノ・ソラの歌詞が付されているのも目を引く（一般に親しまれているのはコスケンニエミによるもの）。

音楽的にはシンプルなものの、青空のように澄み切った旋律が意想外な転調を伴う和声と織り合わせられ、独特の世界を作り上げている。なお第七曲〈愛する者は誰しも〉の中間部において作曲者は、フリーメイソンへ入会した年に創作した弦楽四重奏曲《アンダンテ・フェスティヴォ》（一九二二）の旋律を用いているが、これは自作からの「引用」を基本的に避けたシベリウスとしては珍しいことである。

フィンランド国立図書館に所蔵されている音詩《ルオンノタル》作品70の自筆譜(HUL0005)。シベリウス生誕150周年を記念し、2015年にブライトコプフ社より出版された。シベリウスの管弦楽曲としては、初めての全曲ファクシミリ版である。インクの濃淡や推敲の跡、修正箇所もカラー高画質で鮮やかに再現されており、シベリウスの力強く端正な筆致がありありと見て取れる。

あとがき

本書は、フィンランドの作曲家ジャン・シベリウスの人物像、音楽家としての軌跡、作品の特徴や創作背景について、最新の研究成果を踏まえながら論じたものである。

菅野浩和氏が日本語による初のシベリウス伝『シベリウス　生涯と作品』（音楽之友社）を出版したのは一九六七年であった。それからちょうど五十年の歳月が経ったことになる。その間、シベリウスの日記や書簡集、詳細な作品目録が次々と刊行されたほか、フィンランド国立図書館所蔵の自筆譜の調査も飛躍的に進んだ。上記の成果は最先端の研究や演奏に取り入れられ、ブライトコプフ社の批判校訂版全集（継続中）、近年完成したスウェーデンのＢＩＳレーベルによるシベリウス全作品録音などにも反映している。シベリウス研究、演奏をめぐる現在の状況は、半世紀前のそれを思うと隔世の感を禁じえない。

新しい情報はこれまで長い間埋もれていたシベリウス作品に触れる機会を増やし、この作曲家の意外な側面を照らし出してくれた。その一方、過去の誤ったデータや従来の作曲家像の修正を厳しく迫ってもいる。そうした地道な積み重ねを通して少しずつ「真実のシベリウス」に近づいていくのだ、という考え方もあろう。むろん私もそれは否定しないが、だからといって、現代のシベリウス観が過去に比べて大きく進歩したというわけではない。新しい情報の発見、収集と合わせて重要なのは、それらを吟味しながら自らの思索に取り入れ、今日的な観点から――あるいは自分たちのフィルターを通して――現代のシベリウス像を作り上げていくことだ。いわゆる研究の醍醐味はそこにある、と私は考えている。

その意味で、フィンランドの音楽学者エリック・タヴァッシェルナによる記念碑的な『シベリウス』全五巻（一九六五～八八。ロバート・レイトンによる英訳は全三巻）は、未だにその価値が失われていない。同書は二十世紀後半を代表するシベリウス研究の労作であるが、そこに織り込まれたタヴァッシェルナ独自の視点は、今なお私たちに大きな示唆を与えてくれる。さらに、その刊行後の一九九〇年よりシベリウス国際会議が五年毎に開催され始めると、シベリウス研究はいっそう世界的な広がりをみせるようになった。

二十一世紀に入ってもモノグラフや論文集の刊行が相次ぎ、優れた研究成果が発表され続けている。なかでも私が特に注目するのは、フィンランドの研究者トミ・マケラによる『ジャン・シベリウス 大気のポエジー』（二〇〇七）と、アメリカの研究者グレンダ・ドーン・ゴスによる『シベリウス 作曲家の生涯とフィンランドの覚醒』（二〇〇九）である。前者はドイツの音楽美学や歴史観（マケラはドイツの音楽学者カール・ダールハウスの下で博士号取得）、後者はフィンランドのナショナリズムを軸にしながらシベリウスの音楽を紐解いており、その独創的な論考は高く評価されよう。またイギリスの研究者アンドリュー・バーネットの『シベリウス』（二〇〇七）も、同作曲家の全作品にコメントを加えるという堅実な姿勢に貫かれ、大変示唆に富んでいる。本書の執筆では、上記の文献から貴重な情報を数多く得ることができた。

今後、シベリウス研究や演奏は、ますます活発になっていくだろう。シベリウスの音楽は現代を生きる私たちに向けて、驚くほど多様なメッセージを投げかけているからである。ささやかな本書が、それを読み解く一助になれば幸いである。

最後になるが、本書の刊行に際しては音楽之友社出版部の岡地まゆみさんに大変お世話になった。出版が順調に進んだのは、ひとえに岡地さんのサポートの賜物である。心よりお礼を申し上げる。なお本研究の一部は、科学研究費補助金基盤研究（C）「ジャン・シベリウスにおけるナショナリズムの超克」（No.16K02229）の助成を受けて行われた。合わせて、ここに感謝の意を表したい。

二〇一七年十一月

神部　智

人名索引

［ア行］

［カ行］

[タ行]

[ナ行]

[ハ行]

［マ行］

[ヤ行]

[ラ行]

[ワ行]

シベリウス年譜

年号	主な出来事	社会・音楽界
1865	・12月8日、シベリウス誕生	・アクセリ・ガッレン＝カッレラ、カール・ニルセン、アレクサンドル・グラズノフ誕生
1866		・ワルター・フォン・コノウ、フェルッチョ・ブゾーニ誕生
1867		・イルマリ・クローン、ヴィルヘルム・ペッテション＝ベリエル、アルトゥーロ・トスカニーニ誕生
1868	・父クリスティアン・グスタフ死去	・グランヴィル・バントック誕生 ・ジョアキーノ・ロッシーニ死去
1869	・弟クリスティアン誕生	・アルマス・ヤーネフェルト、ウィリー・ブルメスター、ヘンリー・ウッド誕生
1870		・ヘルシンキとペテルブルク間の鉄道開業 ・ラルス・ソンク誕生
1871	・8月10日、アイノ・ヤーネフェルト誕生	・ヴィルヘルム・ステンハンマル誕生
1872	・スウェーデン語系学校に入学 ・ピアノのレッスンを受け始める	・アレクサンドル・スクリャービン、レイフ・ヴォーン・ウィリアムズ、イェオリ・シュネーヴォイクト誕生
1873		・マックス・レーガー、セルゲイ・ラフマニノフ誕生
1874	・フィンランド語系学校に移る	・アルノルト・シェーンベルク、セルゲイ・クーセヴィツキー誕生
1875		・イダ・エクマン誕生
1876		・アイノ・アクテ誕生
1877		・ヨハン・ルートヴィグ・ルネベルィ死去
1881	・ヴァイオリンのレッスンを正式に受け始める	・アレクサンドル二世暗殺 ・ベーラ・バルトーク誕生

年号	主な出来事	社会・音楽界
1882	・アドルフ・ベルンハルト・マルクスの『作曲法』を読む	・ヘルシンキ音楽院創設 ・ヘルシンキ・フィル創設 ・リヒャルト・ワーグナー《パルジファル》初演 ・イーゴリ・ストラヴィンスキー誕生
1883	・ピアノ三重奏曲 JS205作曲	・アーノルド・バックス、トイヴォ・クーラ誕生 ・ワーグナー死去
1884	・ヴァイオリン・ソナタ JS177、ピアノ四重奏曲 JS157作曲 ・ヨハン・ローベの『作曲法』を読む	・ベドルジハ・スメタナ死去
1885	・シベリウス一家、ハメーンリンナからヘルシンキに移る ・ヘルシンキ大学、ヘルシンキ音楽院で学び始める	・ロベルト・カヤヌスの交響詩《アイノ》初演
1886	・フランス風の「ジャン」を自らの音楽家名とする	・オリン・ダウンズ誕生
1887	・マルティン・ヴェゲリウスの下で本格的に作曲を学び始める	・レーヴィ・マデトヤ誕生
1888	・最初の出版作品、歌曲《セレナード》JS167作曲	・ブゾーニ、ヘルシンキ音楽院のピアノ教師になる
1889	・ヘルシンキ音楽院の卒業作品、弦楽四重奏曲 JS183作曲 ・留学のためベルリンに向かう	・『パイヴァレヘティ』創刊 ・エイドリアン・ボールト、アドルフ・ヒトラー誕生
1890	・留学先のベルリンでカヤヌスの交響詩《アイノ》を聴き、大きな感銘を受ける ・アイノ・ヤーネフェルトと秘密裏に婚約 ・留学のためウィーンに向かう ・叔父ペール死去	・ピエトロ・マスカーニ《カヴァレリア・ルスティカーナ》初演
1891	・《序曲》ホ長調 JS145と《バレエの情景》JS163で指揮者デビュー ・ラリン・パラスケの歌声を聴く	・セルゲイ・プロコフィエフ誕生 ・フレドリック・パシウス死去
1892	・交響詩《クレルヴォ》初演（その後、封印） ・アイノ・ヤーネフェルトと結婚 ・新婚旅行でカレリア地方へ赴き、ペトリ・シェメイッカに会う ・ガッレン＝カッレラと知り合う ・芸術グループ「シンポジウム」の集まりが始まる	・モーリス・メーテルリンク『ペレアスとメリザンド』出版
1893	・音詩《エン・サガ》（初稿）、劇付随音楽《カレリア》初演 ・長女エヴァ誕生 ・叔母エヴェリーナ死去	・ピョートル・チャイコフスキー死去

年号	主な出来事	社会・音楽界
1894	・ワーグナー研究のためバイロイトへ赴く ・初めてのイタリア訪問 ・次女ルース誕生	・ニコライ二世即位
1895	・交響詩《森の精》初演	・セシル・グレイ誕生
1896	・オペラ《塔のなかの乙女》、交響詩《レンミンカイネン》（初稿）初演 ・ヘルシンキ大学音楽教師ポストに応募し、「民俗音楽が芸術音楽に与える影響について」と題する講演を行う ・義父アレクサンデル・ヤーネフェルト死去	・アントン・ブルックナー、クララ・シューマン死去
1897	・ヘルシンキ大学のポストが得られず、代わりに3000マルッカの年金給付が決定（10年間の時限付き） ・母マリア・シャルロッタ死去	・エルンスト・ミエルクの交響曲へ短調がフィンランドでセンセーションを巻き起こす ・ヨハネス・ブラームス死去
1898	・劇付随音楽《クリスティアン二世》初演 ・ブライトコプフ社と契約 ・三女キルスティ誕生	・ニコライ・ボブリコフがフィンランド総督に就任
1899	・交響曲第1番（初稿）、劇付随音楽《歴史的情景》初演 ・「2月宣言」に抗議して作曲した《アテネ人の歌》が爆発的ヒット	・「2月宣言」の発布 ・サンテリ・レヴァス、ユージン・オーマンディ誕生 ・ミエルク死去
1900	・音詩《フィンランディア》初演 ・ヘルシンキ・フィルのパリ万博参加に伴い、ヨーロッパ遠征公演に副指揮者として随行 ・家族とイタリアへ向かう ・アクセル・カルペランと知り合う ・三女キルスティ死去	・パリ万博にて、グスタフ・マーラーがウィーン・フィルを指揮する
1901	・イタリアからの帰路、アントニン・ドヴォルザークに会う ・ハイデルベルク音楽祭に参加し、リヒャルト・シュトラウスと親交を深める ・妻アイノの姉エッリ・ヤーネフェルト自殺	・ジュゼッペ・ヴェルディ死去
1902	・交響曲第2番、音詩《火の起源》（初稿）初演 ・芸術グループ「エウテルペ」と関係を深める ・ブゾーニが芸術監督を務めるベルリン・フィルのコンサートで《エン・サガ》（改訂稿）を指揮する	・クロード・アシル・ドビュッシー《ペレアスとメリザンド》初演
1903	・劇付随音楽《クオレマ》初演 ・四女カタリーナ誕生	・テオドール・アドルノ誕生
1904	・ヴァイオリン協奏曲（初稿）初演 ・ヤルヴェンパーのトゥースラ湖畔に建築した「アイノラ」へ転居	・日露戦争の勃発 ・ボブリコフ総督がオイゲン・シャウマンに暗殺される ・ブゾーニのピアノ協奏曲初演 ・ドヴォルザーク、パラスケ死去

年号	主な出来事	社会・音楽界
1905	・劇付随音楽《ペレアスとメリザンド》、ヴァイオリン協奏曲（改訂稿）初演 ・初めてのイギリス訪問 ・リーナウ社と契約	・ペテルブルクで「血の日曜日事件」が起こる ・アルベルト・エーデルフェルト死去
1906	・劇付随音楽《ベルシャザールの宴》、交響的幻想曲《ポヒョラの娘》初演 ・マクシム・ゴーリキーに会う	・ヴォルフガング・アマデウス・モーツァルト生誕150年 ・エドヴァルド・グリーグ、ヴェゲリウス死去
1907	・交響曲第3番初演 ・フィンランドを訪れたマーラーと会う	・ブゾーニが『新音楽の美学試論』出版
1908	・劇付随音楽《白鳥姫》初演 ・ベルリンで喉の腫瘍の摘出手術を受ける ・クーラとマデトヤに作曲の指導を行う ・五女マルガレータ誕生	・ユッシ・ヤラス、ヘルベルト・フォン・カラヤン誕生 ・ニコライ・リムスキー＝コルサコフ死去
1909	・音詩《夜の騎行と日の出》初演 ・本格的な日記を書き始める ・イギリスでドビュッシーに会う ・リーナウ社との契約を打ち切り、ブライトコプフ社と再契約する ・エーロ・ヤーネフェルトとコリ山へ旅行	・アメリカ人探検家ロバート・ピアリーが北極点に到達 ・イサーク・アルベニス死去
1910	・劇付随音楽《とかげ》、弦楽四重奏曲《親愛なる声》、葬送行進曲《イン・メモリアム》、交響詩《樹の精》初演	・サミュエル・バーバー誕生
1911	・交響曲第4番初演 ・アイノラが大幅にリフォームされる ・六女ヘイディ誕生	・マーラー死去
1912	・ウィーン音楽院作曲教師ポストの就任を辞退 ・年金が5000マルッカに引き上げられる	・タイタニック号の沈没 ・ヨハン・アウグスト・ストリンドベルィ死去
1913	・交響詩《吟遊詩人》（初稿）、音詩《ルオンノタル》初演	・ストラヴィンスキー《春の祭典》初演
1914	・ベルリンでシェーンベルク作品を集中的に聴く ・生涯唯一のアメリカ訪問 ・音詩《オセアニデス》初演 ・イェール大学とヘルシンキ大学が名誉博士号を授与	・第1次世界大戦の勃発 ・パナマ運河の開通式
1915	・50歳の祝賀コンサートで交響曲第5番（初稿）初演	・カール・ゴルトマルク、スクリャービン死去
1916	・交響曲第5番（改訂稿）、劇付随音楽《イェーダーマン》初演	・エリック・タヴァッシェルナ誕生 ・レーガー死去
1917	・《イェーガー隊行進曲》作曲	・ロシア革命 ・フィンランド独立宣言

年号	主な出来事	社会・音楽界
1918	・カンタータ《われらの国》初演 ・内戦に伴い、家族とともにヘルシンキへ避難	・第1次世界大戦終結 ・フィンランド内戦 ・リヒャルト・ファルティン、ドビュッシー、クーラ死去
1919	・交響曲第5番（最終稿）初演 ・コペンハーゲンで開催された北欧音楽祭に参加 ・年金が8000マルッカに引き上げられる ・カルペラン死去	・パリ講和会議
1920	・アメリカのイーストマン音楽学校より作曲教授の就任要請（後に辞退）	・フィンランドの陸上競技選手パーヴォ・ヌルミがアントワープ・オリンピックで3つの金メダルを獲得 ・ロベルト・リーナウ死去
1921	・年金が3万マルッカに引き上げられる ・イギリスでヴォーン・ウィリアムズに会う	・ヒトラーがナチスの第1議長に就任 ・カミユ・サン＝サーンス死去
1922	・劇付随音楽《スカラムーシュ》初演 ・フリーメイソンに入会 ・弟クリスティアン死去	・ヨシフ・スターリンがソヴィエト連邦共産党書記長に就任 ・アルトゥール・ニキシュ死去
1923	・交響曲第6番初演	・日本で関東大震災
1924	・交響曲第7番（当初のタイトルは「交響的幻想曲」）初演	・ブゾーニ、オスカル・メリカント、ウラジーミル・レーニン死去
1925	・劇付随音楽《テンペスト》作曲 ・60歳の祝賀コンサート開催 ・白薔薇勲章が授与される	・ピエール・ブーレーズ誕生
1926	・交響詩《タピオラ》初演 ・年金が10万マルッカに引き上げられる	・エイノ・レイノ死去
1927	・《フリーメイソンの儀式音楽》初演	・ロベルト・フックス、ステンハンマル死去
1928	・ヴァイノ・ソラがフィンランドの景勝地イマトラを題材とした《イマトラ交響曲》の創作を促す	・フィンランドがベルヌ条約に加入 ・レオシュ・ヤナーチェク死去
1929	・ピアノのための《5つのスケッチ》、ヴァイオリンとピアノのための《4つの小品》と《3つの小品》、ヴァイオリンと弦楽合奏のための《組曲》JS185など、数々の小品を集中的に作曲 ・義母エリザベス・ヤーネフェルト死去	・グレイがヘルシンキ訪問

年号	主な出来事	社会・音楽界
1930	・ラジオを購入し、アイノラの書斎で世界中の情報を集めるようになる	・フィンランドで共産党の非合法化を求める「ラプア運動」が広がる
1931	・ベルリンに赴き、交響曲第8番の創作に励む（最後の海外旅行）	・グレイが『シベリウス』出版 ・ニルセン、ガッレン＝カッレラ死去
1932	・姉リンダ死去	・アルヴィッド・ヤーネフェルト死去
1933	・交響曲第8番の第1楽章の浄書をめぐり、コピストのパウル・ヴォイクトと交渉	・ヒトラー内閣の発足 ・カヤヌス、ブルメスター死去
1935	・『カレワラ』出版100年祭で《クレルヴォ》の第3楽章と《レンミンカイネン》全曲が取り上げられる ・70歳の祝賀コンサート開催 ・ドイツよりゲーテ・メダルが授与される	・ナチス・ドイツが国際連盟を脱退 ・アルバン・ベルク死去
1936		・ベルリン・オリンピック開催
1937	・エーロ・ヤーネフェルトの死去により、トゥースラ湖周辺で生活する唯一の芸術家となる	・エーロ・ヤーネフェルト、エルッキ・メラルティン、モーリス・ラヴェル死去
1938	・レヴァスが私設秘書となる	・アドルノが「シベリウスに関するコメント」を発表し、シベリウスの音楽を痛烈に批判する
1939	・アメリカに向けて《アンダンテ・フェスティヴォ》をライヴ中継する（シベリウス最後の自作指揮で、唯一の録音） ・ヘルシンキのカンミオ通り（後に「シベリウス通り」と改名）にアパートを借りる	・第2次世界大戦の勃発 ・フィンランド、ソ連間で「冬戦争」勃発
1940	・75歳の祝賀コンサート開催	・ローザ・ニューマーチ死去
1941	・ソ連の無差別爆撃に伴い、ヘルシンキのアパートからアイノラへ戻る	・フィンランド、ソ連間で「継続戦争」勃発 ・クリスティアン・シンディング死去
1942		・ドイツ・シベリウス協会設立 ・イダ・エクマン死去
1943	・ヤラスに「交響曲第8番の創作は断念しない」と伝える ・ヴォーン・ウィリアムズの交響曲第5番（シベリウスに献呈）をラジオで耳にし、大きな感銘を受ける	・コノウ、アドルフ・パウル死去

年号	主な出来事	社会・音楽界
1944	・日記に最後の言葉を綴る	・フィンランド、ドイツ間で「ラップランド戦争」勃発 ・アイノ・アクテ、ウッド死去
1945	・アイノラでショートフィルムが撮影される	・第2次世界大戦終結 ・ヒトラー自殺 ・アレクサンドル・ジロティ、バルトーク、アントン・ウェーベルン死去
1946	・《フリーメイソンの儀式音楽》に新作2曲を追加 ・年金が30万マルッカに引き上げられる	・バントック死去
1947		・マデトヤ、シュネーヴォイクト死去
1948	・フィンランド放送協会のカレヴィ・キルピがアイノラを訪れ、ラジオ放送用に10分ほどのインタヴューを行う	・ソ連でジダーノフ批判が始まる
1949		・リヒャルト・シュトラウス、メーテルリンク死去
1950	・年金が170万マルッカに引き上げられる	・エリエル・サーリネン、ワルター・ダムロッシュ死去
1951	・第1回シベリウス・ウイーク開催	・シェーンベルク、クーセヴィツキー死去
1952		・ヘルシンキ・オリンピック開催
1953	・レヴァスに「交響曲第8番は心のなかで成熟している」と告げる	・オスモ・ヴァンスカ誕生 ・プロコフィエフ、バックス死去
1954	・〈レンミンカイネンと島の乙女たち〉と〈トゥオネラのレンミンカイネン〉がブライトコプフ社より出版される	・チャールズ・アイヴズ、ヴィルヘルム・フルトヴェングラー死去
1955	・オーマンディ、フィラデルフィア管弦楽団メンバーの表敬訪問を受ける	・カラヤンがベルリン・フィルの芸術監督に就任 ・ダウンズ死去
1956		・ソンク死去
1957	・9月20日、シベリウス死去	・ソ連が人工衛星スプートニク1号の打ち上げに成功

ジャンル別作品一覧

・各データは基本的にダールシュトロームの作品目録にもとづく。
・分野毎、作品番号とＪＳ番号を区別せずに記載する。
・シベリウスの場合、作曲に長期間を要し、改訂あるいは改編された作品も少なくない。また初演後や出版時に修正の手を加えるケースが多く、作曲年、完成年の記載が複雑になる傾向がみられる。そのため紙数の制限から、初演データが残されている作品が大多数の分野は初演年順に記した。ただし、ほとんどの作品において初演データが不明な「室内楽曲」「ピアノ曲」「歌曲」「合唱曲」「その他」（その多くはＪＳ番号）は作曲年順とし、初演年が判明している場合に限り同データを備考に示す。
・楽器、ジャンルの略記は以下の通り。
vn ＝ヴァイオリン／va ＝ヴィオラ／vc ＝チェロ／pf ＝ピアノ／harm ＝ハーモニウム／str qt ＝弦楽四重奏

■交響曲

番号	作品名	初演	備考
Op.39	交響曲第1番	1899	1900年改訂
Op.43	交響曲第2番	1902	
Op.52	交響曲第3番	1907	
Op.63	交響曲第4番	1911	
Op.82	交響曲第5番	1915	1916, 1919年改訂
Op.104	交響曲第6番	1923	
Op.105	交響曲第7番	1924	当初のタイトルは交響的幻想曲
JS190	交響曲第8番	-	紛失（おそらく作曲者の手で焼却）

■交響詩，組曲など

番号	作品名	初演	備考
JS80	剣の音楽	-	1891年作曲／紛失
JS145	序曲 ホ長調	1891	
JS163	バレエの情景	1891	
JS151	ポリ連隊の行進曲［I］	1892	小管弦楽のため／紛失
Op.9	エン・サガ	1893	1892年作曲, 1902年改訂
Op.10	カレリア序曲	1893	劇付随音楽《カレリア》より
Op.11	カレリア組曲 1. 間奏曲　2. バラード　3. 行進曲風に	1893	劇付随音楽《カレリア》の組曲版／《カレリア組曲》のタイトルでの初演は1899年
Op.16	春の歌	1894	1895, 1902年改訂／当初のタイトルは即興曲
JS127	メヌエット	1894	
Op.15	森の精	1895	メロドラマ（朗唱付き）を同時期に作曲

番号	作品名	初演	備考
Op.22	レンミンカイネン 1. レンミンカイネンと島の乙女たち　2. トゥオネラの白鳥　3. トゥオネラのレンミンカイネン　4. レンミンカイネンの帰郷	1896	1897, 1900, 1939年改訂
Op.27	クリスティアン二世 1. 夜想曲　2. エレジー　3. ミュゼット　4. セレナーデ　5. バラード	1898	劇付随音楽の組曲版
Op.26	フィンランディア	1900	1899年作の劇付随音楽《歴史的情景》より, 第6の情景〈フィンランドは目覚める〉にもとづく
JS152	ポリ連隊の行進曲［II］	1900	
JS144	序曲 イ短調	1902	
Op.6	カッサシオン	1904	1905年頃改訂
Op.42	ロマンス ハ長調	1904	弦楽合奏
Op.44-1	悲しいワルツ	1904	劇付随音楽《クオレマ》より
JS54	行列	1905	
Op.44-2	鶴のいる情景	1906	劇付随音楽《クオレマ》より
Op.46	ペレアスとメリザンド 1. 城門にて　2. メリザンド　2a. 海辺にて　3. 庭園の噴水　4. 3 人の盲目の姉妹　5. パストラーレ　6. 糸を紡ぐメリザンド　7. 間奏曲　8. メリザンドの死	1906	1905年改編／劇付随音楽の組曲版
Op.49	ポヒョラの娘	1906	
Op.53	パンとエコー	1906	
Op.51	ベルシャザールの宴 1. 東洋風の行列　2. 孤独　3. 夜想曲　4. カドラの踊り	1907	劇付随音楽の組曲版
Op.55	夜の騎行と日の出	1909	1908年作曲

番号	作品名	初演	備考
Op.45	2つの小品		
	1. 樹の精	1910	
	2. 舞踏的間奏曲	-	1907年作曲／管弦楽曲《ある情景の音楽》(1904) にもとづく
Op.54	白鳥姫	1910	1908年改編／劇付随音楽の組曲版
	1. 孔雀　2. ハープ　3. バラを持った乙女　4. 聞け, こまどりが歌っている　5. 王子は一人　6. 白鳥姫と王子　7. 賞賛の歌		
Op.59	イン・メモリアム	1910	1909年作曲, 1910年改訂
Op.62	《クオレマ》からの2つの小品	1911	劇付随音楽《クオレマ》より
	a. カンツォネッタ　b. ロマンティックなワルツ		
Op.14	ラカスタヴァ	1912	1911年改編, 1912年改訂／JS160aにもとづく／弦楽合奏, ティンパニ, トライアングル
	1. 恋人　2. 恋人の通る道　3. こんばんは, さようなら		
Op.25	歴史的情景第1番	1912	1911年改編／1899年作の劇付随音楽《歴史的情景》にもとづく
	1. 序曲風に　2. 情景　3. 祝祭		
Op.66	歴史的情景第2番	1912	
	1. 狩り　2. 愛の歌　3. 跳ね橋にて		
Op.64	吟遊詩人	1913	改訂稿（現行版）の初演は1916年／初稿は紛失
Op.73	オセアニデス	1914	初稿（イェール稿）は現存し, 2002年に初演
JS155	アカデミック行進曲	1919	
Op.96	3つの作品		
	a. 叙情的ワルツ	1921	1920年改編／ピアノ曲の編曲版
	b. むかしむかし	1919	1920年改訂／2名のソプラノ付き
	c. 騎士風ワルツ	1923	1921年改編／ピアノ曲の編曲版

番号	作品名	初演	備考
Op.98	2つの組曲		同時期にピアノ版を作曲
	a. 優美な組曲 （1. 小さな情景　2. ポルカ　3. エピローグ）	1922	1921年作曲／弦楽合奏, フルート
	b. 田園組曲 （1. 性格的小品　2. エレジー風の旋律　3. 舞曲）	1923	1922年作曲／弦楽合奏
Op.100	特徴的な組曲 1. ヴィヴォ　2. レント　3. コモド	1923	1922年作曲／弦楽合奏, ハープ／同時期にピアノ版を作曲
JS.135a	ヤコブ・ドゥ・ジュランの楽想によるロマン的小品	1925	同時期にピアノ版を作曲
Op.112	タピオラ	1926	
Op.109	テンペスト		
	Op.109-1. 序曲	1927	劇付随音楽より
	Op.109-2. 組曲 第1番 1. 樫の木　2. ユモレスク　3. キャリバンの歌　4. 刈り入れの人びと　5. カノン　6. 情景　7. イントラーダ - 子守歌　8. 間奏曲 - エアリエルの歌　9. 嵐	-	1927年改編／劇付随音楽の組曲版
	Op.109-3. 組曲 第2番 1. 風の合唱　2. 間奏曲　3. ニンフの踊り　4. プロスペロ　5. 歌 I　6. 歌 II　7. ミランダ　8. 水の精　9. 舞踏のエピソード	-	1927年改編／劇付随音楽の組曲版
Op.113-6	行列聖歌	-	1938年改編／1927年作の《フリーメイソンの儀式音楽》より
JS34b	アンダンテ・フェスティヴォ	1939	JS34a を1938年に改編／弦楽合奏, ティンパニ

■ソリストと管弦楽

番号	作品名	初演	備考
JS168	セレナード	1895	スタグネリウス詞／バリトン独唱
Op.33	急流下りの花嫁	1897	オクサネン詞／1899年, ピアノ伴奏版, 1943年, 男声合唱と管弦楽に改編／バリトンまたはメゾソプラノ独唱
Op.17-1	もはや私は問わなかった	1903	1891-92年作の歌曲の編曲
Op.38-2	海辺のバルコニーで	1903	1903年作の歌曲の編曲
Op.38-3	夜に	1903	1903年作の歌曲の編曲
Op.47	ヴァイオリン協奏曲	1904	1905年改訂
Op.38-1	秋の夕べ	1905	1903年作の歌曲を1904年に編曲
Op.57-6	マグヌス公爵	-	1909年作の歌曲を1912年に編曲
Op.70	ルオンノタル	1913	ピアノ伴奏版を同時に作曲／ソプラノ独唱
Op.3	アリオーソ	1914	ルネベルィ詞／1911年, ピアノ伴奏版と同時に作曲
Op.13-4	春は急いで過ぎゆく	1914	1891年作の歌曲を1913年に編曲
Op.37-3	日の出	1914	1902年作の歌曲を1913年に編曲
Op.69	2つのセレナード a. 第1番 二長調　b. 第2番 ト短調	1915	1912（Op.69a）, 1913（Op.69b）年作曲／ヴァイオリン独奏
Op.77	2つの厳粛な旋律 1. 聖歌（喜べ, わが魂よ）　2. 献身（わが真なる心より）	1916	1914（第1番）, 1915（第2番）年, ピアノ伴奏版と同時に作曲／ヴァイオリンまたはチェロ独奏
Op.36-6	3月の雪の上のダイヤモンド	1917	1900年作の歌曲の編曲
Op.87	2つのユモレスク 1. 第1番 ニ短調　2. 第2番 ニ長調	1919	1917年作曲／第1番は1940年改訂／ヴァイオリン独奏
Op.89	4つのユモレスク a. 第3番 ト短調　b. 第4番 ト短調　c. 第5番 変ホ長調　d. 第6番 ト短調	1919	1917（Op.89a-c）, 1918（Op.89d）年作曲／ヴァイオリン独奏

番号	作品名	初演	備考
JS185	組曲 1. 田園風景　2. セレナード（春の夕べ）　3. 夏に	-	1929年作曲／ヴァイオリン独奏
Op.7	クレルヴォの嘆き	1957	《クレルヴォ》Op.7の一部の改編
Op.60-1	来たれ, 死よ！	1957	1909年作の歌曲の編曲

■合唱と管弦楽

番号	作品名	初演	歌詞	備考
Op.7	クレルヴォ 1. 導入　2. クレルヴォの青春　3. クレルヴォとその妹　4. 戦闘に赴くクレルヴォ　5. クレルヴォの死	1892	『カレワラ』より	同時期に第3, 第5楽章のピアノ伴奏稿を作曲
JS105	1894年の卒業式典カンタータ	1894	リョンボーム	第3楽章の一部は紛失
JS160b	ラカスタヴァ	1895	『カンテレタル』より	1894年改編／JS160a にもとづく
JS104	ニコライ二世の戴冠カンタータ	1896	カヤンデル	
JS106	1897年の卒業式典カンタータ	1897	フォルスマン	一部紛失
Op.30	オウル川の氷砕	1899	トペリウス	1913年, 一部を児童合唱用に改編
Op.28	サンデルス	1900	ルネベルィ	1898年作曲, 1915年改訂
Op.29	スネフリード	1900	リュドベルィ	
Op.19	即興曲	1902	リュドベルィ	1910年改訂／1910年, ピアノ伴奏版に改編
Op.32	火の起源	1902	『カレワラ』より	1910年改訂／1910年, ピアノ伴奏版に改編

番号	作品名	初演	歌詞	備考
Op.31	3つの歌			
	1. レンミンカイネンへの歌	1896	ヴェイヨラ	
	2. お前に勇気はあるか？	1904	ヴェクセル	1911, 1912, 1914年頃改訂
	3. アテネ人の歌	1899	リュドベルィ	
Op.48	解放された女王	1906	カヤンデル	1910 年頃, 男声合唱用に改編
Op.91	2つの行進曲			
	a. イェーガー隊行進曲	1918	ヌルミオ	1917年作のピアノ伴奏版の改編
	b. 偵察行進曲	-	フィンネ	1918年作曲
Op.92	われらの国	1918	カッリオ	
Op.93	大地の歌	1919	ヘンメル	
Op.95	大地の賛歌	1920	レイノ	
Op.110	ヴァイノの歌	1926	『カレワラ』より	
Op.113-6	行列聖歌	1939	リュドベルィ（カーノカン編）	1938年改編／1927年作の《フリーメイソンの儀式音楽》より

■劇音楽

番号	作品名	初演	劇作者	備考
JS115	カレリア	1893		
JS101	塔のなかの乙女	1896	ヘルツベルィ	一幕のオペラ
Op.27	クリスティアン二世	1898	パウル	
JS137	歴史的情景	1899		
JS113	クオレマ	1903	アルヴィッド・ヤーネフェルト	
JS147	ペレアスとメリザンド	1905	メーテルリンク	
JS48	ベルシャザールの宴	1906	プロコペ	

番号	作品名	初演	劇作者	備考
JS189	白鳥姫	1908	ストリンドベルイ	
Op.8	とかげ	1910	リューベック	1909年作曲
JS62	鳥の言葉	-	パウル	1911年,〈結婚行進曲〉のみ作曲
Op.83	イェーダーマン	1916	ホフマンスタール	
Op.71	スカラムーシュ	1922	クヌーセン	1913年作曲
JS182	テンペスト	1926	シェイクスピア	1925年作曲

■室内楽曲

番号	作品名	作曲	楽器編成, 備考
JS65	二重奏曲	1881?	2vn
JS216	水滴	1881?	vn, vc
JS126	メヌエット	1883	2vn, pf
JS205	三重奏曲	1883	2vn, pf
JS40	アンダンティーノ ハ長調	1884	vc, pf
JS157	四重奏曲 ニ短調	1884	2vn, vc, pf
JS177	ソナタ イ短調	1884	vn, pf
JS206	三重奏曲 イ短調［I］	1884	vn, vc, pf
JS35	アンダンテ・グラツィオーソ	1884-85	vn, pf
JS134	モルト・モデラート - スケルツォ	1885	str qt
JS184	弦楽四重奏曲 変ホ長調	1885	str qt
JS7	［イ短調 I］	1886	vn, pf
JS27	アレグロ ニ長調	1886	vn, vc, pf
JS55	［ニ長調］	1886	vn
JS207	三重奏曲 イ短調［II］《ハフトラスク》	1886	vn, vc, pf

番号	作品名	作曲	楽器編成, 備考
JS3	［イ長調Ⅰ］	1886-87	vn, pf
JS4	［イ長調Ⅱ］	1886-87	vn, pf
JS8	［イ短調Ⅱ］	1886-87	vn, pf
JS49	［ハ長調］	1886-87	vn, pf
JS67	［ホ短調］	1886-87	vn, pf
JS78	［ヘ長調］	1886-87	vn, pf
JS86	［ト長調］	1886-87	vn, pf
JS89	［ロ短調Ⅰ］	1886-87	vn, pf
JS30b	アンダンテ・カンタービレ	1887?	harm, pf
JS33	アンダンテ・カンタービレ	1887	vn, pf
JS36	アンダンテ・モルト	1887	vc, pf
JS68	［ホ短調］	1887	vn, vc
JS90	［ロ短調Ⅱ］	1887	vn, pf
JS128	メヌエットとアレグロ	1887	2vn, vc
JS158	四重奏曲 ト短調	1887	vn, vc, harm, pf
JS165	スケルツォ	1887	vn, vc, pf（四手）／断片
JS169	セレナータ	1887	2vn, vc
JS193	ワルツのテンポで［Ⅰ］	1887	vc, pf／ピアノ・パートは紛失
JS196	主題と変奏 ニ短調	1887	vc
JS209	三重奏曲 ニ長調《コルポ》	1887	vn, vc, pf
JS43	アンダンティーノ ト短調	1887-88	vn, vc, pf
JS59	小さな人魚姫	1887-88	アンデルセン詞／朗唱, str qt／断片
JS187	組曲 ニ短調	1887-88	vn, pf
JS16	行進曲風に	1888	str qt
JS19	アレグレット ハ長調	1888	vn, pf

番号	作品名	作曲	楽器編成, 備考
JS20	アレグレット ニ長調	1888	str qt
JS22	アレグレット 変ホ長調	1888?	vn, pf
JS39	アンダンティーノ ハ長調	1888	str qt
JS76	[変ホ短調]	1888	vn(vc), pf
JS91	[ロ短調 I]	1888	vc, pf／断片
JS132	モデラート - マエストーソ	1888	vn, pf
JS154	プレスト	1888	str qt
JS188	組曲 ホ長調	1888	vn, pf
JS195	主題と変奏 嬰ハ短調	1888	1888年初演／str qt／一部断片
JS197	主題と変奏 ト短調	1888	str qt
JS208	三重奏曲 ハ長調《ロヴィサ》	1888	1888年初演／vn, vc, pf
JS14	アダージョ ヘ短調	1888-89	str qt
JS17	アレグレット イ長調	1888-89	str qt
JS26	アレグロ イ短調	1888-89	vn, pf
JS28	アレグロ ホ短調	1888-89	str qt
JS31	アンダンテ - アレグロ	1888-89	str qt, pf／未完成？
JS32	アンダンテ - アレグロ・モルト	1888-89	str qt
JS37	アンダンテ・モルト・ソステヌート	1888-89	str qt／一部断片
JS92	[ロ短調 II]	1888-89	vc, pf／一部断片
JS131	モデラート - アレグロ・アパッショナート	1888-89	str qt
JS149	ピウ・レント	1888-89	str qt
JS15	アダージョ 嬰ヘ短調	1889	vc, pf
JS38	アンダンティーノ イ長調	1889	vn, va, vc
JS50	カノン	1889	vn, vc
JS79	幻想曲	1889?	1889年初演／vc, pf／ピアノ・パート紛失

番号	作品名	作曲	楽器編成, 備考
JS85	マルティン・ヴェゲリウスのフーガ	1889	str qt
JS178	ソナタ ヘ長調	1889	1889年初演／vn, pf
JS183	弦楽四重奏曲 イ短調	1889	1889年初演／str qt／ヘルシンキ音楽院の卒業作品
JS186	組曲 イ長調	1889	1889年初演／vn, va, vc／第4曲のヴァイオリン・パート紛失
JS194	ワルツのテンポで［II］《ルル・ワルツ》	1889	vc, pf
Op.4	弦楽四重奏曲 変ロ長調	1890	1890年初演／str qt／1894年, 第3楽章を弦楽合奏用に改編
JS12	アダージョ ニ短調	1890	str qt
JS159	五重奏曲 ト短調	1890	1890年初演（一部）／str qt, pf
Op.2	2つの小品 a. ロマンス　b. エピローグ（1891年の初演時のタイトルは〈無窮動〉）	1890-91	1891年初演（Op.2b）／1911年改訂／vn, pf
JS116	アシスの気取った行進曲	1891	(2) vn, vc, pf／原曲の弦楽四重奏曲（？）は紛失
JS156	四重奏曲 ハ長調	1891	1897年初演／2vn, vc, pf
JS66	二重奏曲	1891-92	vn, va
JS162	ロンド	1893	1894年初演／va, pf
JS210	三重奏曲 ト短調	1893-94	vn, va, vc／一部断片
JS130	モデラート	1897頃	カンテレ
JS63	ドルチッシモ	1897-98	カンテレ
JS222	［ワルツ］	1899	vn, カンテレ
Op.20	マリンコニア	1900	1900年初演／vc, pf
Op.56	弦楽四重奏曲 ニ短調《親愛なる声》	1909	1910年初演／str qt
Op.77	2つの厳粛な旋律	1914-15	vn (vc), pf／管弦楽伴奏版を同時に作曲
Op.80	ソナチネ ホ長調	1915	1915年初演／vn, pf
Op.78	4つの小品 1. 即興曲　2. ロマンス　3. レリジオーソ　4. リゴードン	1915-17	vn (vc), pf

番号	作品名	作曲	楽器編成, 備考
Op.79	6つの小品 1. スーヴェニール　2. メヌエットのテンポで　3. 性格的舞曲　4. セレナーデ　5. 牧歌的舞曲　6. 子守歌	1915-17	vn, pf
Op.81	5つの小品 1. マズルカ　2. ロンディーノ　3. ワルツ　4. 朝の歌　5. メヌエット	1915-18	vn, pf
Op.102	ノヴェレッテ	1922	vn, pf
JS34a	アンダンテ・フェスティヴォ	1922	1922年初演／str qt
Op.106	5つの田園舞曲	1924-25	vn, pf
Op.71	愛の情景	1925	vn, pf／《スカラムーシュ》Op.71の一部を改編
JS70	幸せな音楽家	1924-26	vn／ラングストロームの詞が音符の上に記載
Op.115	4つの小品 1. 荒野にて　2. バラード　3. ユモレスク　4. 鐘（カプリシェット）	1929	vn, pf
Op.116	3つの小品 1. 舞踏の情景　2. 性格的舞曲　3. ロマンティックなロンド	1929	vn, pf

■ピアノ曲（管弦楽曲などの編曲, 朗唱付きの作品を含む）

番号	作品名	作曲	備考
JS2	［イ長調］	1885	
JS5	［イ短調 I］	1885	
JS52	コン・モート, センプレ・ウナ・コルダ	1885	
JS74	［変ホ長調 I］	1885	

番号	作品名	作曲	備考
JS134	スケルツォ	1886	弦楽四重奏曲の編曲
JS30a	アンダンテ 変ホ長調	1887	
JS46	［変イ長調］	1887	
JS47	黄昏に	1887	
JS203	憧れ	1887	スタグネリウス詞／朗唱付き
JS6	［イ短調Ⅱ］	1888	
JS11	アダージョ ニ長調	1888	
JS18	アレグレット 変ロ短調	1888	
JS24	アレグレット ト短調	1888	
JS41	アンダンティーノ ホ長調	1888	
JS44	アンダンティーノ ロ長調	1888	
JS117	ラルゴ イ長調	1888	
JS133	モデラート - プレスト	1888	
JS141	ああ！もしお前が見たのなら	1888	ハクツェル詞／朗唱付き
JS150	ピウ・レント - ワルツのテンポで	1888	
JS221	ヴィヴァーチェ	1888	
JS75	［変ホ長調Ⅱ］	1888-89	
JS1	ベッツィー・レルヒェに	1889	
JS21	アレグレット ホ長調	1889	
JS82	フロレスタン	1889	
JS179a-e	ソナタ	1889	断片を含む
JS164	スケルツォ	1891	
JS198	主題と7つの変奏	1891	紛失
Op.5	6つの即興曲	1893	1893年初演

番号	作品名	作曲	備考
Op.12	ソナタ ヘ長調	1893	1895年初演
Op.15	森の精	1895	管弦楽曲の終結部のピアノ編曲版
JS23	アレグレット ヘ長調	1894-96	
JS119	レント ホ長調	1896-97	
Op.11	カレリア組曲 1. 間奏曲　2. バラード	1897	管弦楽組曲（一部を除く）のピアノ編曲版
JS225	18 19/XII 97	1897	
Op.27	クリスティアン二世 1. エレジー　2. メヌエット　3. ミュゼット　4. 歌（歌詞付き）	1898	劇付随音楽（一部）のピアノ編曲版
JS148	子どものための作品集	1898-99	スケッチのみ
Op.31-3	アテネ人の歌（歌詞付き）	1899	合唱曲のピアノ編曲版
JS124	悲しい行進曲	1899	
Op.26	フィンランディア	1900	管弦楽曲のピアノ編曲版
JS109	騎士	1900	
Op.24	10の小品 1. 即興曲　2. ロマンス　3. キャプリス　4. ロマンス　5. ワルツ　6. 牧歌　7. アンダンティーノ　8. 夜想曲　9. ロマンス　10. 舟歌	1895-1903	第6番は1904年, 第7番は1899年改訂
JS81	フィンランド民謡 1. 愛する人　2. 心より君を愛す　3. 夕べの訪れ　4. 美しい少女　5. 兄弟殺し　6. 婚礼の思い出	1902-03	フィンランド民謡の編曲
Op.41	キュッリッキ	1904	
Op.44-1	悲しいワルツ	1904	管弦楽曲のピアノ編曲版
Op.45-2	舞踏的間奏曲	1904	管弦楽曲《ある情景の音楽》（1904）のピアノ編曲版

番号	作品名	作曲	備考
Op.46	ペレアスとメリザンド	1905	管弦楽組曲（一部を除く）のピアノ編曲版
Op.51	ベルシャザールの宴	1907	管弦楽組曲のピアノ編曲版
Op.53	パンとエコー	1907	管弦楽曲のピアノ編曲版
JS13	アダージョ ホ長調	1907	
Op.58	10の小品 1. 夢　2. スケルツィーノ　3. いろいろな歌　4. 羊飼い　5. 夕べ　6. 対話　7. メヌエットのテンポで　8. 漁夫の歌　9. セレナード　10. 夏の歌	1909	1911年, 一部初演
Op.45-1	樹の精	1910	管弦楽曲のピアノ編曲版
Op.31-2	お前に勇気はあるか？（歌詞付き）	1911-12	合唱曲のピアノ編曲版
Op.65b	カッリオ教会の鐘	1912	JS102のピアノ編曲版
Op.67	3つのソナチネ 1. 第1番 嬰ヘ短調　2. 第2番 ホ長調　3. 第3番 変ロ短調	1912	
Op.68	2つのロンディーノ 1. 第1番 嬰ト短調　2. 第2番 嬰ハ短調	1912	1915年初演
JS181	スペイン風に	1913	
JS202	憧れに	1913	
Op.71	スカラムーシュ 1. エレジー風舞曲　2. 愛の情景	1914	劇付随音楽の一部のピアノ編曲版
Op.74	叙情的な小品 1. 牧歌　2. 柔らかい西風　3. 踊りの楽しみに　4. 古い家にて	1914	
Op.75	5つの小品 1. ななかまど咲く時　2. 孤独な松　3. ポプラ　4. 白樺　5. 樅の木	1914	第5番は1919年改訂

番号	作品名	作曲	備考
Op.34	バガテル集 1. ワルツ 2. 踊りの方法 3. マズルカ 4. クプレ 5. 道化 6. 夢 7. 田園舞曲 8. ハープ弾き 9. 偵察 10. スーヴェニール	1913-16	
Op.40	パンセ・リリック 1. 小ワルツ 2. 無言歌 3. ユモレスク 4. メヌエット 5. 子守歌 6. 旋律の着想 7. ロンドレット 8. スケルツァンド 9. 小さなセレナード 10. ポロネーズ	1912-16	
Op.85	5つの小品 1. ブルーベル 2. カーネーション 3. アヤメ 4. オダマキ 5. カンパニュラ	1916-17	
JS123	マンドリナート	1917	
Op.91b	偵察行進曲（歌詞付き）	1918	
Op.76	13の小品 1. 素描 2. 練習曲 3. 鐘 4. ユモレスク 5. 慰め 6. ロマンツェッタ 7. アフェトゥオーソ 8. 子どもの小品 9. アラベスク 10. 悲歌風に 11. リンネ草 12. カプリシェット 13. 道化芝居	1911-19	
Op.94	6つの小品 1. 舞曲 2. ノヴェレッテ 3. ソネット 4. 少年と少女の羊飼い 5. メロディ 6. ガヴォット	1914／1919	第2番は1914年作曲
JS53	コン・パッショーネ	1919	
JS201	O. パルヴィアイネンに	1919	
Op.97	6つのバガテル 1. ユモレスクⅠ 2. 歌 3. 小ワルツ 4. ユーモラスな行進曲 5. 即興曲 6. ユモレスクⅡ	1920	

番号	作品名	作曲	備考
Op.96	3つの作品		
	a. 叙情的ワルツ	1914	1919年改訂／初稿時のタイトルは〈ライラック〉
	b. むかしむかし（歌詞付き）	1920	管弦楽曲のピアノ編曲版
	c. 騎士風ワルツ	1921	1922年改訂
Op.98	2つの組曲		同時期に管弦楽版を作曲
	a. 優美な組曲	1921	
	b. 田園組曲	1922	
Op.99	8つの小品	1922	
	1. ユーモラスな小品　2. 素描　3. スーヴェニール　4. 即興曲　5. クプレ　6. アニモーソ　7. ワルツの時　8. 小さな行進曲		
Op.100	特徴的な組曲	1922	同時期に管弦楽版を作曲
Op.101	5つのロマンティックな作品	1923-24	
	1. ロマンス　2. 夕べの歌　3. 叙情的な情景　4. ユモレスク　5. ロマンティックな情景		
Op.103	5つの性格的印象	1923-24	
	1. 村の教会　2. フィドラー　3. 漕ぎ手　4. 嵐　5. 悲しい気分で		
JS77a	孤独なシュプール	1925	グリペンベルィ詞／朗唱付き
JS135b	ヤコブ・ドゥ・ジュランの楽想によるロマン的小品	1925	同時期に管弦楽稿を作曲
Op.83	イェーダーマン	1925-26	劇付随音楽の一部のピアノ編曲稿
	1. エピソーディオ　2. シェーナ　3. カンツォーネ		
Op.109	テンペスト	1927	劇付随音楽の一部のピアノ編曲版
	1. エピソード（ミランダ）　2. ニンフの踊り　3. 情景		

番号	作品名	作曲	備考
Op.114	5つのスケッチ 1. 風景　2. 冬の情景　3. 森の湖　4. 森の歌　5. 春の幻影	1929	
JS161	愛するアイノへ	1931	四手連弾用

■歌曲

番号	作品名	作曲	歌詞	備考
JS56	世界がまだ創造されていなかった時	1888	-	vc(?), pf／断片
JS71	ある歌	1888	ベックマン	
JS138	水の精	1888	ヴェンネルベルィ	1888年初演／朗唱, vn, vc, pf
JS167	セレナード	1888	ルネベルィ	
JS143	大騒ぎ	1888-89	ステンベック	
JS171	森の精	1888-89	リュドベルィ	
JS120	類似	1890	ルネベルィ	
Op.13	ルネベルィの詩による7つの歌 1. 樅の木の下で　2. 口づけの望み　3. 心の朝　4. 春は急いで過ぎゆく　5. 夢　6. フリッガへ　7. 若い狩人	1890-92	ルネベルィ	1891（第3, 5曲）, 1892（第1, 6曲）, 1893（第7曲）, 1894（第4曲）年初演
JS57	最初の口づけ	1891-92	ルネベルィ	
Op.7	クレルヴォの嘆き	1892	『カレワラ』より	《クレルヴォ》Op.7の一部の改編／1917-18年改訂
JS211	おいで, おいで, 愛しい人よ	1892	-	フィンランド民謡の編曲
JS125	《嫉妬の夜》からのメロドラマ	1893	ルネベルィ	1893年初演／朗唱, vn, vc, pf
Op.33	急流下りの花嫁	1899	オクサネン	管弦楽曲のピアノ伴奏版

番号	作品名	作曲	歌詞	備考
JS166	出帆	1899	オークヴィスト	
JS180	泳げ,泳げ,カモよ	1899	フォルスマン	
Op.36	6つの歌 1. 黒いバラ　2. しかし私の鳥は帰ってこない　3. トリアノンでのテニス　4. 葦よそよげ　5. 3月の雪　6. 3月の雪の上のダイヤモンド	1899-1900	1. ヨセフソン　2. ルネベルィ　3・4. フレーディング　5・6. ヴェクセル	1899（第1, 2曲）, 1900（第3, 4曲）, 1901（第6曲）, 1902（第5曲）年初演
JS42	アンダンティーノ 変ホ短調	1899-1900	フレーディング	作品36の4の初期稿？
Op.37	5つの歌 1. 初めての口づけ　2. 小さなラッセ　3. 日の出　4. これは夢なのか？　5. 逢引から帰った少女	1900-02	1・5. ルネベルィ　2. トペリウス　3. ヘドベルィ　4. ヴェクセル	1900（第1曲）, 1901（第5曲）, 1902（第2-4曲）年初演
JS87	［ト長調］	1902	ヘドベルィ	作品37の3の初期稿
Op.17	7つの歌 1. もはや私は問わなかった　2. 眠れ！　3. 鳥の戯れ　4. 道に迷って　5. とんぼ　6. 夕べに　7. 川面の木屑	1891-1904	1. ルネベルィ　2-4. タヴァシェルナ　5. レヴェルティン　6. フォルスマン　7. カラムニウス	1891（第3曲）, 1903（第4曲）, 1904（第5曲）年初演
Op.38	5つの歌 1. 秋の夕べ　2. 海辺のバルコニーで　3. 夜に　4. ハープ弾きと息子　5. 私は願う	1903-04	1-4. リュドベルィ　5. フレーディング	1903（第1-3曲）, 1904（第4, 5曲）年初演
JS147 No.6	3人の盲目の姉妹	1905	メーテルリンク（グリペンベルィによるスウェーデン語訳）	JS147の一部の改編
Op.50	6つの歌 1. 春の歌　2. 憧れ　3. 野原で少女が歌う　4. 気がかりな胸から　5. 静かな町　6. バラの歌	1906	1. フィトガー　2. ヴァイス　3. スースマン　4・5. デーメル　6. リッター	1906年初演（第2-6曲）
JS73	燃え尽きて	1906	ブッセ＝パルマ	1906年初演
Op.35	2つの歌 1. ユバル　2. テオドラ	1908	1. ヨセフソン　2. グリペンベルィ	1908年初演（第1曲）

番号	作品名	作曲	歌詞	備考
Op.57	8つの歌 1. 川とかたつむり　2. 道端の花　3. 粉ひき水車　4. 5月　5. 私は1本の木　6. マグヌス公爵　7. 友情の花　8. 水の精	1909	ヨセフソン	1910（第5-8曲), 1915（第4曲）年初演
Op.60	『十二夜』のための2つの歌曲 1. 来たれ, 死よ！　2. ホイサー, 嵐の中でも	1909	シェイクスピア（ハグベルィによるスウェーデン語訳）	1909年初演／ギター伴奏／1909年, ピアノ伴奏版を作成
JS97	忘れ難きタイスへの賛歌	1909	ボルィシュトローム	1945-48年改訂
JS215	友情の花	1909	ヨセフソン	作品57の7の初期稿
Op.61	8つの歌 1. ゆっくりと夕べの空が　2. 水のはねる音　3. 夢見る時　4. ロメオ　5. ロマンス　6. ドルチェ・ファル・ニエンテ　7. むなしい願い　8. 春の魔法	1910	1・3-6. タヴァッシェルナ　2. リュドベルィ　7. ルネベルィ　8. グリペンベルィ	1911（第8曲), 1915（第4曲）年初演
Op.3	アリオーソ	1911	ルネベルィ	1913年初演／管弦楽伴奏版と同時に作曲
Op.1	5つのクリスマスの歌 1. 今クリスマスが雪のポーチのそばに　2. 今クリスマスがやって来る　3. 外は暗くなる　4. 私は栄誉を求めない　5. 降り積もった雪の吹きだまりが	1897-1913	1-4. トペリウス　5. ヨウカハイネン	第4, 5曲は, 後にさまざまな形の合唱曲に改編
Op.70	ルオンノタル	1913	『カレワラ』より	管弦楽伴奏版を同時に作曲
Op.72	6つの歌 1. 別れ　2. オリオンの黄道　3. 口づけ　4. 山彦の精　5. さすらい人と小川　6. 百の道	1907／1915	1・3. リュドベルィ　2. トペリウス　4. キョスティ　5. グライフ　6. ルネベルィ	1908（第6曲), 1918（第3, 4曲）年初演／第1, 2曲は紛失
JS192	想い	1915	ルネベルィ	1915年初演／二重唱
JS204	3人の歌う乙女	1915	フレーディング	紛失

番号	作品名	作曲	歌詞	備考
Op.86	6つの歌 1. 春の訪れ　2. 熱望こそわが遺産　3. 隠された絆　4. そして一つの考えが　5. 歌い手の報酬　6. 姉妹, 兄弟, 愛し合う者たちよ！	1916-17	1・4. タヴァッシェルナ　2. カールフェルト　3・5. スノイルスキー　6. リューベック	1916年初演（第1-5曲）
Op.88	6つの歌 1. 青いアネモネ　2. 2本のバラ　3. 白いアネモネ　4. アネモネ　5. いばら　6. 花の運命	1917	1-3. フランセン　4-6. ルネベルィ	1917年初演
Op.90	ルネベルィの詩による6つの歌 1. 北国　2. 彼女からの便り　3. 朝　4. 鳥捕り　5. 夏の夜　6. 誰がお前をここに導いたのか？	1917-18	ルネベルィ	1919年初演（第4, 5曲）
JS136	祖母の誕生日の歌	1919		
Op.96b	むかしむかし	1920	プロコペ	管弦楽曲のピアノ伴奏版
JS174	若い娘たち	1920	プロコペ	
JS95	神の祝福	1925	-	オルガン伴奏
JS140	水仙	1925	グリペンベルィ	1930年初演
JS170b	橋の守り	1928	ソラ	1928年初演
JS48 No.2b	ユダヤの少女の歌	1907	プロコペ	
	孤独	1939	プロコペ	1949年初演
JS29	アメリカ人の粉ひきの歌	-	-	紛失

■合唱曲

番号	作品名	作曲	歌詞	編成, 備考
JS72	森の奥に一人	1888	クヴァンテン	混声合唱
JS96	すべてはかくも色あせて	1888	ルネベルィ	混声合唱
JS139	再び春がめばえる時	1888	ルネベルィ	混声合唱
JS191	ご覧, 鳥が舞い降りる様を	1888	ルネベルィ	混声合唱
JS213	空へ高く	1888	アッテルボム	混声合唱, pf
JS10	ああ, 聞いてグリンベルィ嬢	1888-89	-	ペルヤナ地方のバラードによる／混声合唱
JS218	父よ, なぜ私の婚約者にここで口づけするのか	1889-90	ルネベルィ	女声合唱, pf
JS94	急流よ, 荒巻くのを止めよ	1893	『カレワラ』より	ユッシ・ヤラスとエリック・タヴァッシェルナの協力により, エリック・ベルイマンが補筆・完成／男声合唱
JS212	労働者の行進曲	1893	エルッコ	混声合唱
JS176	奏でておくれ, かわいい娘さん	1893-94	『カンテレタル』より	テノール, 混声合唱
JS160a,c	ラカスタヴァ	1894（JS160a）／1898（JS160c）	『カンテレタル』より	1894年初演（JS160a）／テノール, 男声合唱（JS160a）／ソプラノ, バリトン, 混声合唱（JS160c）
JS118	歌の力	1895	アウセクリス（ミッコラによるフィンランド語訳）	1895年初演／ヴィトルス作品の編曲／男声合唱
Op.21	賛歌	1896	グスタフソン	1896年初演／1898年改訂／男声合唱
JS105	祝典行進曲	1896	リョンボーム	1897年初演／《1894年の卒業式典カンタータ》JS105の一部の改編／混声合唱

番号	作品名	作曲	歌詞	編成, 備考
Op.23	1897年の卒業式典カンタータによる混声合唱曲	1897-98	フォルスマン	《1897年の卒業式典カンタータ》JS106の一部の改編／ソプラノ, バリトン, 混声合唱
JS99	イタリア民謡 1. おお, カルリ　2. トリポレ・トラポレ	1897-98		混声合唱／伴奏パートは紛失
JS9a,b	朝霧のなかで	1898（JS9a）／1913（JS9b）	エルッコ	混声合唱(JS9a)／児童合唱(JS9b)
JS51a-c	カルミナリア	1898		混声3部合唱（JS51a）／女声2部合唱, オルガンまたはharm（JS51b）／女声2部合唱, pf（JS51c）
JS114	月光の下	1898	スオニオ	1916年初演／男声合唱
JS129	つぐみのように忙しく	1898	『カンテレタル』より	混声合唱
Op.31-3	アテネ人の歌	1899	リュドベルィ	児童, 男声合唱
JS98a,b	祖国に	1900（JS98a）／1908（JS98b）	カヤンデル	1900（JS98a）, 1908（JS98b）年初演／混声合唱（JS98a）／男声合唱（JS98b）
Op.18	6つの歌 1. 失われた声　2. ようこそ月よ　3. 船旅　4. 島の火　5. 木こりの歌　6. わが心の歌	1893-1901	1・4.『カンテレタル』より　2・3.『カレワラ』より　5・6. キヴィ	1893（第3曲）, 1895（第4曲）, 1898（第6曲）, 1899（第1曲）, 1900（第5曲）, 1901（第2曲）年初演／男声合唱／1898-1914年, 第1, 3, 4, 6曲を混声合唱に改編
JS60	1902年10月25日, テレーゼ・ハールに［Ⅰ］	1902	ヴァサシェルナ	1902年初演／混声合唱
JS61	1902年10月25日, テレーゼ・ハールに［Ⅱ］	1902	ヴァサシェルナ	混声合唱
JS111	望郷	1902	コノウ	女声合唱
JS93	お前に勇気はあるか？	1903-04	ヴェクセル	男声合唱

番号	作品名	作曲	歌詞	編成, 備考
JS217	異郷にいるわが兄弟	1904	アホ	1904年初演／男声合唱
JS69	嘆くことなく	1905	ルネベルィ	1905年初演／混声合唱
JS122	水車を聴いて	1905-06	ダウドニー	混声合唱／断片
Op.19	即興曲	1910	リュドベルィ	管弦楽のピアノ伴奏版
Op.32	火の起源	1910	『カレワラ』より	管弦楽のピアノ伴奏版
JS103	小学生の行進曲	1910	ペッカ	1910年初演／児童合唱
JS107	ワルター・フォン・コノウの詩によるカンタータ	1911	コノウ	1911年初演／女声合唱
Op.65a,b	2つの歌			1912年初演（Op.65a）／Op.65bはJS102の改編／混声合唱
	a. 平野と海辺の人びと	1911	クナーペ	
	b. カッリオ教会の鐘	1912	クレメッティ	
JS214a,b	ウースマーの人びとの歌	1912	テルヒ	1912年初演（JS214b）／混声合唱（JS214a）／男声合唱（JS214b）
Op.30	大地は息づく	1913	トペリウス	《オウル川の氷砕》Op.30の一部の改編／児童合唱
JS104	女王様, 万歳！	1913	カヤンデル	《ニコライ二世の戴冠カンタータ》JS104の一部の改編／児童合唱
JS199	アメリカン・スクールのための3つの歌 1. 秋の歌　2. 湖上の陽は低く　3. 騎兵隊を駆り立てよ	1913	1. ディクソン　2. スコット　3. マクロード	混声合唱, 男声合唱, pf
Op.84	5つの歌 1. ラゲル氏と美しい乙女　2. 山にて　3. 夢の和音　4. 永遠のエロス　5. 海で	1914-17	1・3. フレーディング　2・4. グリペンベルィ　5. レウテル	1915（第1, 2, 4曲）, 1917（第5曲）, 1920（第3曲）年初演／バリトン, 男声合唱
JS64	夢	1917	レウテル	混声合唱
JS84	フリドリンの愚行	1917	カールフェルト	1917年初演／男声合唱

番号	作品名	作曲	歌詞	編成, 備考
JS100	ヨナの航海	1918	カールフェルト	男声合唱
JS224	シュベルィソンの2つの歌 1. 外で嵐が吹き荒れる　2. 波濤	1918	シュベルィソン	1919（第1曲）, 1921（第2曲）年初演／男声合唱
JS219	ヴィープリ男声合唱団（W.S.B:n）の栄誉行進曲	1920	エーロラ	1921年初演／男声合唱
Op.91a,b	2つの行進曲			Op.91aは1917年初演（公式には1918年）／男声合唱, pf（Op.91a）／混声合唱, pf（Op.91b）
	a. イェーガー隊行進曲	1917	ヌルミオ	
	b. 偵察行進曲	1921	フィンネ	
JS121	類似	1922	ルネベルィ	1926年初演／男声合唱
JS112	学校への道	1924	コスケンニエミ	混声合唱
Op.108	2つの歌 1. ユモレスク　2. 遠い道を行く旅人	1924-25	キョスティ	1926年初演／男声合唱
JS172	学校歌	1925	ニーノ・ルネベルィ	混声合唱
JS173	白衛隊行進曲	1925	ニーノ・ルネベルィ	男声合唱, pf
JS58a	高貴なる天	1927	コルペラ（テゲングレンによるスウェーデン語訳）	1929年初演／混声合唱
JS170a	橋の守り	1928	ソラ	1929年初演／男声合唱
JS142	赤子がわれらに生まれり	1929	ヤーッコラ	混声合唱
JS220	ヴィープリ男声合唱団の栄誉行進曲	1929	エーロラ	1930年初演／男声合唱
JS108	カレリアの運命	1930	ヌルミネン	1930年初演／男声合唱, pf
Op.26	フィンランディア賛歌	1938／1940／1948	ソラ, コスケンニエミ	《フィンランディア》Op.26の一部の改編／男声合唱, 他
JS58b	主よ, 汝は偉大なり	1945	-	1945年初演／JS58aの改編／男声合唱, オルガン

■その他

番号	作品名	作曲	備考
JS25	アレグロ	1889	金管七重奏, トライアングル
JS146	序曲 へ短調	1889	金管七重奏曲
JS45	アンダンティーノとメヌエット	1890-91	1891年初演／金管七重奏曲
JS83	前奏曲	1891	1891年初演／金管七重奏, トライアングル
JS223	サーカス行進曲	1891	紛失
JS200	ティエラ	1899	1900年初演／金管七重奏, 打楽器
JS88	伯爵夫人の肖像	1906	トペリウス詞／1907年初演／朗唱, 弦楽合奏
JS102	カッリオ教会の鐘	1912	カッリオ教会のカリヨンのため
JS110	3つのアンティフォナ 1. 枝の主日に　2. 諸聖人の祝日に　3. 祈祷者	1925	独唱, 混声合唱, オルガン
JS153	前奏曲と後奏曲 1. 前奏曲　2. 後奏曲	1925-26	未完？／オルガン
JS175	降雪	1927	紛失
Op.111a,b	2つの作品		1925（Op.111a), 1931（Op.111b）年初演／オルガン
	a. イントラーダ	1925	
	b. 悲しみの調べ	1931	
Op.113	フリーメイソンの儀式音楽 1. 開式の賛歌　2. 素晴らしき考え　3. 若葉の柔らかさを見よ　4. 涙とともにパンを食べたことのない者は　5. 美しき大地よ　6. サレム　7. 愛する者は誰しも　8. 友愛の賛歌　9. 賛歌　10. 葬送行進曲　11. 高貴なる天　12. フィンランディア賛歌	1926-27／1946	2. ショーバー　3. 鮑超（ホウ・チョウ）　4. ゲーテ　5. シモヨキ　6・7. リュドベルィ　8・9. サリオ　11. コルペラ　12. ソラ詞／1927年初演（一部）／1938, 1948年改訂／テノール独唱, 男声合唱, オルガン
JS77b	孤独なシュプール	1948	グリペンベルィ詞／1948年初演／JS77a の改編／朗唱, 弦楽合奏, ハープ

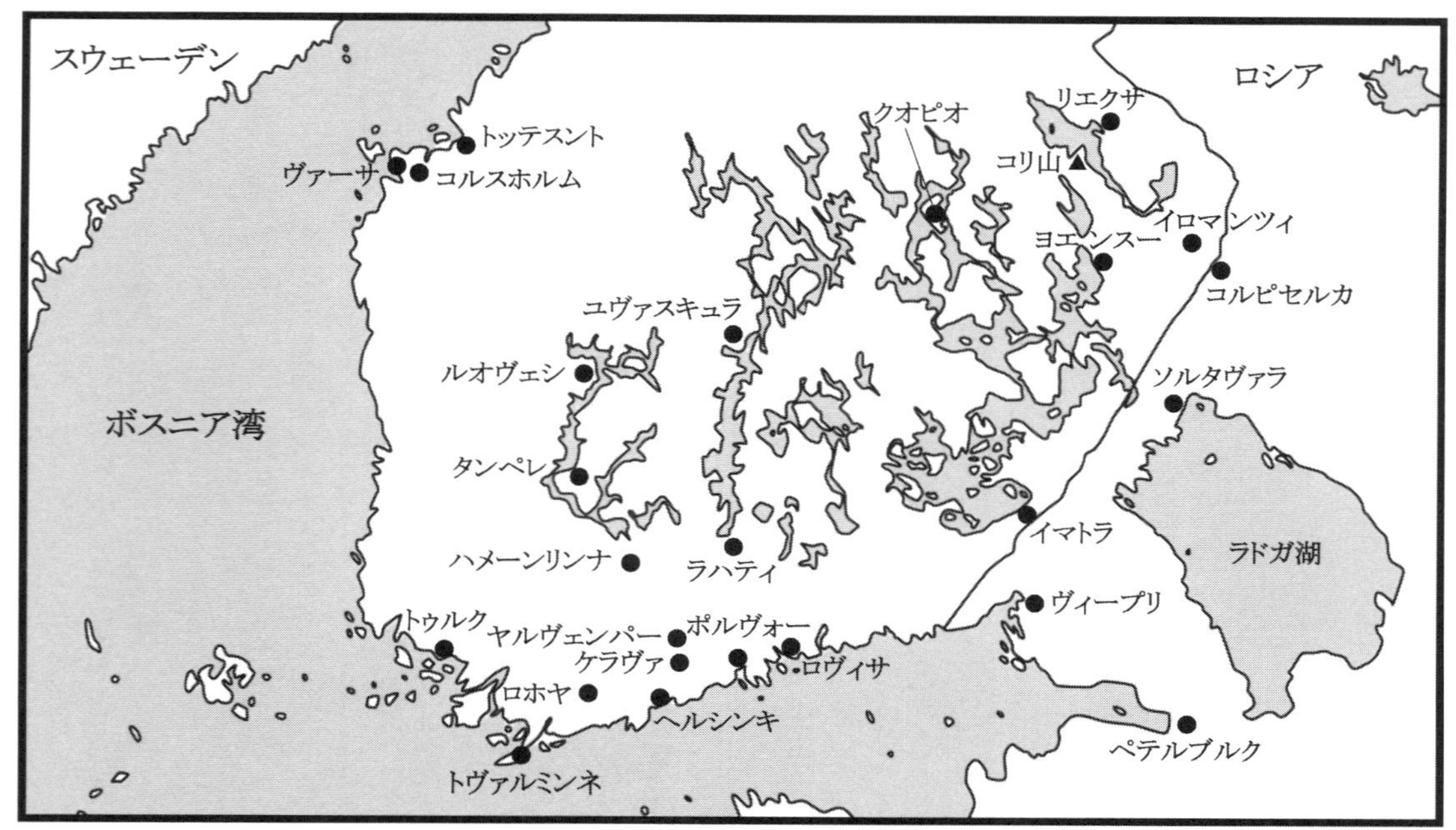

フィンランド周辺におけるシベリウス所縁の地

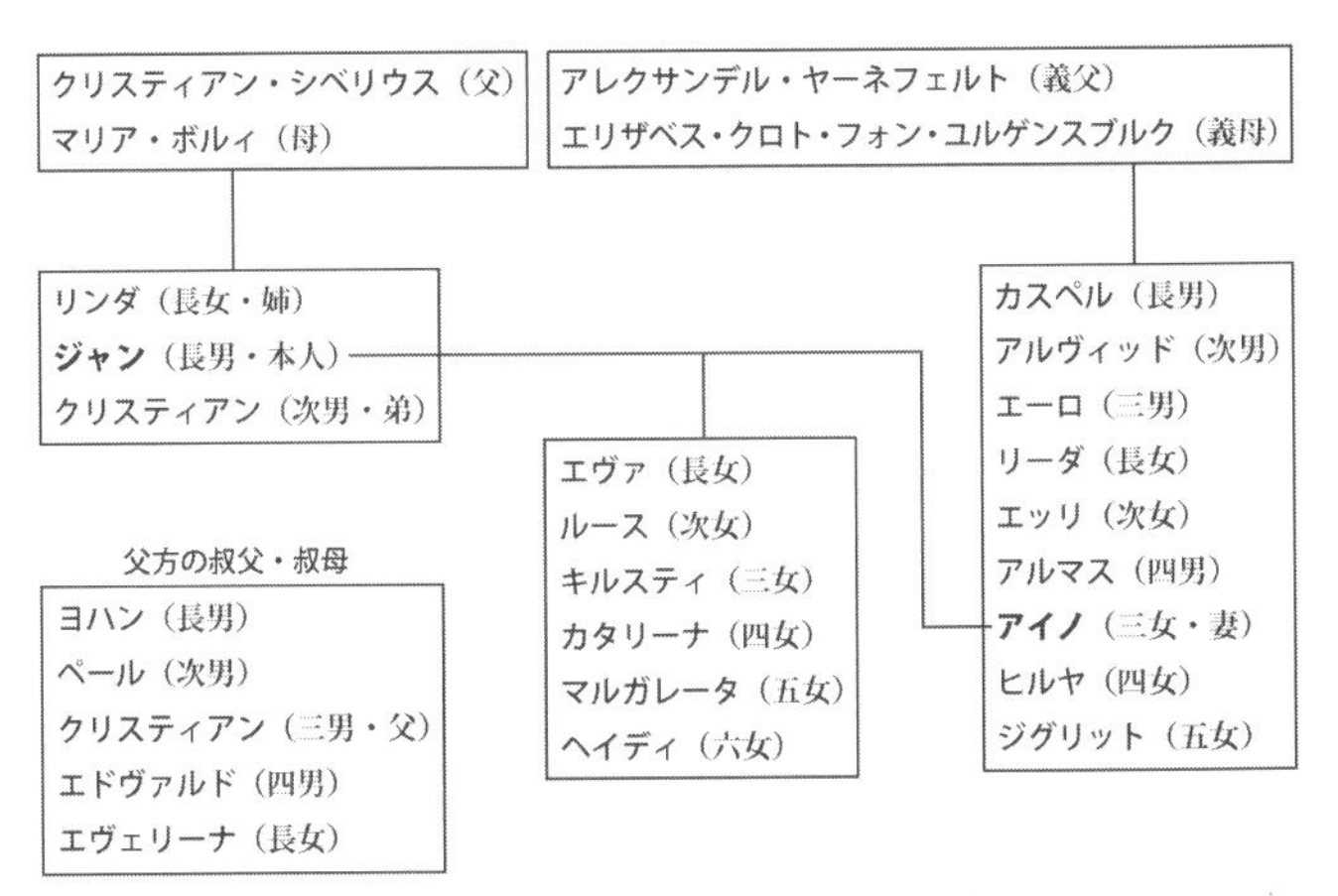

シベリウス家・ヤーネフェルト家の系譜

シベリウスの娘たち（1940年代後半）。左から四女カタリーナ、長女エヴァ、六女ヘイディ、次女ルース、五女マルガレータ

主要参考文献

【作品目録】

Dahlström, Fabian. *Jean Sibelius: Thematisch-bibliographisches Verzeichnis seiner Werke.* Wiesbaden: Breitkopf & Härtel, 2003.

Kilpeläinen, Kari. *The Jean Sibelius Musical Manuscripts at Helsinki University Library: A Complete Catalogue.* Wiesbaden: Breitkopf & Härtel, 1991.

—. *Tutkielmia Jean Sibeliuksen Käsikirjoituksista.* Helsinki: Helsingin Yliopiston Musiikkitieteen Laitos, 1991.

【書簡・日記】

Sibelius, Jean. *The Hämeenlinna Letters: Scenes from a Musical Life 1874-1895.* Edited by Glenda Dawn Goss. Esbo: Schildts Förlags, 1997.

—. *Jean Sibelius Dagbok 1909-1944.* Edited by Fabian Dahlström. Helsinki: Atlantis, 2005.

【伝記】

Barnett, Andrew. *Sibelius*. New Haven and London: Yale University Press, 2007.

Ekman, Karl. *Jean Sibelius: The Life and Personality of an Artist.* Translated by Edward Birse. Helsinki: Holger Schildt Förlag, 1935.

Goss, Glenda Dawn. *Sibelius: A Composer's Life and the Awakening of Finland.* Chicago and London: The University of Chicago Press, 2009.

Gray, Cecil. *Sibelius.* London: Oxford University Press, 1931.

Johnson, Harold E. *Jean Sibelius.* New York: Alfred A. Knopf, 1959.

Levas, Santeri. *Järvenpään mestari.* Porvoo-Helsinki: Werner Söderström Osakeyhtiö, 1960.

Mäkelä, Tomi. *Jean Sibelius: Poesie in der Luft.* Wiesbaden: Breitkopf & Härtel, 2007.

Ringbom, Nils-Eric. *Jean Sibelius: A Master and His Work.* Translated by G. I. C. de Courcy. Norman: University of Oklahoma Press, 1954.

Tawaststjerna, Erik. *Sibelius: 1865-1905.* Translated by Robert Layton. London: Faber and Faber, 1976.

—. *Sibelius: 1904-1914.* Translated by Robert Layton. London: Faber and Faber, 1986.

—. *Sibelius: 1914-1957.* Translated by Robert Layton. London: Faber and Faber, 1997.

【作品研究】

Hepokoski, James. *Sibelius: Symphony No. 5.* Cambridge: Cambridge University Press, 1993.

Howell, Tim. *Jean Sibelius: Progressive Techniques in the Symphonies and Tone Poems.* New York: Garland, 1989.

Murtomäki, Veijo. *Symphonic Unity: The Development of Formal Thinking in the Symphonies of Sibelius.* Helsinki: Department of Musicology, University of Helsinki, 1993.

Pike, Lionel. *Beethoven, Sibelius and the 'Profound Logic', Studies in Symphonic Analysis.* London: The Athlone Press, 1978.

Tarasti, Eero. *Myth and Music: A Semiotic Approach to the Aesthetics of Myth in Music, especially that of Wagner, Sibelius and Stravinsky.* Helsinki: Suomen Musiikkitieteellinen Seura, 1978.

著者紹介

神部　智（かんべ・さとる）

ヘルシンキ大学大学院博士課程修了。博士（音楽学）。茨城大学教授を経て、現在、国立音楽大学教授。大阪大学、宇都宮大学にて講師を務める。また東京藝術大学、横浜国立大学、早稲田大学の公開講座、自治体主催の市民講座の講師をはじめ、NHK 番組の出演・監修など、多方面で活躍している。北欧音楽やシベリウスに関する論文、エッセイ、プログラム・ノート、ミニチュア・スコア（音楽之友社）の解説を多数執筆。著書に『シベリウスの《クレルヴォ》と《レンミンカイネン》 形式、イメージ、音楽的語り』（2005年、国際記号学会、英語）、『シベリウスの交響詩とその時代　神話と音楽をめぐる作曲家の冒険』（2015年、音楽之友社）などがある。

作曲家（さっきょくか）◎人（ひと）と作品（さくひん）
シベリウス

二〇一七年一二月三一日　第一刷発行
二〇二二年九月三十日　第三刷発行

著　　者◎神部（かんべ）　智（さとる）
発 行 者◎堀内久美雄
発 行 所◎株式会社音楽之友社
東京都新宿区神楽坂六の三〇
電話 〇三（三二三五）二一一一（代）
振替 〇〇一七〇—四—一九六二五〇
郵便番号 一六二—八七一六
https://www.ongakunotomo.co.jp/

印刷・製本◎藤原印刷株式会社
装　　丁◎久保和正

落丁本・乱丁本はお取り替えいたします。
ISBN978-4-276-22196-3 C1073